학생부
종합전형
이렇게 준비하라!

시작하기 전에는 잘 생각해야 하고,
잘 생각했으면 적시에 실행해야 한다.
    − 실루스티우스(BC.84~34)

구체적인 형태로 목표를 세우고 기한을 정하라.
    − 맨터니 로빈스

중용 23장

작은 일도 무시하지 않고 최선을 다해야 한다.
작은 일에도 최선을 다하면 정성스럽게 된다.
정성스럽게 되면 겉에 베어 나오고
겉에 베어 나오면 겉으로 드러난다.
겉으로 드러나면 이내 밝아지고
밝아지면 남을 감동시키고
남을 감동시키면 이내 변하게 되고,
변하면 생육된다.
그러하니
오직 세상에서 지극히 정성을 다하는 사람만이
나와 세상을 변하게 할 수 있는 것이다.

바야흐로 학생부 종합전형의 전성시대이다. 학생부 종합전형은 내신, 수능의 정량적인 등급만을 중시하던 프레임에서 벗어나 정량적인 성적과 정성적인 활동 모두를 평가지표로 활용하는 패러다임의 변화이다. 그러나 정성적인 활동을 평가하는 분석적이고 종합적인 지표에 대해서는 명확하게 드러나지 않아서 끊임없이 공정성과 신뢰성에 대한 문제가 제기되고 있다.

정성평가는 정량을 기반으로 해서만 평가할 수 있다. 양적으로 아무런 실적이 없는 데서 억지로 질을 찾아서 평가할 순 없다. 이 책은 그러한 정량적인 기반에 대해 알려주는 책이라고 할 수 있다. 정량의 개수가 중요한 것이 아니라 그것을 통한 질적 평가를 제고하기 위한 안내서라고 할 수 있다.

이전에 출판된 학생부 종합전형안내 책은 두루 뭉술하고, 자기소개서 위주였다. 왜냐하면 대부분의 저자가 진학 교사, 학원 강사여서 그들의 제자들이 제출하는 사례 위주이기 때문이다. 학생부 종합전형과 관련하여 시중에 나온 책들은 정확한 평가정보가 없다. 대부분의 평가 정보는 정확한 정보가 아니라 학교나 학원을 다니는 학생들 중 합격한 학생들을 보고 그 결과를 대략 이러이러해서 합격했을 것이다 라고 추정하는 추측성 정보에 그치고 있다.

일부 학생부 종합 합격생들이 책을 쓰거나 강의하는 경우가 있다. 그러나 이건 본인만의 사례일 뿐이다. 이런 정보는 단편적이고 부정확한 정보이다. 따라서 일반화 하는 것은 위험하다. 또한 이러한 책을 쓰는 학생들은 자극적인 제목을 내건다. 내신 4등급도 서울대 갔다. 내신 5등급도 연·고대를 갔다 이다. 그러나 자세히 알아보라. 대부분 특목고나 자사고에 다녔던 학생들이다. 상대적으로 내신은 보통이나 이들의 수능등급은 거의 1등급인 전국적으로 보면 최상위급 학생들이다. 교사들도 마찬가지다. 본인 학교와 일부 고교의 합격불합격 사례만을 들어 책을 쓰고 있다. 이것도 일반화 하는 것은 위험하다. 또한 진로진학지도와 대학설명회는 일반적인 정보만을 주는 문제점을 가지고 있다.

입시정보는 국민을 위한 공공재이다. 공공재는 당연히 국민의 알권리를 충족시킬 필요가 있다. 국민의, 국민을 위한, 국민에 의한 알권리를 위해 입시정보는 투명하게 공개될 필요가 있다. 교육부와 대교협의 입시정보 공개 확대 방향에도 부합한다.

2017학년도뿐만 아니라 2018학년도에서는 더욱 더 학생부 위주전형 비율이 증가하는 것으로 발표되었다. 특히 수도권에서는 학생부 종합전형비율의 가파른 상승을 가져왔다. 그러나 이런 비율에 비해 정확한 정보는 미흡하다. 고교교육 정상화 기여대학 지원사업 60여개 대학은 교육부나 대교협 지침에 의해 대학 간 공동 설명회나 대학 단독 설명회, 기타 서류평가 워크숍이나 세미나 등을 통해 정보를 공개하고 있으나 그러한 정보는 구체적인 정보라기보다는 일반적인 정보를 공개하는 것에 그치고 있다. 질문을 하더라도 실질적인 정보의 목마름을 채우기에는 역부족이다. 또한 1회성 행사에 그치는 경우가 많아 지속가능한 입시 정보로서의 가치가 떨어진다.

수도권과 지방의 정보격차가 상대적으로 커서 학생부 종합전형의 공정성, 신뢰성의 문제를 야기하고 나아가 학생부 종합전형의 폐지 목소리가 끊임없이 나오는 문제를 해소하고자 한다. 일부 부유층만을 위한 전형과 부모의 인맥 영향에 있는 전형이라는 오해를 불식시키고자 한다. 특히, 소논문과 과제연구보고서 등이 그러하다. 이러한 소논문과 과제연구보고서 작성을 위해 상대적으로 인프라가 부족하고 소외된 지방에서의 공교육에서의 노력(소논문 대회, 전문가 강의) 등도 본 책에 실었다.

특히, 정보소외지역인 지방의 학생들, 교사, 학부모들에게 구체적이고 실질적이며 지속가능한 정보를 제공하고자 한다. 수도권에 있는 학생, 학부모, 교사들은 맘만 먹으면 해당 대학교 입학처를 수시로 방문하여 대면상담과 다양한 질문이 가능하다. 그러나 지방에 있는 학생, 학부모, 교사들은 직접 해당 대학교 입학처를 수시로 방문할 수 없다. 전화나 학교 홈피 상담으로는 한계가 있다. 이를 보완하고자 한다. 앞으로도 지속적인 소통을 하고자 계획하고 있다.

여기저기서의 '카더라'식의 소문과 사교육업체를 통해 흘러 다니는 불확실한 정보에 대해 안타까워했으며 이는 입학사정관으로서 오랜 평가경력과 경험을 지닌 실제 평가자가 직접적으로 확인을 해 줌으로써 진실하고 진정성 있는 참 정보를 제공하고자 한다.

입시정보의 진정성은 직접 체험해 본 입학사정관이 정보에 대해 공유하는 것이 맞다고 생각한다. 그러나 대부분 지금까지 학생부 종합전형에 대해 책을 쓴 사람들은 평가에 직접적으로 참여하지 않은 학교교사, 사교육업체 강사들이 대부분이여서 제한적인 간접 경험과 자소서 위주로 책을 기술했다. 이러다 보니 내용도 구체적이기보다는 진정성의 정보 범위가 모호하게 두루뭉술하게 표현되어서 실제적으로 학생과 학부모에게 큰 도움이 되지 못했다.

이 책을 쓰는 목적은 크게 세 가지라고 할 수 있다.

첫째, 학교생활기록부 종합전형 평가에 대한 공정성에 대한 오해가 결국 학생부 종합전형 제도에 대한 불신으로 이어지고 있으므로 제도 불신에 대한 문제를 불식시키는 것이다.

둘째, 학생부 종합전형을 통한 교육의 순기능은 높이고, 일부 지역에서 정착하지 못한 혼란을 제거하여 학생부 종합전형의 지속가능성과 안정적인 정착을 위한 목적으로 한다.

셋째, 정보공개의 투명성 제고목적이다. 각 대학별로 평가항목과 기준 공개가 명확하지 않고 두루뭉술하다. 교사, 학부모, 학생들은 여러 대학을 동시에 썼는데 어느 대학은 붙고, 어느 대학은 떨어진다. 왜 떨어졌는지에 대한 이유에 대해 간접적으로 유추하여 불합격과 합격에 대한 납득여부에 도움을 주고자 하는 데 있다.

학생부 종합전형의 평가는 사회변화와 맥을 같이한다. 이러한 사회변화는 인재상의 변화와 같다. 현대 사회에서는 창의인재를 원한다. 기업 취업 모집, NCS 역량 선발과 같다. 모두 공통적인 것은 1단계 서류, 2단계 면접 등의 다단계 평가방식을 취한 다는 것이다.

　이 책의 순서는 대학 서류평가 실제 요소 및 기준 확인, 학생부와 추천서 작성법, 주요 대학의 서류평가 특징, 특별전형 안내, 부록인 입시용어 순으로 되어 있다.

　한편, 학생부 종합 후발주자인 일부 대학에도 이 책은 도움이 될 것으로 예상된다. 대학평가 표준화를 위한 심층적 논의와 담론이 계속적으로 이어지기를 바란다.

　종이학 천마리를 고이 접어 소원을 이루는 간절한 그런 마음으로 여러분이 원하는 대학과 진로를 설계해 나가는 데 작게나마 기여하길 두 손모아 기원해본다.

C|O|N|T|E|N|T|S

PART 1. 학생부 종합전형 서류평가의 실제 (대학은 이렇게 평가한다!)

1장. (乾坤一擲) 서류평가 5개 영역 파헤치기! • 19

1절. 평가영역 | 첫 번째 (전공적합성 영역) • 21

2절. 평가영역 | 두 번째 (학업역량 영역) • 26

3절. 평가영역 | 세 번째 (인성 영역) • 34

4절. 평가영역 | 네 번째 (주도성 영역) • 43

5절. 평가영역 | 다섯 번째 (발전가능성 영역) • 47

2장. (特別評價) 특별전형의 추가 평가영역 및 특징 알아보기! • 51

1절. 고른기회 · 특성화고졸재직자 · 특수교육대상자 • 52

2절. 농어촌전형 • 53

3절. 특성화고교졸업자전형 • 96

PART 2. 학생부 종합전형 평가를 위한 이력서(학종이) 작성하기

1장. (敎學相長) 학교생활기록부 작성하기 • 101

1절. (출결사항) 무단과 학폭 없는 출결을 유지해라! • 103

2절. (수상경력) 개인 위주, 전공 관련 2개 이상, 학년별 성장형으로! • 105

3절. (자격증 및 인증 취득사항) 전공 관련 자격증 취득은 플러스 알파(α)다! • 109

4절. (진로희망사항) 진로희망은 '학년별 구체형'으로 설계하라! • 112

5절. (창체-자율활동) 자율활동의 포인트는 바로 '리더십 활동'이다! • 118

6절. (창체-동아리활동) 창체의 가장 핵심은 '동아리활동'이다! • 120

7절. (창체-봉사활동) '교외위주, 최소 1년 이상, 100시간 내외'를 해라! • 124

8절. (창체-진로활동) '1년 이상, 학년별 확장형'의 진로활동을 하라! • 131

9절. (교과학습발달상황) 내신이 '본질'이며 '출발점'이다! • 133

10절. (세부능력 및 특기사항) 오로지 '차별화'만 살아남는다! • 135

11절. (독서활동상황) '학년별 심화형'으로 20권 내외를 읽고 기록하라! • 138

12절. (행동특성 및 종합의견) 종합의견은 결국 '교사 추천서'다! • 143

13절. (스페셜 필살기) 나만의 무기인 '특별활동'을 추가하라! • 146

2장. (過猶不及) 추천서 작성하기 • 165

1절. 추천서 개괄 • 166

2절. 교사 추천서 • 170

3절. 학교장 추천서 • 175

4절. 종교(계) 추천서 • 176

PART 3. 2017학년도 학생부 종합전형 주요 대학의 서류평가 특징 및 변동사항

1장. 2017학년도 학생부 종합전형 개괄 • 183

1절. 대입전형의 종류 • 184

2절. 학생부 종합전형의 시대상, 의미, 변화 • 185

3절. 학종의 평가 • 186

4절. 2016~2017학년도 대입 수시 및 정시 모집 비교 • 187

5절. 학생부 위주전형의 변화 • 189

2장. 교육대학교(일반대학교 초등교육과 포함)의 평가 특징 및 변동사항 • 193

1절. 교육대학교 개괄 • 194

2절. 교과성적 반영방법 • 198

3절. 비교과영역 반영방법 • 199

4절. 나의 강점으로 맞춤형 전략 짜기! • 200

3장. 의과대학의 평가 특징 및 변동사항 • 201

1절. 2017학년도 의대 학생부종합 대표 전형 선발방법 • 204

2절. 의대 선발 인원 작년대비 170명 이상 증가 • 205

3절. 서울 · 수도권 수시모집 비중 62.1% • 207

4절. 자질, 적성, 인성 가리는 다중미니(인성)면접 대비 필요 • 208

4장. 주요 대학의 평가 특징 및 변동사항 • 209

1절. 2017학년도 주요 대학 학생부 종합 대표 전형 선발방법 • 210

2절. 동점자 처리 세부기준(우선순위) 정리 • 213

3절. 주요 대학의 인재상 • 214

4절. 주요 대학 내용 정리 • 216

5절. 주요대학의 2017학년도 변경내용 • 233

PART 4. 플러스(+) 스페셜 팁(special tip)!

1장. (各樣各色) 일반전형보다 특별전형이 더 유리하다. • 239

1절. 학생부 퓨전전형 • 240

2절. 농어촌전형 • 242

3절. 특성화고교출신자전형 • 243

4절. 특성화고졸재직자 특별전형 • 246

5절. 고른기회전형(사회배려자 또는 사회공헌자전형) • 248

2장. (摘載適時) 시기에 따른 대상별(학생, 학부모, 교사) 역할 • 251

1절. [진로탐색] 중1 ～ 중2(자유학기제) • 252

2절. [고교탐색] 중3. 정보 탐색 후 '고교 결정'하기! • 255

3절. [활동시작] 고1. "모범이 아니라 모험이다!" • 257

4절. [활동절정] 고2. "기록은 기억을 이긴다!" • 260

5절. [활동정리] 고3. "목표하는 대학으로 진군하라" • 265

6절. [관심밀착] 학부모의 역할 • 269

7절. [줄탁동시] 교사의 역할 (관찰&기록) • 271

PART 5. 부록

1절. 지원 전공별 관련 활동 소개 • 281

2절. 질의 응답편 • 288

3절. 서류평가 요약서(결과) 양식(예시) • 300

4절. 입시용어 정리 (대입 상담 목적, '아는 만큼만 보이고 들린다') • 301

5절. 독서활동 작성 양식 • 308

■ 참고자료 • 309

PART 1

학생부 종합전형
서류평가의 실제
(대학은 이렇게 평가한다!)

Chapter 1. (乾坤一擲) 서류평가 5개 영역 파헤치기!
Chapter 2. (特別評價) 특별전형의 추가 평가영역 및 특징 알아보기!

"행동하면 인생이 되고 곧 운명이 된다.
이것이 바로 우리가 인생을 지배하고 다스리는 법칙이다."

– 톨스토이(1828~1910)

대학과 고교는 평가에서 다음의 입장차가 있음을 확인할 수 있다.

> (대학입장) "대학은 학교생활기록부, 자기소개서, 추천서 등의 진실성을 의심하지만 그래도 믿고 평가한다."
>
> (고교입장) "고교는 대학 평가의 공정성을 의심하지만 그래도 믿고 기다린다."

intro 1) 서류평가 PROCESS

1단계 **(모의평가)** 작년 서류를 바탕으로 전임 입학사정관들을 중심으로(주로 교수나 교수 사정관은 제외) 모여, 모의평가를 7~9월에 수차례 실시한다.

2단계 **(평가기준 재설정 및 확정)** 모의평가와 2017학년도 교육부, 대교협 지침, 대학정책에 맞게 평가기준을 재설정하고 내부 회의를 통해 최종 평가기준을 확정 한다

3단계 **(서류접수 및 회피, 제척)** 9월에 원서, 학생부, 자기소개서, 추천서 등을 접수하고 시스템화를 위해 서류와 파일을 정리한다. 또한 평가자들에대한 회피, 제척을 실시한다.

4단계 **(평가자 배정)** 모집단위별로 지원자 당 평가위원 2~3인(입학사정관 + 교수 또는 입학사정관 + 입학사정관)을 배정한다.

5단계 **(평가실시)** 서류평가시스템을 이용한 평가요소별 평가를 실시한다. 모니터를 2개 띄워 놓고, 한쪽엔 학생부, 한쪽엔 자기소개서(또는 추천서)를 보고 평가를 실시한다.

6단계 **(유사도 검색)** 대교협, 학교자체 지침 등에 의거하여 자기소개서, 추천서 등에 대해 유사도 검색을 실시하고 지침기준에 의해 처리한다.

7단계 **(재평가)** 재평가 기준에 해당되는 지원자에 대해 교내 재평가 처리지침에 의거하여 재평가를 실시하고 성적을 재산정 한다.

8단계 **(인원선발)** 학교별로 1단계는 2~5배수를 선발한다(또는 일괄합산). 배수에 맞게 인원을 조정하여 선발한다.

주요 일반 대학교 서류평가 요소 정리

대학명	서류평가 요소
건국대(2)	전공수학역량(전공적합역량, 학업역량), 인성(성실성)
가천대(4)	인성〉 전공적합성= 기초학업능력= 성장가능성
경희대(5)	전형적합성, 학업역량, 전공적합성, 인성, 발전가능성
고려대(5)	성실성, 리더십, 전공적합성, 공선사후정신, 창의성
국민대(3)	자기주도성 및 도전정신(50), 전공적합성(30), 인성(20)
동국대(4)	지원동기 및 진로계획(20), 학교생활충실도(30), 전공적합성(30), 자기 주도적 학습능력(20)
단국대(3)	인성적 자질(개인·사회), 학업역량(자기주도·전공적합성), 창의역량
동덕여대(5)	통찰적 사고력, 주도적 리더십, 전인적 품성, 사회적공감력, 예술적감성
서울대(3)	학업능력 & 지적성취 / 지적호기심 & 주도성(자기주도적 학업태도), 적극성 및 열정(전공분야 관심) / 개인적 특성 & 학업 외 소양
시립대(5)	학업역량, 전공적합성, 전형적합성, 인성(사회역량), 잠재역량
서울여대(5)	학업역량, 전공적합성, 인성(공동체의식), 인성(리더십), 학업역량(자기주도학습능력)
성균관대(6)	소통역량, 인문역량, 학문역량, 글로벌역량, 창의역량, 리더역량
세종대(4)	학업능력, 전공적합성, 창의성, 인성
숙명여대(4)	학업수행역량, 전형적합성, 전공적합성, 인성
숭실대(3)	학업역량(25점), 창의역량(55점), 잠재역량(20점)
중앙대(5)	학업역량, 지적탐구역량, 성실성, 자기주도성/창의성, 공동체의식
이화여대(3)	학업역량, 학교활동우수성, 발전가능성
아주대(5)	성실성, 공동체의식, 목표의식, 활동역량(60%) / 학업역량(40%)
인천대(5)	전공적합성, 자기주도성, 발전가능성, 창의융합성, 인성·사회성
인하대(3)	인성, 적성(≒전공적합성), 지성(≒학업역량, 주도성)
한양대(3)	적성(소질과 적성에 따른 다양한 경험 및 활동평가), 인성(타인과의 소통, 협력, 공동체 의식), 성장잠재력(성장환경, 교육여건, 성장모습평가)
한국외대(7)	학업역량, 전공적합성, 학교생활충실도, 자기주도성, 공동체 의식, 도전개척정신, 글로벌 소양

주요 대학교의 공통 서류평가 요소 추출

순	평가요소	비슷한 이름의 평가 요소 종류
1	전공적합성	전공수학역량, 전공적합역량, 전공분야 관심, 적성, 지적호기심
2	학업역량	학업소양, 학업능력, 학업수행역량, 학업발전성, 지적탐구역량, 대학수학이수능력
3	인성	공동체의식, 리더십, 성실성, 인화관계성, 타인과의 소통, 협력, 공선사후정신, 공감적 소통능력, 나눔배려공동체의식, 관계역량
4	(자기)주도성	자기주도적 학업태도(태도경험), 창의성, 역경극복, 경험의 다양성, 주체적 역량
5	발전가능성	(성장)잠재력, 발전성, 성장가능성
6	전형적합성	〈고른기회전형, 농어촌전형, 사회배려자 전형에서 주로 반영〉 전형취지적합도, 전형취지적합성, 전형취지부합도, 전형취지부합성

주요 대학교의 평가 요소 중 공통요소를 2개의 안으로 추출하여 정리

1. 서류 평가 5요소 및 평가항목 개요 (1안)

순	평가요소	평가항목	비율(%)	평가영역
1	주도성	(자기)주도적 자세 도전정신 주체성	15	학교생활기록부 전 영역
				자기소개서 1번 · 2번
				교사추천서 1번
2	인성	리더십 성실성 생명존중 관계역량 공동체 의식	15	학교생활기록부 전 영역
				자기소개서 3번
				교사추천서 2번
3	전공 적합성	전공 관련 활동	30	학교생활기록부 전 영역(교과성적 제외)
				자기소개서 2번
				교사추천서 1번
4	학업역량	주요교과 성적 교과 성적추이 이수과목 및 단위	25	교과 성적 및 발달상황 (정량평가)
5	발전 가능성	진로계획의 타당성 학업계획의 타당성 역량 반영 잠재력 반영	15	학교생활기록부 전 영역
				자기소개서 4번
				교사추천서 1, 3번

※ 중요도: 전공적합성 〉학업역량 〉인성 ≥ 주도성 ≥ 발전가능성

* 예시이므로 실제 대학별로 차이가 있을 수 있음.

1-1. 서류평가 5요소 7단계 배점척도 예시 (1안)

순	구분	평가항목	배점 척도(7단계)							등급간 점수차
			Ⓐ 7 A	Ⓑ 6 A-	Ⓒ 5 B	Ⓓ 4 B-	Ⓔ 3 C	Ⓕ 2 C-	Ⓖ 1 D	
1	주도성	주도적 자세 도전정신 주체성	15	13	11	9	7	5	3	2
2	인성	리더십 성실성 생명존중 관계역량 공동체 의식	15	13	11	9	7	5	3	2
3	전공 적합성	전공관련 활동	30	26	22	18	14	10	6	4
4	학업역량	주요교과 성적 교과 성적추이 이수과목 및 단위	25	21	17	13	9	5	1	4
5	발전 가능성 (종합역량)	진로계획의 타당성 학업계획의 타당성 역량 반영 잠재력 반영	15	13	11	9	7	5	3	2
	합 계		100	86	72	58	44	30	16	–

* 예시이므로 실제 대학별 평가는 다를 수 있음.
* 최고 점수는 편의상 만점을 100점으로 했음.

2. 서류 평가 4요소 및 평가항목 개요 (2안)

순	평가요소	평가항목	비율(%)	평가 영역
1	인성	나눔과 배려 팀워크와 협력 리더십 도덕성과 품성 성실성 • 대인관계& 의사소통 능력	20	학교생활기록부: 출결사항, 수상경력, 창체활동, 행동특성 및 종합의견
				자기소개서 3번
				교사 추천서 2번&3번
2	전공 적합성	적성과 소질 전공에 대한 관심&이해도 • 전공관련 교과목 이수 • 진로탐색 노력 • 전공관련 활동경험	30	학교생활기록부: 수상경력, 진로희망사항, 자격증 및 인증취득상황, 창체활동, 교과학습발달상황, 독서활동상황, 행동특성 및 종합의견
				자기소개서 1, 2, 4번
				교사 추천서 1,2,3번
3	학업역량	• 학업성취도 • 학업태도와 학업의지 • 지적 호기심 • 자기주도적 학습능력 • 탐구능력	30	학교생활기록부: 수상경력, 창체활동, 교과학습발달상황, 독서활동상황, 행동특성 및 종합의견
				자기소개서 1,2번
				교사추천서 1,3번
4	발전 가능성	주도성 • 도전정신 • 창의성 • 문제해결능력 및 환경극복 • 문화적 소양 • 경험의 다양성	20	학교생활기록부: 진로희망사항, 수상경력, 자격증 및 인증취득상황, 창체활동, 교과학습발달상황, 독서활동상황, 행동특성 및 종합의견
				자기소개서 1,2,3,4번
				교사추천서 1번 · 2번, 3번

※ 중요도 1 (예시): 전공적합성 ≥ 학업역량 > 인성 ≥ 발전가능성
※ 중요도 2 (예시)

전공적합성 + 학업역량 : 전공 관련 교과 성적 〉 전체 성적의 추이 〉 교내수상 등

인성 : 교사의 평가 〉 봉사활동의 진정성, 일관성 〉 출결사항 등

주도성 : 창의적 체험활동 〉 리더십 활동 등

2-2. 서류평가 4요소 5단계 배점척도 (2안) – 예시(대학별 차이 있음)

구분	평가항목	배점 척도(5단계)					등급간 점수차
		Ⓐ	Ⓑ	Ⓒ	Ⓓ	Ⓔ	
		5	4	3	2	1	
인성	나눔과 배려 팀워크와 협력 리더십 도덕성과 품성 성실성 • 대인관계& 의사소통 능력	20	16	12	8	4	4
전공적합성	적성과 소질 전공에 대한 관심&이해도 • 전공관련 교과목 이수 • 진로탐색 노력 • 전공관련 활동경험	30	24	18	12	6	6
학업역량	• 학업성취도 • 학업태도와 학업의지 • 지적 호기심 • 자기주도적 학습능력 • 탐구능력	30	24	18	12	6	6
발전가능성 (종합역량)	주도성 • 도전정신 • 창의성 • 문제해결능력 및 환경극복 • 문화적 소양 • 경험의 다양성	20	16	12	8	4	4
합계		100	80	60	40	20	–

* 예시이므로 실제 대학별 평가비율은 다를 수 있음.

* 최고 점수는 편의상 만점을 100점으로 했음.

서류평가 공통 고려 사항 (예시)

항목	내용
학교생활기록부 '교내수상', '창의적체험활동', '세특', '행동특성 및 종합의견'	교외 수상, 교외 활동 및 기타 교육부와 대교협 금지사항에 대해 작성한 부분은 0점 또는 평가에서 제외함 (그 외 교과나 수상은 평가에서 배제하거나 또는 정성적 평가)
제출 서류에서 '활동' 내용과 수준 감안	부모 및 타인의 영향력을 고려하되, 이후 변화와 다른 요소를 근거로 종합적으로 평가함 예) 소논문, 특허, 발명, 창업, 블로그 운영 등
자기소개서 내용이 자기소개서 문항과 평가기준에 맞지 않는 경우	학생의 필력에 치우치지 않기 위해, 자기소개서의 부족한 부분은 학교생활기록부 내용(창체, 세특 등) 및 담임 교사의 행동특성 및 종합의견 등을 종합하여 평가함
학교 폭력 및 교칙위반에 의한 특기사항이 있을 경우	해당 과정(사실〈fact〉의 인과관계)에 대한 확인(전화, 이메일, 팩스 등) 후 별도 의견서를 작성하여 입학(시)전형위원회에 상정 후 평가 등 처리 여부를 논의함
자기소개서에 '글자가 몇 자 없거나', '공란'인 경우	해당 평가영역 최하점(등급) 배점, 다른 간접 평가영역에서도 정성적 감점 (대학에 따라 결격 처리도 가능)
자기소개서의 내용중 '의심'되는 사항이 확인되지 않았을 경우	서류 평가에는 미반영(평가 의견란에 작성 필수)
자기소개서에 '다른 대학'또는 '다른 전공'을 기재하는 경우	발전가능성 영역 최하점(등급) 배점 (대학에 따라 결격 처리도 가능)
제출 서류(학생부, 자소서, 추천서)에서 금지사항이 기재된 경우	평가 여부와 관계없이 결격(불합격, 원천탈락) 처리

서류평가 방법 (예시)

가. 방법

- 서류평가는 지원자 1명의 서류를 2명의 평가자(전임입학사정관, 교수, 위촉입학사정관 등)가 독립적으로 평가하는 방식으로 진행

- 지원자의 서류평가점(상향)수는 제1, 제2 평가자의 총점을 산술평균한 것으로 함

- 만약 제1, 제2평가자 간의 총점 차이가 재평가 기준에 해당되면, 제3, 제4 평가자가 재평가를 실시함. 단, 제3, 제4평가자는 초기 평가에 관여하지 않은 새로운 평가자를 투입하는 것을 원칙으로 함.

- 재평가를 실시한 경우, 해당 지원자의 최종적인 서류평가 점수는 4개의 총점 중에서 최고점과 최저점을 제외한 2개 점수를 산술평균한 것으로 함. 최종 평균점수는 소수 셋째 자리까지 표기함(넷째자리에서 반올림). 만약, 3명의 평가점(상향)수가 같을 경우는 3명의 평가점(상향)수를 산술평균한 것으로 함.

나. 재평가 기준 (예시)

제1평가자와 제2평가자 간의 ① 등급 차이가 1.5 또는 2등급 이상 초과시 혹은 ② 총점 대비 20% 이상의 점수 차가 날 때 ③ 총점 차이가 150점 이상(종합평가점(상향)수 차이가 30점 초과시) 날 때 재평가를 실시하기로 함

(예시) 7단계 - 5점(1.5등급 간 차이) / 5단계 - 7.5점(2등급 간 차이)

다. 서류평가 기준 점수 (기본점수 16~20점) - 예시

지원자의 서류평가 점수가 30~35점 이하시 입학사정대상에서 제외할 수 있음

라. (구제)조정평가 제도

1단계 합격자 안(2~5배수)에 포함되지 못한 지원자 중 뛰어난 역량을 가지고 있다고 판단되어 실제 평가를 담당한 전임입학사정관 1~2인에 의해 상정(추천)된 지원자를 대상으로 입학전형위원회에서 심의하여 심의결과에 따라 1단계 합격 여부를 결정할 수 있음.

* 대학에 따라 조정평가를 통해 1차 합격자를 떨어뜨리는 제도로도 활용가능

서류평가 시스템의 특징 (예시)

- 평가자별 고유 아이디와 비번으로 접속 (블라인드 평가)

- 같은 학교 지원자 비교 가능

- 과목별 점수 분포대 확인 가능

- 주요과목 성적 추이(꺾은 선 그래프) 확인 가능

- 모든 과목 성적 추이(개별 과목 선택 후) 확인 가능

- 면접 시 체크사항 별도항목에 기록 가능

- 학교생활기록부, 자기소개서, 추천서 같이 보기 가능

- 학교별 학업성취도 탑재

- 학교 알리미 탑재

- 평가자별 모집단위 평가 경향성 그래프와 표로 확인 가능

- 특이사항 체크 후 별도항목에 기록 가능

- 특이자 책갈피 확인 가능

- F(결격 처리) 체크 가능 (일부 대학은 3명중 2명 체크시 불합격 처리)

시스템에서 평가영역별 요소 '종합의견' 체크 사항 (예시)

순	평가영역별 종합의견 리스트 체크내용 (3개 이상 반드시 선택)
1	학생부와 자소서 내용의 일관성이 높음
2	구체적으로 목표를 세우고 성실히 노력함
3	자소서에서 질문의 요지를 정확히 파악하여 기술함
4	학생부와 자소서를 통해 지원자의 역량이 탁월하게 드러남
5	전공역량이 우수함
6	다양한 활동 경험이 있음
7	교내수상실적 우수함
8	자소서에 대학이나 학과에 대해 통상적이고 일반적으로 기술함
9	자소서 질문에 대해 일반적으로 기술하며 구체적 근거가 미흡함
10	전공에 대한 관심도나 열정을 확인하기 어려움
11	대학이나 학과에 대해 사전 준비가 전혀 안 되어 있음
12	고교시절 특징적인 비교과활동이 거의 없음
13	학업적으로 노력한 내용을 찾기가 어려움
14	지원동기와 진로계획이 평범 또는 무난함
15	봉사에 대한 의지가 부족해 보임

⋮

● 서류평가 비율 유형 (예시) – 100점 기준

- 1유형 : 학생부 100 + 자기소개서(참고) + 추천서(참고)

- 2유형 : 학생부 80 + 자기소개서 10 + 추천서 10

- 3유형 : 학생부 70 + 자기소개서 15 + 추천서 15

- 4유형 : 학생부 90 + 자기소개서 10 + 추천서(참고)

- 5유형 : 학생부 80 + 자기소개서 20 + 추천서(참고)

* 그 외에 다양한 유형이 존재할 수 있음.

● 서류평가자 구성 유형 (예시) – 평가자 2~3인 기준

- 1유형 : 전임입학사정관 1명 + 전임입학사정관 1명 (총 2명)

- 2유형 : 전임입학사정관 1명 + 위촉(교수)입학사정관 1명 (총 2명)

- 3유형 : 전임입학사정관 1명 + 전공별 학과 교수 2명 (총 3명)

- 4유형 : 위촉(교수)입학사정관 1명 + 위촉(교수)입학사정관 1명 (총 2명)

- 5유형 : 전임입학사정관 1명 + 위촉(교수)입학사정관 2명 (총 3명)

* 그 외에 다양한 유형이 존재할 수 있음.

* 전공별 학과교수는 평가관련 교육시수가 위촉사정관에 비해 적을 수 있음.

교외활동 평가 반영여부 예시(안)(대학별로 다를 수 있음.)

순	교외활동 내용	반영여부
1	각종 학교 연합 학생 위원회	○
2	블로그, 카페 개설 및 활동	○
3	학생 기자 활동	○
4	각 대학에서 운영하는 고교-연계 프로그램	○
5	수학 및 과학 논술	×
6	문학관련 대회 및 활동, 백일장, 문학관련 수상	○
7	외부 봉사 및 봉사 수상	○
8	해외 봉사	×
9	사회교과 관련 수상, 경제관련 시험, 금융자격증	○
10	각종 토론대회, 모의법정	○
11	창업	○
12	특허	○
13	정보 또는 기술 올림피아드	○
14	로봇대회	○
15	해외 어학연수	×
16	학교 주관 해외 교류학생, 교환 학생 프로그램	○
17	UCC, 광고 만들기 및 수상	○
18	발명	○
19	각종 기타 자격증(대교협 금지사항 외)	○
20	교외 소논문 대회 참가 및 수상 cf. 교내대회는 반영	×
21	(법무부주최) (청소년) 모의재판 경연 및 헌법토론 대회	○

* 교외활동 평가여부는 사교육의 도움을 받은 활동인지가 가장 중요한 기준임.

* 위 사항 외의 교외활동의 경우에는 입학(시)전형위원회에서 판단하여 평가 반영여부를 결정할 수 있음

* 학생부에 작성되지 않은 교외활동 중 평가에 반영되는 사항은 반드시 서류평가기간 중에 학교에 확인하는 절차를 거쳐야 함.

 ## 전공 관련 비교과 활동 평가시 고려사항

① 단과대학 또는 학부, 모집단위별 특성상 어느 한 개의 전공에 국한되지 않을 수 있음

② 지역과 학교 상황에 따라 지원전공과 관련된 활동에 제약이 있을 수 있음

③ 지원자의 진로를 감안하여 지원전공 관련 활동을 광범위하게 인정하여 평가할 수 있음

서류평가에서 신뢰도 및 평가 우선순위는 학교생활기록부 > 추천서 ≥ 자기소개서 ≥ 학교 소개자료 라고 할 수 있다. 왜냐하면 학교생활기록부와 추천서는 그 내용 자체만으로 떨어뜨릴 수 있는 서류이지만, 자기소개서는 학교생활기록부 내용을 확인하고 보충하는 서류이기 때문이다.(물론, 대학마다 다를 수 있다.) 학교 소개 자료는 대학마다 차이를 보인다. 평가시 참고하는 수준에 있을 수도 있고, 학업성취도를 통한 평정에 영향을 주기도 하기 때문이다.

1절. 평가영역 첫 번째 (전공적합성 영역)

2절. 평가영역 두 번째 (학업역량 영역)

3절. 평가영역 세 번째 (인성 영역)

4절. 평가영역 네 번째 (주도성 영역)

5절. 평가영역 다섯 번째 (발전가능성 영역)

CHAPTER 01
서류평가 5개 영역 파헤치기!

※ 5개 영역은 대학의 공통적인 요소를 추출하여 기술해 놓았기 때문에 대학별로 평가요소 개수와 내용은 다를 수 있다.(자세한 건 대학 모집요강을 참조하기 바람)

정량평가를 하지 않는 대학도 있으므로, 전체적인 평가 경향을 조망하는 자료로 활용하기 바람.

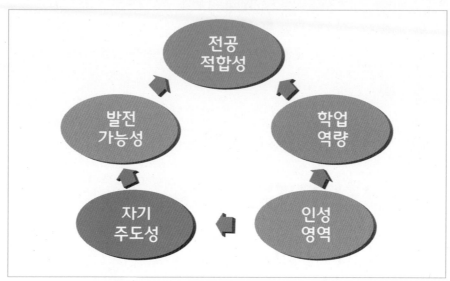

그림 1 서류평가 5개 영역

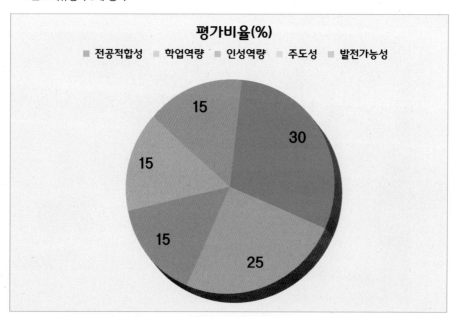

그림 2 5개 평가요소 평가비율

01 (전공적합성 영역)
"다양하고 깊은 활동을 했는가?"
(평가비율 30%)

평가자료	평가 세부 내용
학교생활 기록부	4. 수상경력 5. 자격증 및 인증취득상황 6. 진로희망 7. 창의적 체험활동 8. 교과학습발달, 세부능력 및 특기사항 (교과수상 및 내신은 제외) 9. 독서활동 10. 행동특성 및 종합의견
자소서 문항2번 (+ 1 · 4번 문항 가능)	2. 고등학교 재학기간 중 본인이 의미를 두고 노력했던 교내 활동을 배우고, 느낀 점을 중심으로 3개 이내로 기술해 주시기 바랍니다. 단, 교외 활동 중 학교장의 허락을 받고 참여한 활동은 포함됩니다.(1,500자 이내)
추천서 1번	1. 지원자의 학업 관련 영역에 대하여 "V"로 표기해 주시기 바랍니다. (평가하기 어려운 경우 '평가불가'를 선택)

평가항목	평가대상			매우 우수함	우수함	보통	미흡	평가 불가
	3학년 전체	계열 전체	학급 전체					
1) 학업에 대한 목표 의식과 노력	☐	☐	☐	☐	☐	☐	☐	☐
2) 자기주도적 학습태도	☐	☐	☐	☐	☐	☐	☐	☐
3) 수업참여도	☐	☐	☐	☐	☐	☐	☐	☐

• 지원자의 학업 관련 평가에 추가적으로 고려할 만한 사항이 있는 경우 기술해 주세요. (250자 이내, 개조식으로 기술 가능)

평가 항목(용어정의 포함)
지원전공과 관련한 활동 중 ① 다양한 활동 ② 지속적이고 깊은 활동 ③ 내적 성장 및 전공과의 관련성

평가 시 고려사항
① 지원전공활동 ② 교내수상 ③ 특별한 활동 반영 ④ 확인불가사항의 반영

평가기준 예시
7단계 배점 척도 또는 5단계 배점 척도

가감요소의 반영
가점(상향) 2개 요소 및 감점(하향) 1개 요소

전공적합성 영역은 고등학교 3학년 1학기(재학생 기준)까지의 전반적인 생활기간 동안 지원 전공 관련 활동(비교과 학업역량)을 통해 본인의 역량을 드러내는 여러 평가요소를 통해 지원 학생의 전공에 대한 적합성 또는 적절성을 추론하여 평가하는 5개 평가영역 중 가장 중요한 영역이다. 일반적으로 전체 5개 영역 중 대략 30%의 높은 평가비율을 차지한다고 할 수 있다. 평가 자료는 학생부, 자기소개서, 추천서중 위 표의 해당 세부 내용이 주요한 평가대상이다. 이러한 3개의 평가 자료를 바탕으로 아래의 평가세부항목, 평가 시 고려사항, 평가기준 예시를 통해 전공적합성 영역을 바탕으로 종합적인 평가를 진행한다.

 평가 세부항목에 대한 개념적인 용어 정의

① 다양한 활동은 지원 전공과 관련된 2개 이상의 활동을 의미한다. 따라서 1회성의 단편적인 활동은 제외한다.

② 지속적이고 깊은 활동은 지원전공에 대한 1~2년 내외의 꾸준한 관심을 바탕으로 지속적이고 일관된 활동을 의미하며, 이러한 활동이 진행됐던 전체적인 과정(사실〈fact〉의 인과관계) 및 인지적, 정의적, 실천적 변화 등의 결과를 고려한다.

③ 내적 성장 및 지원 전공과의 관련성은 세부능력 및 특기사항, 행동특성 및 종합의견 중 개인 활동을 구체적으로 언급한 것을 의미한다.

평가 시 고려 사항

① 지원 전공 분야의 학교생활기록부 성적과 교과 관련 수상은 제외한다. 제외되는 학생부 성적과 교과 관련 수상은 학업역량 영역에서 평가한다.

② 학교생활기록부에서 지원 분야와의 관련이 높은 활동일 경우에는 평가에 반영할 수 있다. 예컨대, 비교과 수상 및 자격증, 특별한 활동, 창의적 체험활동, 봉사활동, 독서활동 등 비교과 영역이 그러하다.

③ 지원 전공 관련 교내 수상도 그 내용과 의미를 판단하여 평가에 반영한다. 수상내용은 〈인문·사회계열〉, 〈자연·공학계열〉, 〈예체능계열〉 수상으로 구분하거나 모집단위별로 구분하여 해당 모집단위 평가에 반영한다. 단, 수상 내역 중 자기소개서, 포트폴리오, 진로(기획, 체험 등) 관련 수상은 지원전공 관련 교내 수상에서 제외한다.

④ 학교생활기록부에 없는 자기소개서 내용 중 평가에 큰 영향을 미치는 부분인 소논문(R&E, IR, R&S, 과제 탐구 및 연구 등) 대회 수상, 특허 출원, (네이버 등 포털사이트의) 파워 블로거 등은 해당 학생의 평가자 2인 중 1명(입학사정관)이 직접 전화, 팩스, 이메일 등을 통한 1차 확인을 거친 후, 관련 내용을 입학(시)전형위원회를 통해 정상평가(평가 계속) 또는 평가 제외 등의 평가여부를 결정할 수 있다.

⑤ 학교생활기록부에 없는 자기소개서 내용 중 확인이 불가능한 경우는 평가에서 배제한다. 단, 서류 합격자는 서류평가 결과서(또는 요약서)를 통해 면접 시 이러한 사항에 대해 체크할 수 있다.

⑥ 학생부에 기재된 수상이 1인에게 집중되어 너무 과다하다고 판단되면 그 수상 내역에 대해 해당학교 교사 또는 학생에게 관련 사실(fact)을 확인하여 평가할 수 있다.

⑦ 주요 과목의 성적이 부족하여, 진로가 중간에 바뀌었다고 판단되는 경우에는 활동내용의 일관성, 다양성에 대해서도 종합적으로 살핀 후 평가한다.

평가 기준 예시 1(안) – 7단계 배점 척도

Ⓐ (7) 기준 최고점(Ⓑ 또는 6점)을 넘어서는 우수 학생: 종합적인 정성 평가

Ⓑ (6) 전공에 대한 열정을 바탕으로 다양하고 지속적인 전공 관련 활동을 실천하여 내적 성장 및 지원전공과의 관련성을 보이고 있다.

Ⓓ (4) 전공에 대한 관심을 바탕으로 다양하거나 또는 지속적인 교내외 활동을 실천하였다.

Ⓕ (2) 지원 분야에 대해 공부하고 싶다는 희망과 의지는 있으나 다양하거나 지속적인 활동이 부족하다.

Ⓖ (1) 기준 최저점(Ⓕ 또는 2점)에 미달하는 학생: 종합적인 정성 평가

* 7단계 배점척도 기준이나, 5단계 배점척도 기준도 가능하다.
* 5단계 배점척도라고 한다면 A(5, 매우 우수), B(4, 우수), D(3, 보통), F(2, 미흡), G(1, 매우 미흡)를 각각 1등급씩으로 평가할 수 있다.
* 참고로 C는 B와 D, E는 D와 F 평가 기준의 사이에 속하는 평가점수로서 정성적인 평가를 통해 점수를 매길 수 있다.

 # 평가 기준 예시 2(안) – 5단계 배점 척도

탁월 (A)	• 전공과 관련된 다양하고 특별한 활동을 확인할 수 있음 • 자기주도학습 과정이 구체적이고 성과가 있음 • 진로계획과 학업계획이 구체적으로 기술되어 있고 본교에 대한 사전준비가 잘 되어 있음 • 전공관련 교내 수상이 많음
우수 (B,C)	• 학생부에서 전공관련 활동경험을 확인할 수 있음 • 자기주도학습을 통해 노력한 모습을 볼 수 있음 • 전공관련 수상실적 있음 • 진로계획과 학업계획이 설득력이 있고 본교에 대한 사전준비 노력이 보임
다소 미흡 (D)	• 대학이나 학과에 대해 통상적이고 일반적인 기술 • 자기주도학습 경험이 무난하고 큰 특징이 없음 • 지원동기와 진로계획이 평범 또는 무난함 • 활동 중 큰 장점이나 특별한 역량을 확인하기 어려움
매우 미흡 (E)	• 대학이나 학과에 대해 사전준비가 전혀 안되어 있음 • 학업측면에서 고교시절 구체적인 계획을 세워 노력한 경험이 없음 • 고교시절 비교과 활동의 내용이 전혀 없음 • 전공에 대한 관심이나 흥미가 없어 보임

가감 요소의 반영

전공적합성 영역에서 가점(상향)은 2개 요소이며, 감점(하향)은 1개 요소이다. 가점(상향)은 2개 요소가 중복되더라도 1개 등급 이상을 초과할 수 없는 것으로 규정한다.

① 해당 모집단위 반영계열인 〈인문·사회계열〉 또는 〈자연·공학계열〉, 〈예체능계열〉 수상의 비교과 수상은 가점(상향)을 할 수 있다. 가점(상향)의 경우는 반영 계열을 넓게 인정하여 반영계열 관련 비교과 수상 5개 이상은 1개 등급의 가점(상향)을 부여한다. 단, 일반학과 지원학생의 경우에는 영어는 다수가 있어도 1개의 수상으로만 인정하나, 영어영문학과(부)를 지원한 학생은 영어 관련 다수의 수상을 모두 인정하는 것으로 한다. 마찬가지로 기타 해당 언어(중국어, 일본어, 프랑스어, 독일어, 스페인어, 러시아어 등) 학과(부) 지원학생의 수상은 모두 인정한다.

계열관련 교내 수상 개수	가점(상향)
5개	+1
(영어영문학과 지원 학생 영어수상) 5개	+1
(일반학과 학생의 영어 수상) 5개	cf. 1개의 수상으로만 인정

* 단, 대학에 따라 차이가 있을 수 있음

② 해당 모집단위 반영계열 자격증은 가점(상향)을 할 수 있다. 반영계열은 〈인문·사회계열〉 또는 〈자연·공학계열〉, 〈예체능계열〉으로 구분한다. 구체적으로 가점(상향)을 할 수 있는 경우는 학생부의 〈자격증 및 인증취득상황〉에 기재된 관련 자격증이 2개 이상인 경우이며, 이에 해당 시 1개 등급의 가점(상향)을 부여한다. 단, 학생부에 기재되지 않는 관련 자격증 취득이 자기소개서에 기재되어 평가자(입학사정관)에 의해 확인이나 검증이 된 경우에는 평가자(입학사정관)의 재량적인 사항으로 정성적으로 평가에 반영할 수 있다.

③ 해당 모집단위 반영계열의 독서활동은 감점(하향)할 수 있다. 반영계열은 〈인문·사회계열〉 또는 〈자연·공학계열〉, 〈예체능계열〉으로 구분한다. 구체적으로 감점(하향)을 할 수 있는 경우는 독서 활동이 하나도 없거나 부족한 경우이며, 이에 해당 시 1개 또는 2개 등급의 감점(하향)을 부여한다.

독서활동 권수	감점(하향)
없음	-2
5권 미만	-1

* 단, 대학에 따라 차이가 있을 수 있음 (2부. 독서활동 상황에 기술)

02

(학업역량 영역) **(평가비율 25%)**

"학점관리를 잘 할 수 있을까?"

평가자료	평가 세부 내용
학교생활 기록부	4. 수상경력 8. 교과학습 발달상황(모집단위 관련 주요 교과과목 학업성취도)
자소서 문항1번 (+ 2번 문항 가능)	1. 고등학교 재학기간 중 학업에 기울인 노력과 학습경험에 대해 배우고 느낀 점을 중심으로 기술해 주시기 바랍니다. (1,000자 이내)
추천서 1번	1. 지원자의 학업관련 영역에 대해 해당하는 칸에 "V"로 표기하세요(평가하기 어려운 내용은 "평가불가"를 선택하세요).

평가항목	평가대상			매우 우수함	우수함	보통	미흡	평가 불가
	3학년 전체	계열 전체	학급 전체					
1) 학업에 대한 목표 의식과 노력	☐	☐	☐	☐	☐	☐	☐	☐
2) 자기주도적 학습태도	☐	☐	☐	☐	☐	☐	☐	☐
3) 수업참여도	☐	☐	☐	☐	☐	☐	☐	☐

• 지원자의 학업 관련 평가에 추가적으로 고려할 만한 사항이 있는 경우 기술해 주세요. (250자 이내, 개조식으로 기술 가능)

평가 항목

교과 성적의 높은 등급과 성적의 추이 (정량평가 〉 정성평가)

가감요소의 반영

3가지 요소

학업역량 영역은 고등학교 3학년(재학생: 1학기, 졸업생: 2학기)까지의 전반적인 생활기간 동안 교과학습 발달상황을 통해 정량적인 학업역량을 드러내는 여러 평가요소를 통해 지원 학생이 해당 전공의 대학교육을 수학할만한 학업능력을 보유하고 있는 가에 대한 여부를 판단하는 중요한 영역중의 하나이다. 5개 평가영역 중 2번째로 비율이 높은 중요한 영역이다. 일반적으로 전체 5개 영역 중 대략 25%의 높은 평가비율을 차지한다고 할 수 있다. 평가 자료는 학생부의 교과학습 발달상황이 주요한 평가대상이다. 이러한 평가 자료를 바탕으로 주로 정량적으로 평가를 진행하며, 필요에 따라서는 교과 관련 수상을 가점(상향)으로 활용할 수도 있다. 다만, 특수목적고나 자율형 사립고에서 일반고교로 전학한 학적사항이 있을 경우 성적이 급변하는 경우가 있으므로 그 사항을 감안하여 정성적으로 평가할 수 있다. 내신 등급은 학생 수, 학교의 규모, 과목의 선호도, 지역적 요소 등을 종합하여 평가할 수 있다.

 평가 방법

① 모집계열과 상관없이 등급화하여 평가하는 방법 (예시)

가) 나이스 방식 학교생활기록부인 경우(과목별 석차등급과 이수단위 표시된 것)
    (대학은 학생부 교과전형의 학생부 성적 반영방법을 차용하여 조정하는 경우가 많음)

– 아래 표의 반영과목 석차등급별 배정점수에 따라 정량평가 점수를 산출한다.

석차 등급	1등급	2등급	3등급	4등급	5등급	6등급	7등급	8-9등급
배정 점수	100	95	80	60	35	5	0	0
점수차	–	5	15	20	25	20	5	0

※ 정량평가 점수 = Σ(반영과목의 배정점수 ×이수단위) / Σ(반영과목의 이수단위)

– 반영과목은 인문계열은 국어, 영어, 사회를 반영하고(단, 인문계열중 경상계열은 수학을 반영할 수 있음), 자연계열은 국어, 영어, 수학, 과학을 반영한다.

– 등급 산출방법은 아래의 표(예시)와 같이 한다.

정량 점수	100~90	89~80	79~70	69~60	59~0
등급	5 또는 Ⓐ	4 또는 Ⓑ	3 또는 Ⓒ	2 또는 Ⓓ	1 또는 Ⓔ

나) 컄 나이스 방식 학교생활기록부인 경우(과목별 석차등급과 이수단위 표시가 없는 것)

1) (만학도 대상) 학생부가 과거방식으로 기재되어 있어, 상대평가인 9등급제를 활용할 수 없으므로 수 · 우 · 미 · 양 · 가를 활용한 아래의 별도 계산법을 활용하여 등급을 산출하여 비교 내신을 적용한다.

㉮ 주요 과목별 계산법 (예시)

= {수(5)×이수단위 + 우(4)×이수단위 + 미(3)×이수단위 + 양(2)×이수단위
+ 가(1)×이수단위} ÷ 이수단위 총합

점수	100~90	89~80	79~70	69~60	59~0
등급	5 또는 Ⓐ	4 또는 Ⓑ	3 또는 Ⓒ	2 또는 Ⓓ	1 또는 Ⓔ

㉯ 평어 대상자 성적 계산법 (예시)
- 수(5점), 우(4점), 미(3점), 양(2점), 가(1점)의 기준
- (각 과목점수×이수단위 수)의 총합 = 환산점수
- 환산점수÷이수단위 총합 = 평어 평균점수
- 평어 평균점수를 아래의 표에 따라 배점(등급 체크)

등급(배점)	평균점수
7	5.0 ~ 4.8
6	4.8 ~ 4.6
5	4.5 ~ 4.2
4	4.1 ~ 3.8
3	3.7 ~ 3.4
2	3.3 ~ 3.0
1	2.9 이하

* 해당 과목: 영어, 국어, 수학, 사회, 과학, 외국어, 기술 · 가정

2) (검정고시자 대상) 검정고시에서 합격한 과목 평균을 산출 또는 환산점수표에 의해 비교내신을 적용한다.

㉮ 과목 평균 산출 적용 (예시)

점수	100~90	89~80	79~70	69~60	59~0
등급	5 또는 Ⓐ	4 또는 Ⓑ	3 또는 Ⓒ	2 또는 Ⓓ	1 또는 Ⓔ

㉯ 과목 평균 산출 적용 (예시)

등급(배점)	검정고시(모든 과목 평균점수)
7	99점 이상
6	97 – 98
5	95 – 96
4	90 – 94
3	85 – 89
2	80 – 84
1	79점 이하

㉰ 환산점수표에 의한 산출 적용 (예시)

산출 공식 = (과목별 석차등급 환산점수의 합/ 과목수) ×1/2

점수	100	99–97	96–94	93–90	89–86	85–79	78–72	71–61	60–
석차등급	1	2	3	4	5	6	7	8	9
환산점수	40	38	36	33	30	24	18	9	0

② 지원자의 해당년도 또는 전년도 내신성적(등급) 분포를 바탕으로 하여 모집계열별로 등급화하여 평가하는 방법 (7단계 배점 척도 예시)

모집계열	인문·사회계열	자연·공학계열	예체능계열
배점부여	⑦ 1.4 ~ 1.0 ⑥ 1.9 ~ 1.5 ⑤ 2.4 ~ 2.0 ④ 2.9 ~ 2.5 ③ 3.9 ~ 3.0 ② 4.9 ~ 4.0 ① 5.0 이상	⑦ 1.4 ~ 1.0 ⑥ 1.9 ~ 1.5 ⑤ 2.4 ~ 2.0 ④ 2.9 ~ 2.5 ③ 3.9 ~ 3.0 ② 4.9 ~ 4.0 ① 5.0 이상	⑦ 2.4 ~ 2.0 ⑥ 2.9 ~ 2.5 ⑤ 3.4 ~ 3.0 ④ 3.9 ~ 3.5 ③ 4.9 ~ 4.0 ② 5.9 ~ 5.0 ① 6.0 이상

※ 적용방법은 해당년도 지원자의 모집계열별 성적분포 또는 작년 지원자의 모집 계열별 성적분포 결과를 기준으로 한다. (7단계 배점 척도인 경우 정규분포를 기준으로 가운데 분포를 보통점수인 ④점으로 부여하여 진행한다.) 모집계열 내 전공별 변별력에 대한 타당성이 떨어진다고 판단되면 모집단위별(학과 또는 학부)로 세분화하여 성적 분포를 산출하면 이러한 문제점을 해결할 수 있으므로 모집단위별 세분화 방법을 같은 방식으로 활용할 수 있다.

7단계 적용방법에 대한 구체적인 내용 (예시)
(출처: 통계적 품질관리와 6시그마 이해)

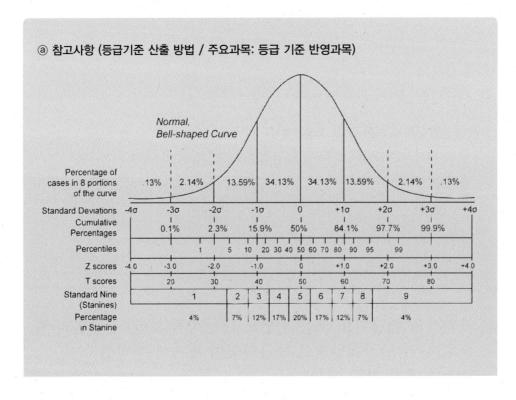

- 모집단위별 등급기준 산출 방법 (예시)
  - 지원자의 주요과목 내신 성적 산출: 누적분포확률을 활용하여 평가
  - 하위 약 15.9% 제외(양 극단구간 제외), 이후 약 84.1%의 범위를 6구간으로 균등 분할하여, 양 극단 구간을 포함하여 총 7구간으로 편성. ①～⑦점 배점(소수점 셋째자리에서 반올림하여 둘째자리에서 산출)

ⓑ **주요과목: 모집단위별 반영 교과목 (예시)**

- 공통 교과과목(1학년): 국어, 영어, 수학, 사회(윤리, 역사 포함), 과학
- 심화 선택과목(2-3학년)
  - 국어, 영어, 수학, 사회: 경상 계열
  - 국어, 영어, 사회: 인문 · 사회 계열
  - 국어, 영어, 사회, 외국어: 어학(어문, 외국어)계열, 국제계열
  - 국어, 영어, 수학, 과학: 자연과학계열, 공학계열
  - 국어, 영어, 사회 : 예체능 계열

 # 5단계 적용방법 (예시)

내신 등급	등급 또는 배점
1 등급	A
2 등급	B
3 등급	C
4 등급	D
5 등급 이상	E

가감의 반영 (예시)

① 학교 알리미의 고교별 국가학업성취도 평가를 기준으로 가감에 반영한다. ±2개 등급 또는 ±1개 등급의 가감이 가능하다.

학업성취도 비율	가감반영
90% 이상	+2
80~90 미만	+1
60~80	0
50 이상~60 이상	−1
40% 미만	−2

또는

학업성취도 비율	가감반영
90% 이상	+1
60~90% 미만	0
40~60	−1
40% 미만	−1

> ※ 아래의 ②, ③ 가점(상향)은 2개 요소가 중복되더라도 1개 등급 이상을 초과할 수 없는 것으로 규정한다.

② 내신 성적 관련 사항 반영 방법은 성적 변동(상승 또는 하락)이 있는 경우 가감한다. 구체적으로 학교생활기록부(이하, 학생부)의 주요 과목인 국어, 영어, 수학, 사회, 과학(이하, 국영수사과)의 평균 내신 성적이 1.5 등급 또는 2등급 이상 상승 또는 하락한 경우에 원래 배점에서 ±1등급씩 배점을 가감한다. 이때, ① 가(감)점인 경우는 재학생의 경우 보통 최저(고)성적과 마지막 학기 성적을 비교하여 평가한다. 즉, 1학년 1학기에서 3학년 1학기 중 주요과목 최고 학기 내신평균 등급에서

최저학기 내신평균 등급을 계산한다. 또한 ② 재수이상의 졸업생의 경우에는 최저
(또는 최고)성적과 3학년 1학기 성적을 주로 비교하여 평가한다.

주요 5과목 내신 등급	가감 반영
1.5 또는 2등급 상승	+1
1.5 또는 2등급 하락	−1

③ 교과 성적 수상의 경우

해당 모집단위 반영계열인 〈인문 · 사회계열〉 또는 〈자연 · 공학계열〉, 〈예체능계
열〉 수상의 교과 수상은 가점(상향)을 한다. 가점(상향)의 경우는 반영 계열을 넓
게 인정하여 반영계열 관련 교과 수상 5개 이상은 1개 등급의 가점(상향)을 부여한
다. 단, 일반학과 지원학생의 경우에는 영어는 다수가 있어도 1개의 수상으로만 인
정하나, 영어영문학과(부)를 지원한 학생은 영어 관련 다수의 수상을 모두 인정하
는 것으로 한다. 마찬가지로 기타 해당언어(중국어, 일본어, 프랑스어, 독일어, 스
페인어, 러시아어 등) 학과(부) 지원학생의 수상은 모두 인정한다.

교과 성적 수상 개수	가점(상향)
5개	+1
(영어영문학과 지원 학생 영어수상) 5개	+1
(일반학과 학생의 영어 수상) 5개	cf. 1개의 수상으로만 인정

④ 전년도 수능상위 100개교 정성평가 가점(상향) 반영

전년도 수능성적이 우수한 전국 100개 고교를 매년 갱신하여 목록으로 정리한 것
을 기반으로, 평가자들은 정성적인 가점을 반영할 수 있다. 수도권의 일부 대학이
이런 방법을 운영하고 있다.

03 (인성 영역) (서류평가비율 15%)

"학교생활을 잘 할 수 있을까?"

평가자료	평가 세부 내용
학교생활 기록부	3. 출결상황 4. 수상경력 7. 창의적 체험활동(특히, 자율활동 및 봉사활동) 10. 행동특성 및 종합의견
자소서 문항3번	3. 학교생활 중 배려, 나눔, 협력, 갈등관리 등을 실천한 사례를 들고, 그 과정(사실(fact)의 인과관계)을 통해 배우고 느낀 점을 기술해 주시기 바랍니다. (1,000자 이내)
추천서 2번	2. 지원자의 인성 및 대인 관계에 대하여 "V"로 표기해 주시기 바랍니다. (평가하기 어려운 경우 '평가불가'를 선택) 표 참조 • 지원자의 인성 및 대인 관계에 추가적으로 고려할 사항이 있는 경우 사례를 기술해 주세요. (250자 이내, 개조식으로 기술 가능)

평가항목	매우 우수함	우수함	보통	미흡	평가불가
1) 책임감	☐	☐	☐	☐	☐
2) 성실성	☐	☐	☐	☐	☐
3) 리더십	☐	☐	☐	☐	☐
4) 협동심	☐	☐	☐	☐	☐
5) 나눔과 배려	☐	☐	☐	☐	☐

평가 세부 항목(용어정의 포함)

① 공동체 의식 및 개인 인성 ② 자발적 역할 및 역할의 질적 차이 ③ 자발성·지속성을 갖는 나눔 활동

평가 시 고려사항

① 공동체 의식의 성숙 ② 인간관계 내에서의 문제해결 ③ 개인 인성 및 학교생활충실도(가감 반영)

평가기준 예시

7단계 배점 척도 또는 5단계 배점 척도

인성 영역은 고등학교 3학년 1학기(재학생 기준)까지의 전반적인 생활기간 동안 인성을 드러내는 여러 평가요소를 통해 지원 학생의 인성 또는 품성을 추론하여 우리 대학에 입학해서 잘 생활할 수 있는지를 평가하는 영역이다. 일반적으로 전체 5개 영역 중 대략 15%의 평가비율을 차지한다고 할 수 있다. 평가 자료는 학생부, 자기소개서, 추천서중 위 표의 해당 세부 내용이 주요한 평가대상이다. 이러한 3개의 평가 자료를 바탕으로 아래의 평가세부항목, 평가 시 고려사항, 평가기준 예시를 통해 인성 영역을 바탕으로 종합적인 평가를 진행한다.

평가세부항목 – 용어의 정의

① 공동체 의식은 아래의 4가지를 개념적으로 정의하고 평가한다.

㉮ 갈등 관리 및 배려, 이타심의 요소는 자신과 타인의 감정을 이해하여 다양성을 수용할 수 있는 능력으로 정서적 능력이 바탕이 된다.

㉯ 나눔과 협력은 함께 어울리고 일할 수 있는 능력으로 행동적인 측면에서 실천(실행)력에 해당된다.

㉰ 헌신성은 자신의 시간과 노동을 기꺼이 희생하는 마음을 의미한다.

㉱ 공동의 목표를 위한 타인과의 소통 능력을 의미한다.

② 개인 인성은 아래의 3가지를 개념적으로 정의하고 평가한다.

㉮ 맡은 역할을 성실하고 책임감 있게 수행하려는 노력을 의미한다.

㉯ 타인에 대한 배려와 나눔 정신의 실천을 의미한다.

㉰ 도덕성은 윤리적 판단과 양심적 행동을 할 수 있는 능력으로 가치판단 능력을 의미한다.

③ 평가서류 등에서 기술된 '역할의 질적인 차이'고려는 아래의 3가지를 개념적으로 정의하고 평가한다.

㉮ **1회성 VS 지속성**은 이것이 1회적인 노력인지 아니면 지속적인 노력인가를 보는 것이다.

㉯ **표면성 VS 진정성**은 노력의 과정(사실〈fact〉의 인과관계)이 겉으로만 보이는 일반적 사항인지 아니면 진정성 있는 노력의 모습이 보이는지를 보는 것이다.

㉰ **단편적 결과 VS 확장적 결과**는 공동체에서의 역할 영향력이 본인에게만 머무르는 지 아니면 공동체 전체에 영향을 미치는 지를 보는 것이다.

④ 탁월한 자발성 · 지속성을 갖는 나눔 활동은 아래 가)~다)를 개념적으로 정의하고 아래의 내용 중 하나라도 해당되는 사항이 있을 경우 적용하는 것이다.

㉑ 교내·외 봉사의 질적 수준 첫째는 유의미한 봉사를 지속적으로 수행한 경우를 의미한다. 예를 들어 학교 봉사동아리 활동을 했을 경우에 교내는 2년 내외, 개인은 교외에서 1년 내외의 봉사활동을 했을 경우에, 나눔 활동에 대한 우수성을 평가하는 담임교사의 종합의견이나 교사 추천서 등에 긍정적인 언어로 구체적인 기술이 되어 있는 경우, 유의미한 봉사로서 인증하는 것을 함축한다.

㉯ 교내·외 봉사의 질적 수준 둘째는 비교적 지속적 노력이 필요한 교내 봉사를 자발적으로 수행한 경우를 의미한다. 예를 들어 남들이 그다지 하고 싶지 않은 쓰레기 분리수거, 우유 당번, 배식 당번, 정보도우미, 학급 문단속 도우미 등을 한 학생으로서, 이러한 봉사활동이 '2회 이상' 또는 '봉사 내용에 대한 담임교사의 종합의견이나 추천서 등에 긍정적인 언어로 구체적인 기술이 되어 있는 경우 유의미한 봉사로서 인증하는 것을 함축한다.

㉰ 교내·외 봉사시간이 200시간 내외 또는 그 이상일 경우가 해당된다. 단, 평균적으로 지원자들의 봉사활동 시간이 상대적으로 다른 모집단위에 비해 많은 사회복지학(부)과는 300시간 내외 또는 그 이상일 경우가 해당된다.

⑤ 비교적 자발성·지속성을 갖는 나눔 활동은 개념적인 정의를 통해 아래 가)~다)의 내용 중 하나라도 해당되는 사항이 있을 경우 적용하고자 한다.

㉑ 교내외 봉사의 질적 수준 첫째는 유의미한 봉사를 지속적으로 수행한 경우를 의미한다. 예를 들어 학교 봉사동아리 활동을 했을 경우에 교내는 1년 내외, 개인은 교외에서 6개월 내외의 봉사활동을 했을 경우에, 나눔 활동에 대한 우수성을 평가하는 담임교사의 종합의견이나 추천서 등에 긍정적인 언어로 구체적인 기술이 되어 있는 경우 유의미한 봉사로서 인증하는 것을 함축한다.

㉯ 교내·외 봉사의 질적 수준 둘째는 비교적 지속적 노력이 필요한 교내 봉사를 자발적으로 수행한 경우를 의미한다. 예를 들어 남들이 그다지 하고 싶지 않은 쓰레기 분리수거, 우유 당번, 배식 당번, 정보도우미, 학급 문단속 도우미 등을 한 학생으로서, 이러한 봉사활동이 봉사 내용에 대한 담임교사의 종합의견이나 추천서 등에 긍정적인 언어로 구체적인 기술이 되어 있지는 않지만 '1회를 수행'한 경우 유의미한 봉사로서 인증하는 것을 함축한다.

㉰ 교내외 봉사시간이 지원자들의 평균수준인 120시간 내외일 경우가 해당된다. 단, 평균적으로 지원자들의 봉사활동 시간이 상대적으로 다른 모집단위에 비해 많은 사회복지학(부)과는 200시간 내외일 경우가 해당된다고 할 수 있다.

평가 시 고려 사항

① 공동체 의식과 관련한 본인의 가치관 및 태도, 자기성찰 능력, 과정(사실(fact)의 인과관계) 및 정의적, 실천적 변화로서의 성숙을 기준으로 평가 한다.

② 배려, 나눔, 협력, 갈등관리는 인간관계 내에서의 문제해결을 중심으로 평가한다. 개인적인 일 또는 자기주도적 문제해결에 대한 내용은 본 평가영역에서 반영하지 않고 주도성 영역에서 평가 한다.

③ 자기소개서 3번 항목에 기술한 내용에서, '배려, 나눔, 협력, 갈등관리' 4가지 중 2가지 또는 1가지만 선택되어 기술하는 경우도 있음을 고려하여 정상적으로 평가한다. 단, 이와 같은 경우에는 구체적인 사례 중심의 기술인지를 중점으로 하여 평가 한다.

④ 개인적 인성 및 학교생활충실도는 개념적인 정의를 통해 아래의 '가점(상향)요소'와 '감점(하향) 요소'를 통해 평가 한다.

  1) 가점(상향)요소는 아래의 2가지 사항 중 1가지 이상의 사항이 해당될 경우 적용한다. 그러나 이러한 가점(상향)은 ㉮, ㉯의 2가지 사항이 중복된다 하더라도 1개 등급만 가점(상향) 한다.

    ㉮ <u>인성관련 교내 수상 3회 이상일 경우 가점(상향)을 한다.</u>(단, 수상의 종류는 매년 회의와 사례관리를 통해 그 내용을 조정할 수 있다.)

      ※ 인성관련 수상은 단체 활동에의 이바지, 협업을 통한 성취, 리더십 발휘(전교회장, 부회장, 반장, 부반장, 동아리장 등), 희생정신, 갈등관리상황에서 중재 및 문제해결력 등에서 탁월한 모습을 통해 수상한 것으로 간주한다.

구분	'인성' 교내수상의 종류
'인성'수상	표창장, 선행상, 봉사상, 효행상, 모범상, 공로상, 극기상, 예절상, 우정상, 자립상, 그린마일리지, 학교폭력 근절표창, 성실상, 특별활동상, 협동상, 지덕체표창장, 화목상, 근면상, 칭찬상, 면학분위기조성우수상, 인사왕, 준법상 등
	제외되는 '인성' 수상의 종류
	① 개근상 또는 교외 인성수상(교육청, 경찰청, 민간기관 등) ② 각종 학습관련상(자기주도 학습상, 방과 후 학교상, 노력상, 진보상, 향상상, 기타 교과수상 등)

㉯ 담임교사의 종합의견이나 교사 추천서에 매우 긍정적인 내용이 구체적인 사례와 더불어 기재된 경우에는 가점(상향)을 한다. 단, 출결상황에 무단에 대한 내용이 기재되어 있음에도 불구하고 인성관련 수상이 있을 경우에는 학교생활기록부에 대한 신뢰도 저하로 가점(상향)이 평가에 반영되지 않을 수 있고, 추후 면접 시 이러한 사항에 대한 확인이 될 수 있도록 별도사항으로 기재 한다.

2) 감점(하향)요소는 다음의 4가지 사항에 해당된다. 감점(하향) 요소는 아래의 내용에 따라 중복을 고려하여 최대 4(-4)개 등급까지 감점(하향)이 가능하다.

㉮ (준법성 측면) 학교 폭력 및 교칙위반에 의한 특기 사항이 학생부에 기재되어 있으며, 담임교사의 종합의견이나 자기소개서, 교사 추천서에 특별한 개선 사항 및 의지가 드러나지 않는 경우이거나 부정적인 내용이 언급된 경우가 이에 해당된다. 만약 학교 폭력 및 교칙위반에 의한 특기사항이 학생부에 기재되어 있는 경우, 특이사항으로 정리 및 취합하여 입학(시)전형위원회에 상정하여 그 결과에 따라 정상평가 혹은 감점(하향)처리 또는 원천탈락하게 된다.

구분	기록사항
학교폭력 및 교칙위반에 의한 특기사항(학교폭력예방 및 대책에 관한 법률 제17조 제1항)	〈학적사항〉
	〈출결상황〉
	〈행동특성 및 종합의견〉

제17조(가해학생에 대한 조치) ① 자치위원회는 피해학생의 보호와 가해학생의 선도·교육을 위하여 가해학생에 대하여 다음 각 호의 어느 하나에 해당하는 조치(수 개의 조치를 병과하는 경우를 포함한다)를 할 것을 학교의 장에게 요청하여야 하며, 각 조치별 적용 기준은 대통령령으로 정한다. 다만, 퇴학처분은 의무교육과정에 있는 가해학생에 대하여는 적용하지 아니한다. 〈개정 2009.5.8., 2012.1.26., 2012.3.21.〉
1. 피해학생에 대한 서면사과
2. 피해학생 및 신고·고발 학생에 대한 접촉, 협박 및 보복행위의 금지
3. 학교에서의 봉사
4. 사회봉사
5. 학내외 전문가에 의한 특별 교육이수 또는 심리치료
6. 출석정지
7. 학급교체
8. 전학
9. 퇴학처분

㉯ 학교생활기록부 출결상황 중 '무단'의 경우에는 감점(하향)한다. 구체적으로 아래 사항의 ⓐ~ⓒ의 내용 중 1가지 사항이라도 해당사항이 있을 경우에 감점(하향)한다. (예시)

> ⓐ 결석 2회(또는 3회) 이상
> ⓑ 지각, 조퇴, 결과의 각각 혹은 전체의 합계가 3회(또는 5회) 이상
> ⓒ 결석 1회와 지각, 조퇴, 결과 각각 혹은 전체의 합계가 2회(또는 3회) 이상

* 대학의 내부 평가 기준에 따라 다를 수 있음.(모집요강 참조)

㉰ 학생부 교과학습발달상황란 모든 과목 중 8등급 또는 9등급 과목(또는 성취도 D, E)이 있는 경우에는 '성실성'이 미흡하다는 판단아래 감점한다.

㉱ 예체능 과목에 '미흡'(또는 성취도 D, E)이 1개라도 있는 경우에는 '성실성'이 미흡하다는 판단아래 감점(하향)한다.

〈체육 · 예술(음악/미술)〉

교과	과목	1학기		2학기		비고
		단위수	성취도	단위수	성취도	
체육	스포츠문화	2	A	2	A	
예술	고전음악	2	D	2	D	
이수단위 합계		4		4		

⑤ 지원자가 자신의 리더십 활동에 관한 내용을 작성한 경우, '리더십 발휘 중에 드러난 인성적인 요소인 긍정적이고 진취적인 사고, 문제해결에 대한 태도, 공약에 대한 실천행동 등만을 평가에 반영 한다. 자기주도적인 '리더십 역량'은 본 영역에서 최대한 제외하고 가능한 '(자기) 주도성'영역에서 반영하여 평가 한다.

⑥ 봉사활동 시간이 해당 모집단위 평균 지원자들보다 과다(일반 모집단위 200시간 이상, 사회복지학과 300시간 이상)하거나 같은 시기에 많은 시간을 집중적으로 활동한 경우에는 시간의 중복 등을 학생부에서 면밀히 살피고, 반드시 해당학교 담임교사 또는 해당 복지기관의 확인을 통해 사후 검증을 진행 한다.

⑦ 봉사활동 시간이 대부분 교내 봉사활동인 경우라고 해서 특별히 낮게 평가하는 것은 아니나 봉사시수의 대부분이 교내 청소 등의 단순 봉사 성격일 경우에는 가점

(상향)을 줄 수 있는 시간에 해당된다하더라도 가점(상향)을 하지 않을 수 있다.

⑧ (일부대학) 모집단위별 지원자들의 평균 봉사활동시간을 시스템에서 제공하여 평균시간을 중간배점(5점척도의 3, 7점척도의 4)으로 놓고 정성적으로 평가할 수 도 있다.

⑨ 학교별 특별한 인성프로그램(예: 다도, 명상, 태극권, 허그 운동, 좋은 말 운동, 칭찬하기, 마니또 등)이 인성평가에 영향(자소서 기입 등)을 준다는 판단이 들면 학생부에서 구체성을 확인(또는 학교 홈피, 전화 등)하고 이를 감안하여 정성적으로 평가할 수 있다.

평가기준 예시 - 7단계 배점척도 기준

Ⓐ(7) 기준 최고점(Ⓑ또는 6점)을 넘어서는 우수 학생: 총체적 정성 평가

Ⓑ(6) 올바른 공동체 의식을 지니고 있다.
배려, 나눔, 협력, 갈등관리 등을 실천한 사례 안에서 본인의 자발적 역할 및 역할의 질적인 우수성이 드러난다.
학교생활기록부 교내외 봉사 및 활동 중 탁월한 자발적·지속성을 갖는 나눔 활동이 있다.

Ⓓ(4) 올바른 공동체 의식을 지니고 있다.
배려, 나눔, 협력, 갈등관리 등을 실천한 사례 안에서 본인의 역할이 드러나지만, 역할의 질적인 우수성이 평범하다.
학교생활기록부 교내외 봉사 및 활동 중 비교적 자발적 또는 지속성을 갖는 나눔 활동이 있다.

Ⓕ(2) 공동체 의식에 대한 이해가 부족하다.
배려, 나눔, 협력, 갈등관리 등을 실천한 사례 안에서 본인의 역할이 분명하지 않고, 역할의 질적인 우수성이 미흡하다.
학교생활기록부 교내외 봉사 및 활동 중 자발적 또는 지속성을 갖는 나눔 활동이 없다.

Ⓖ(1) 기준 최저점(Ⓕ또는 2점)에 미달하는 학생: 총체적 정성 평가

* 7단계 배점척도 기준이나, 5단계 배점척도 기준도 가능하다.
* 5단계 배점척도라고 한다면 A(5, 매우 우수), B(4, 우수), D(3, 보통), F(2, 미흡), G(1, 매우 미흡)를 각각 1등급씩으로 평가할 수 있다.
* 참고로 C는 B와 D, E는 D와 F 평가 기준의 사이에 속하는 평가점수로서 정성적인 평가를 통해 점수를 매길 수 있다.

평가 기준 예시 2(안) - 5단계 배점 척도

탁월(A)	• 교사의 평가가 구체적이고 학생에 대해 적극적으로 기술함 • 봉사활동의 진정성이 보이고 배우고 느낀 바가 분명함 • 특별하고 의미 있는 교외 봉사활동 내용이 있음 • 타인과 협업을 통한 큰 성과가 보임
우수(B,C)	• 교사가 학생에 대해 긍정적으로 평가함 • 교외 봉사활동이 있고 지속성과 일관성을 확인할 수 있음 • 공동의 목표를 위해 타인과 협업한 경험이 있음
다소미흡(D)	• 행동특성에 일반적인 내용만 기술되어 있음 • 교내 봉사활동만 있음 • 전체적으로 특징적인 내용을 찾기 어려움
매우미흡(E)	• 자소서 분량을 거의 못 채움 • 교사가 부정적으로 평가함 • 학교폭력 등의 부적응 양상 보임 • 출결의 무단사항이 많음 • 봉사활동이 거의 없음

(주도성 영역)

(서류평가비율 15%)

"적극성, 열정이 있는가?"

평가자료	평가 세부 내용
학교생활 기록부	4. 수상경력 7. 창의적체험활동 (특히, 자율활동 및 동아리활동 중심) 8. 세부능력 및 특기사항 10. 행동특성 및 종합의견
자소서 문항1번과 2번	1. 고등학교 재학기간 중 학업에 기울인 노력과 학습경험에 대해 배우고 느낀 점을 중심으로 기술해 주시기 바랍니다. (1,000자 이내) 2. 고등학교 재학기간 중 본인이 의미를 두고 노력했던 교내 활동을 배우고, 느낀 점을 중심으로 3개 이내로 기술해 주시기 바랍니다. 단, 교외 활동 중 학교장의 허락을 받고 참여한 활동은 포함됩니다.(1,500자 이내)
추천서 1번	1. 지원자의 학업관련 영역에 대해 해당하는 칸에 "V"로 표기하세요. (평가하기 어려운 내용은 "평가불가"를 선택하세요)

평가항목	평가대상			매우 우수함	우수함	보통	미흡	평가 불가
	3학년 전체	계열 전체	학급 전체					
1) 학업에 대한 목표 의식과 노력	☐	☐	☐	☐	☐	☐	☐	☐
2) 자기주도적 학습태도	☐	☐	☐	☐	☐	☐	☐	☐
3) 수업참여도	☐	☐	☐	☐	☐	☐	☐	☐

• 지원자의 학업 관련 평가에 추가적으로 고려할 만한 사항이 있는 경우 기술해 주세요.
(250자 이내, 개조식으로 기술 가능)

평가 세부항목(용어정의 포함)

① 긍정적&진취적 사고 ② 적극적 노력경험 ③ 리더십 발휘경험 ④ 발전적 변화 ⑤ 성찰 노력

평가 시 고려사항

학습관련 수상 반영

가점 반영

리더십 활동 반영

주도성 영역은 고등학교 3학년 1학기(재학생 기준)까지의 전반적인 생활기간 동안, 지원한 학생의 적극성과 열정을 보는 영역이다. 일반적으로 전체 5개 영역 중 대략 15%의 평가비율을 차지한다고 할 수 있다. 평가 자료는 학생부, 자기소개서, 추천서중 위 표의 해당 세부 내용이 주요한 평가대상이다. 이러한 3개의 평가 자료를 바탕으로 아래의 평가세부항목, 평가 시 고려사항, 평가기준 예시를 통해 주도성 영역을 바탕으로 종합적인 평가를 진행한다.

 ## 평가 세부항목 – 용어의 정의

① **긍정적 & 진취적 사고**는 주어진 교내·외의 교육사회적 환경에서 긍정적인 자세와 적극적인 자세로 자율, 동아리, 봉사, 진로 활동을 꾸준히 하고 그 꾸준함 속에 변화와 성취감을 경험하는 것이라고 할 수 있다.

② **적극적인 노력 경험**이란 예컨대, 진로관련 자율 동아리를 주도적으로 설립하고 동아리 내에서 본인의 활동 결과가 두드러지는 것이라고 할 수 있다.

③ **리더십 발휘 경험**은 해당 고등학교에서 전교회장, 부회장, 기숙사장, 동아리장, 반장(또는 부반장) 등을 역임하면서 본인이 내세운 공약을 실현하거나 특별한 활동이 두드러져 교사의 행동특성 및 종합의견(이하, 종합의견) 또는 추천서에 구체적인 사례를 통해 기술되는 등으로 입증이 되는 것이라고 할 수 있다.

④ **발전적 변화**는 학생의 인지적, 정의적, 실천적인 측면 등의 변화를 확인할 수 있는 결과가 필요하다고 할 수 있다. 긍정적인 모습의 변화는 문제를 발견하고 해결함으로써 일어나는 변화로서 특히, 문제해결력이 드러날 필요가 있다. 또한 1회성이 아닌 지속적인 노력의 과정(사실(fact)의 인과관계)을 통한 내적인 자아성취감과 외적인 변화로서 의미 있는 결과로 표현될 수 있다. 예컨대, 교내 수상, 봉사에서의 성장, 학업성적의 상승 등이 있다.

⑤ **성찰 노력**은 자신의 능력에 대해 스스로 평가하고 문제점을 파악하며 개선하려는 선순환 노력을 의미한다.

평가 시 고려 사항

> **각종 학습 관련 상**(자기주도학습상, 방과후학교상, 노력상, 성실상, 진보상, 향상상 등)의 교
> 내 수상이 있을 경우 교사의 종합의견 또는 교사 추천서 등의 기술 내용을 고려하여 정성적
> 으로 평가할 수 있다.

 가점 반영 (예시)

> **리더십 관련 활동 반영 방법**을 구체적으로 보면, 전교회장, 전교부회장, 학년장 1회 이상, 학
> 급 임원(반장, 부반장) 및 동아리 장(2학년 외 1학년 부기장, 차장은 제외), 기숙사장은 2회 또
> 는 1년 이상을 했을 때 **가점을 반영**한다. 그 외의 학교임원이나 기타 직책(예, 선도부원 등)의
> 경우는 담임교사의 행동특성 및 종합의견, 교사 추천서에서의 의미 부여가 탁월할 경우에만
> 가점을 반영한다.

평가기준 예시 – 7단계 배점 척도 기준

Ⓐ(7) 기준 최고점(Ⓑ또는 6)을 넘어서는 우수 학생: 총체적 정성 평가

Ⓑ(6) 학업 및 활동에 대한 긍정적& 진취적인 사고를 지니고 있다.
학교생활 안에서 주도성을 가지고 적극적으로 노력한 모습이 보인다.
이를 통해 발전적인 변화가 두드러진다.

Ⓓ(4) 학업 및 활동에 대한 긍정적& 진취적인 사고를 지니고 있다.
학교생활 안에서 주도성을 가지고 노력한 모습이 보인다.

Ⓕ(2) 학업 및 활동에 대해 단순히 감정적, 단편적 기록에 머물고 있으며, 학교생활 안에서 자기주도적인 자세가 보이지 않는다.

Ⓖ(1) 기준 최저점(Ⓕ또는 2)에 미달하는 학생: 총체적 정성 평가

* 7단계 배점척도 기준이나, 5단계 배점척도 기준도 가능하다.

 ## 평가 기준 예시 2(안) – 5단계 배점 척도

탁월(A)	• 진로에 대한 확고한 의지와 열정이 드러남 • 리더십을 바탕으로 다양한 활동이 있음 • 의미있는 활동이 구체적으로 잘 기술되어 있고 배우고 느낀 바가 분명함 • 특별하고 독특한 학업 및 활동경험이 있고 지원전공과의 유사성이 높음
우수(B,C)	• 진로에 대한 일관성과 자기확신이 있음 • 리더십 활동을 한 경험이 있음 • 계획을 수립하여 꾸준히 학업과 활동을 실천함 • 의미있는 활동이 잘 기술되어 있고 배우고 느낀 바가 있음
다소미흡(D)	• 진로에 대한 자기확신이 부족해 보임 • 창의적 체험활동이 있으나 큰 특징은 없음 • 의미있는 활동내용이 추상적이고 일반적인 내용만 기술되어 있음 • 자소서에 기술된 특별한 활동이 학생부에 기재되어 있지 않음
매우미흡(E)	• 비교과 활동이 전혀 없음 • 자소서가 성의 없이 작성되어 있음

05 (발전가능성 영역) (반영비율 15%)
"우리 학교를 빛낼 인재인가?"

평가자료	평가 세부 내용
학교생활 기록부	6. 진로희망 7. 창의적 체험활동(특히 자율, 동아리, 진로활동) 9. 독서활동 10. 행동특성 및 종합의견
자소서 문항4번 (선택)	4. 지원동기 및 향후 학업·진로계획을 기술해주시기 바랍니다. 　　(500자 또는 1,000자 이내) **〈자기소개서 4번 문항을 중심으로 전체를 종합적으로 평가〉**
추천서 1번, 3번	1. 지원자의 학업 관련 영역에 대하여 "V"로 표기해 주시기 바랍니다. 　　(평가하기 어려운 경우 '평가불가'를 선택) (아래 표) • 지원자의 학업 관련 평가에 추가적으로 고려할 만한 사항이 있는 경우 기술해 주세요. 　(250자 이내, 개조식으로 기술 가능) 3. 지원자를 평가하는데 도움이 되는 내용을 기술해 주시기 바랍니다. (1,000자 이내)

평가항목	평가대상			매우 우수함	우수함	보통	미흡	평가 불가
	3학년 전체	계열 전체	학급 전체					
1) 학업에 대한 목표 의식과 노력	☐	☐	☐	☐	☐	☐	☐	☐
2) 자기주도적 학습태도	☐	☐	☐	☐	☐	☐	☐	☐
3) 수업참여도	☐	☐	☐	☐	☐	☐	☐	☐

평가 항목(용어 정의 포함)
① 지원 분야에 대한 이해 ② 진로(학업) 계획의 타당성(잠재력)

평가기준 예시
7점 배점척도 기준 (또는 5점 배점척도 기준 활용 가능)

가감 요소의 반영
모집 계열별 **참고 교과목 평균 성적** 활용

평가항목 – 용어의 정의

① <u>지원 분야에 대한 이해</u>는 본인이 갖춘 역량에 대한 구체적 이해가 선행되어야 하며, 이를 통한 지원동기가 명확하고 본인의 역량을 지원 분야와 잘 연결하는 것을 의미한다.

② <u>진로(학업) 계획의 타당성</u>은 진로(학업) 계획이 현실 가능성이 높으며, 이를 바탕으로 구체적으로 드러나는 것이다. 특히, 본인의 잠재적인 역량을 바탕으로 지원 분야 이해에 대한 선행적 구체성이 전제 되어 있어, 계획이 확장형 또는 심화형으로 설계되는 것을 의미한다. 만약, 진로(학업) 계획을 구체성이나 근거 제시 없이 나열식으로 서술한 경우는 '진로(학업) 계획이 타당하지 않다 또는 적절하지 않다'고 평가한다. 하지만 모집단위별로 지원자들의 평균적인 수준을 감안하여 평가할 수 있다.

평가 기준 예시 – 7단계 배점 척도

Ⓐ(7) 기준 최고점(Ⓑ 또는 6점)을 넘어서는 우수 학생 : 종합적인 정성 평가

Ⓑ(6) 지원 분야에 대해 매우 잘 이해하고 있다.
본인의 역량에 대한 구체적인 이해를 바탕으로 지원동기 및 진로(학업) 계획이 매우 타당하다.
(종합적 평가) 지원 분야와 관련된 잠재능력 및 발전가능성을 충분히 가지고 있다.

Ⓓ(4) 지원 분야에 대해 이해(평범한 수준) 하고 있다.
본인의 역량에 대한 이해(보통 수준)를 바탕으로 진로(학업) 계획이 적절하다.
(종합적 평가) 지원 분야와 관련된 역량을 가지고 있다.

Ⓕ(2) 지원 분야에 대해 이해도가 낮다.
본인의 역량에 대한 이해도가 낮아 진로(학업) 계획에 대한 막연한 희망을 보여주고 있다.
(종합적 평가) 지원 분야와 관련된 역량이 부족하다.

Ⓖ(1) 기준 최저점(Ⓕ 또는 2점)에 미달하는 학생: 종합적인 정성 평가

* 7단계 배점척도 기준이나, 5단계 배점척도 기준도 가능하다.
* 5단계 배점척도라고 한다면 A(5, 매우 우수), B(4, 우수), D(3, 보통), F(2, 미흡), G(1, 매우 미흡)를 각각 1등급씩으로 평가할 수 있다.
* 참고로 C는 B와 D, E는 D와 F 평가 기준의 사이에 속하는 평가점수로서 정성적인 평가를 통해 점수를 매길 수 있다.

가감 요소의 반영

모집계열	참고 교과목
인문계열	국어, 사회
경상계열	사회, 수학
어학(외국어) 및 국제계열	영어, 외국어, 사회
자연과학 및 공학계열	수학, 과학
예체능계열	국어, 영어

① (가점(상향)요소) 위의 표에 명시되어 있는 지원 모집계열별 참고 교과목이 평균 2등급 이하인 경우에는 본 점수에서 1등급(+1점)을 가점(상향)한다.

② (감점(하향)요소) 위의 표에 명시되어 있는 지원 모집계열별 참고 교과목이 평균 5등급 이상인 경우에는 본 점수에서 1등급(−1점)을 감점(하향)한다.

1절. 고른기회 · 특성화고졸재직자 · 특수교육대상자

2절. 농어촌전형

3절. 특성화고교졸업자전형

CHAPTER 02
"특별전형의 추가 평가영역 및 특징 알아보기!"

평가요소	평가 세목	배점	특징
전형적합성	역경극복과정 및 (자기)주도성	15	≒ (일반전형) 주도성
전공적합성	지원전공 관련활동	30	= (일반전형) 전공적합성
학업역량	대학수학능력	25	= (일반전형) 학업역량
인성	개인적 이타주의, 사회성 및 공동체 의식	15	= (일반전형) 인성
발전가능성	진로(학업)계획의 타당성 및 성장가능성	15	= (일반전형) 발전가능성 (가감요소) – 학생부: 참고교과 평균2 또는 5등급 – 평어대상자: 모집단위별 해당과목이 모두 "수" 또는 "양, 가"인 경우
합계		100	–

 ## '발전 가능성' 가감 요소 반영 기준

※ 발전가능성 가감요소 반영 기준은 아래와 같다.

모집계열	참고 교과목	
	학생부 교과	평어대상자
인문계열	국어, 사회	
경상계열	사회, 수학	
어학(외국어) 및 국제계열	영어, 사회	모두 "수"
자연과학 및 공학계열	수학, 과학	
예체능계열	국어, 영어	

① 모집계열별 참고 교과목이 평균 2등급(평어 '수') 이하면 +1 가점(상향)

② 모집계열별 참고 교과목이 평균 5등급(평어 '양, 가') 이상이면 −1 감점

02 농어촌전형

(농어촌 전형)

평가요소	평가 세목	배점	특징
전형적합성	역경극복과정 및 (자기)주도성	15	농산어촌 인구비율 및 도서 · 벽지고교여부에 의해 정량점수 배점
전공적합성	지원전공 관련활동	30	= (일반전형) 전공적합성
학업역량	대학수학능력	25	= (일반전형) 학업역량
인성	개인적 이타주의, 사회성 및 공동체 의식	15	= (일반전형) 인성
발전가능성	진로(학업)계획의 타당성 및 성장가능성	15	= (일반전형) 발전가능성
합계		100	

 '전형 적합성' 배점 기준 (예시)

※ 인구비율에 의해 아래와 같이 '전형 적합성' 평가영역에서 배점한다.

농업 · 어업 · 임업 인구비율/ 도서벽지지역	배점(7점 척도 또는 5점 척도)
111% 이상 / 도서벽지고교	7 / 5
91 ~ 110%	6 / 5
71 ~ 90%	5 / 4
51 ~ 70%	4 / 3
31 ~ 50%	3 / 2
11 ~ 30%	2 / 1
0 ~ 10%	1 / 1

지역별 (읍 · 면 단위) 농업 · 어업 · 임업 인구비율
(출처: 2015기준, 교육부)

주소 (읍 · 면 단위)	총인구	농업 · 어업 · 임업 인구	농업 · 어업 · 임업 인구비율
전라남도 고흥군 두원면	3,160	4,696	149%
전라남도 장성군 삼서면	1,989	2,855	144%
경상북도 문경시 동로면	1,530	2,192	143%
전라남도 광양시 다압면	1,714	2,355	137%
경상북도 청도군 매전면	3,313	4,268	129%
전라북도 순창군 쌍치면	1,833	2,329	127%
충청남도 태안군 고남면	2,248	2,771	123%
전라남도 영암군 금정면	1,935	2,361	122%
충청남도 태안군 이원면	1,898	2,254	119%
경상북도 상주시 외남면	1,603	1,884	118%
경상남도 거창군 신원면	1,516	1,751	116%
충청남도 부여군 내산면	1,577	1,808	115%
경상남도 남해군 창선면	5,265	5,954	113%
전라남도 구례군 산동면	2,609	2,940	113%
경상북도 청도군 각남면	1,903	2,140	112%
경상남도 산청군 삼장면	1,425	1,580	111%
전라북도 순창군 복흥면	2,002	2,189	109%
강원도 삼척시 노곡면	615	670	109%
전라남도 구례군 간전면	1,275	1,382	108%
경상북도 상주시 내서면	1,868	1,986	106%
전라남도 광양시 진상면	2,760	2,919	106%
전라남도 강진군 신전면	1,729	1,828	106%
경상북도 김천시 부항면	1,142	1,206	106%
경상남도 함양군 백전면	1,414	1,464	104%
인천광역시 강화군 자월면	841	855	102%
경상남도 하동군 양보면	1,661	1,670	101%
경상북도 봉화군 재산면	1,439	1,432	100%
경상남도 하동군 적량면	1,779	1,770	99%
충청남도 당진시 석문면	6,547	6,504	99%
전라남도 신안군 압해면	4,724	4,662	99%
경상북도 상주시 청리면	2,755	2,717	99%
전라북도 남원시 산내면	1,777	1,748	98%
경상북도 군위군 의흥면	2,321	2,281	98%
경상남도 합천군 쌍백면	1,766	1,732	98%

주소 (읍·면 단위)	총인구	농업·어업·임업 인구	농업·어업·임업 인구비율
충청남도 서산시 팔봉면	2,819	2,760	98%
전라남도 순천시 월등면	1,795	1,756	98%
전라북도 고창군 심원면	2,286	2,236	98%
경상남도 하동군 악양면	3,124	3,055	98%
충청북도 보은군 회남면	610	595	98%
전라남도 순천시 송광면	1,500	1,462	97%
전라북도 고창군 부안면	2,575	2,507	97%
충청북도 옥천군 용화면	903	873	97%
경상남도 산청군 시천면	3,314	3,193	96%
충청남도 청양군 장평면	2,322	2,237	96%
경상남도 거창군 북상면	1,337	1,288	96%
충청남도 홍성군 서부면	3,128	3,011	96%
경상북도 상주시 화북면	1,503	1,441	96%
충청남도 태안군 소원면	4,828	4,620	96%
강원도 춘천시 북산면	676	645	95%
전라남도 장흥군 유치면	1,024	976	95%
경상남도 하동군 청암면	1,329	1,265	95%
전라남도 순천시 승주읍	2,582	2,449	95%
경상남도 함양군 병곡면	1,261	1,196	95%
전라북도 고창군 성내면	1,938	1,835	95%
경상북도 군위군 고로면	1,056	999	95%
경상북도 의성군 신평면	826	781	95%
전라북도 완주군 경천면	1,030	973	94%
경상남도 합천군 가회면	1,630	1,531	94%
충청남도 부여군 은산면	3,920	3,681	94%
전라북도 고창군 상하면	2,363	2,217	94%
경상북도 청도군 금천면	3,169	2,972	94%
충청북도 옥천군 상촌면	2,184	2,041	93%
전라북도 진안군 주천면	1,449	1,352	93%
강원도 삼척시 하장면	1,274	1,176	92%
충청북도 보은군 회인면	1,671	1,540	92%
경상남도 거창군 가북면	1,284	1,181	92%
경상북도 영덕군 지품면	2,088	1,919	92%
경상남도 하동군 횡천면	1,694	1,554	92%
전라북도 남원시 대강면	1,726	1,582	92%
전라남도 화순군 북면	1,527	1,388	91%
경상남도 합천군 대병면	1,855	1,683	91%

주소 (읍·면 단위)	총인구	농업·어업·임업 인구	농업·어업·임업 인구비율
경상남도 함양군 서하면	1,196	1,085	91%
전라남도 보성군 회천면	2,903	2,614	90%
경상북도 영양군 수비면	1,691	1,519	90%
전라북도 고창군 신림면	2,103	1,887	90%
전라남도 곡성군 죽곡면	1,604	1,439	90%
경상북도 상주시 모동면	2,450	2,197	90%
경상남도 고성군 하일면	1,709	1,529	89%
전라남도 화순군 동복면	1,614	1,444	89%
경상북도 영양군 청기면	1,693	1,514	89%
제주도 제주시 우도면	1,300	1,162	89%
경상북도 청도군 각북면	1,897	1,693	89%
충청남도 청양군 대치면	1,935	1,725	89%
강원도 철원군 근북면	101	90	89%
경상북도 김천시 예안면	1,762	1,566	89%
전라남도 함평군 월야면	3,628	3,218	89%
경상북도 예천군 상리면	1,093	969	89%
전라북도 순창군 동계면	1,829	1,614	88%
경상남도 사천시 서포면	3,833	3,382	88%
전라북도 고창군 공음면	2,460	2,151	87%
충청남도 공주시 사곡면	2,957	2,583	87%
전라남도 광양시 진월면	2,942	2,564	87%
경상남도 거창군 고제면	1,186	1,033	87%
충청남도 청양군 청남면	1,873	1,630	87%
전라북도 임실군 강진면	1,504	1,306	87%
강원도 횡성군 청일면	1,991	1,725	87%
충청남도 태안군 근흥면	4,821	4,172	87%
경상북도 군위군 산성면	1,131	978	86%
경상남도 남해군 설천면	2,919	2,520	86%
전라북도 정읍시 소성면	2,079	1,794	86%
경상북도 영천시 자양면	972	837	86%
경상남도 함양군 서상면	1,813	1,561	86%
충청남도 보령시 미산면	1,814	1,560	86%
충청남도 보령시 오천면	4,072	3,496	86%
전라북도 부안군 위도면	917	787	86%
경상북도 김천시 대덕면	1,886	1,616	86%
전라북도 정읍시 산내면	1,192	1,021	86%
경상북도 청도군 이서면	4,238	3,624	86%

주소 (읍 · 면 단위)	총인구	농업 · 어업 · 임업 인구	농업 · 어업 · 임업 인구비율
경상남도 함양군 마천면	1,913	1,635	85%
전라북도 고창군 아산면	2,393	2,043	85%
충청북도 충주시 소태면	1,768	1,509	85%
경상남도 하동군 화개면	2,813	2,399	85%
전라북도 진안군 정천면	787	671	85%
경상북도 상주시 공검면	2,263	1,929	85%
경상남도 산청군 차황면	1,292	1,101	85%
전라남도 고흥군 동일면	1,440	1,227	85%
전라남도 완도군 약산면	2,148	1,827	85%
경상북도 상주시 은척면	1,624	1,380	85%
강원도 삼척시 미로면	1,769	1,503	85%
충청남도 부여군 구룡면	2,444	2,074	85%
전라북도 고창군 해리면	2,940	2,492	85%
경상북도 영주시 평은면	1,860	1,576	85%
경상북도 포항시 기북면	1,239	1,048	85%
전라남도 고흥군 영남면	1,522	1,286	84%
충청남도 서천군 마산면	1,481	1,251	84%
경상북도 김천시 와룡면	3,919	3,305	84%
충청북도 옥천군 매곡면	1,863	1,571	84%
전라남도 구례군 토지면	2,136	1,798	84%
경상북도 의성군 춘산면	1,512	1,272	84%
충청북도 보은군 산외면	1,542	1,297	84%
경상남도 함양군 지곡면	1,918	1,613	84%
전라남도 여수시 화양면	5,726	4,811	84%
경상북도 김천시 녹전면	1,783	1,496	84%
충청남도 청양군 남양면	2,502	2,097	84%
경상북도 봉화군 명호면	2,049	1,717	84%
전라북도 순창군 구림면	2,162	1,808	84%
충청남도 보령시 천북면	3,483	2,910	84%
전라남도 장흥군 용산면	2,333	1,948	83%
경상남도 고성군 영오면	1,439	1,201	83%
전라북도 완주군 비봉면	2,204	1,835	83%
경상북도 상주시 중동면	1,574	1,310	83%
전라남도 신안군 안좌면	2,585	2,151	83%
전라남도 함평군 손불면	3,486	2,895	83%
경상북도 봉화군 상운면	1,717	1,425	83%
경상북도 상주시 이안면	2,036	1,689	83%

주소 (읍·면 단위)	총인구	농업·어업·임업 인구	농업·어업·임업 인구비율
경상남도 거창군 웅양면	1,826	1,512	83%
전라남도 장성군 북하면	2,129	1,762	83%
전라남도 완도군 군외면	2,953	2,437	83%
경상남도 진주시 수곡면	2,005	1,653	82%
전라북도 임실군 삼계면	1,425	1,173	82%
경상북도 김천시 감천면	1,773	1,459	82%
전라남도 보성군 율어면	1,168	961	82%
전라남도 화순군 청풍면	979	805	82%
충청남도 청양군 목면	1,449	1,191	82%
강원도 삼척시 신기면	672	552	82%
충청남도 청양군 비봉면	1,962	1,610	82%
전라북도 진안군 상전면	555	454	82%
전라남도 여수시 화정면	1,944	1,590	82%
전라남도 신안군 암태면	1,745	1,427	82%
전라남도 구례군 문척면	986	806	82%
충청북도 제천시 수산면	1,858	1,516	82%
전라북도 남원시 덕과면	902	735	81%
충청남도 청양군 화성면	2,104	1,714	81%
경상북도 의성군 옥산면	1,822	1,484	81%
충청북도 단양군 적성면	1,255	1,021	81%
경상북도 김천시 증산면	990	805	81%
전라남도 고흥군 점암면	2,756	2,240	81%
경상북도 예천군 하리면	1,364	1,108	81%
전라북도 순창군 인계면	1,385	1,122	81%
충청북도 보은군 탄부면	1,804	1,460	81%
전라남도 화순군 이서면	782	632	81%
전라남도 화순군 이양면	1,830	1,478	81%
전라남도 광양시 옥룡면	2,577	2,081	81%
전라남도 곡성군 고달면	1,185	956	81%
강원도 양양군 서면	2,773	2,235	81%
경상북도 상주시 사벌면	3,524	2,840	81%
경상북도 의성군 구천면	1,749	1,409	81%
충청북도 제천시 청풍면	1,128	908	80%
경상북도 의성군 사곡면	1,533	1,233	80%
경상북도 영양군 일월면	1,691	1,358	80%
경상남도 산청군 오부면	936	751	80%
경상남도 밀양시 상동면	2,615	2,098	80%

주소 (읍·면 단위)	총인구	농업·어업·임업 인구	농업·어업·임업 인구비율
경상남도 밀양시 단장면	3,584	2,872	80%
전라남도 해남군 북일면	2,101	1,681	80%
경상남도 산청군 생비량면	1,127	901	80%
충청남도 공주시 이인면	3,229	2,579	80%
충청남도 서산시 부석면	4,978	3,974	80%
전라북도 장수군 계남면	1,910	1,524	80%
경상남도 밀양시 산내면	3,106	2,471	80%
충청남도 당진시 대호지면	2,371	1,886	80%
전라남도 신안군 증도면	1,671	1,328	79%
전라남도 고흥군 도화면	4,154	3,300	79%
인천광역시 강화군 북도면	1,590	1,263	79%
전라남도 무안군 운남면	3,018	2,394	79%
강원도 홍천군 동면	3,139	2,485	79%
충청남도 홍성군 홍동면	3,464	2,742	79%
충청남도 청양군 운곡면	2,077	1,643	79%
전라남도 광양시 옥곡면	3,185	2,516	79%
충청남도 서산시 성연면	2,269	1,792	79%
경상북도 상주시 외서면	2,488	1,964	79%
전라남도 장성군 동화면	1,633	1,286	79%
충청남도 공주시 정안면	5,327	4,181	78%
충청남도 태안군 남면	3,678	2,883	78%
경상북도 김천시 도산면	1,526	1,196	78%
경상북도 문경시 산북면	2,644	2,070	78%
전라북도 장수군 천천면	1,967	1,539	78%
전라남도 고흥군 도덕면	3,050	2,384	78%
전라북도 장수군 계북면	1,437	1,123	78%
전라남도 고흥군 금산면	4,294	3,355	78%
경상북도 군위군 우보면	1,822	1,422	78%
전라북도 진안군 부귀면	1,709	1,333	78%
경상남도 합천군 덕곡면	818	638	78%
전라남도 장흥군 장평면	2,157	1,681	78%
충청남도 부여군 충화면	1,229	957	78%
경상북도 상주시 공성면	4,189	3,261	78%
전라남도 구례군 용방면	1,275	992	78%
경상북도 상주시 화남면	850	661	78%
전라북도 고창군 성송면	1,733	1,347	78%
충청남도 공주시 신풍면	3,094	2,404	78%

주소 (읍 · 면 단위)	총인구	농업 · 어업 · 임업 인구	농업 · 어업 · 임업 인구비율
전라남도 여수시 남면	2,577	2,002	78%
전라북도 정읍시 옹동면	1,610	1,250	78%
충청남도 부여군 옥산면	1,426	1,107	78%
경상북도 김천시 북후면	3,333	2,585	78%
경상북도 봉화군 법전면	2,033	1,576	78%
강원도 정선군 화암면	1,425	1,104	77%
전라남도 진도군 조도면	2,638	2,040	77%
전라남도 무안군 망운면	1,948	1,506	77%
경기도 연천군 장남면	581	449	77%
전라남도 신안군 하의면	1,275	984	77%
경상북도 영천시 임고면	3,893	3,004	77%
전라북도 순창군 유등면	1,042	804	77%
전라남도 곡성군 오산면	1,330	1,026	77%
경상남도 진주시 미천면	1,611	1,241	77%
전라남도 신안군 장산면	1,287	991	77%
전라남도 강진군 옴천면	643	495	77%
전라북도 무주군 무풍면	2,139	1,646	77%
경상북도 군위군 소보면	2,093	1,610	77%
경상북도 영주시 이산면	2,566	1,970	77%
경상북도 김천시 길안면	2,857	2,190	77%
전라북도 순창군 팔덕면	1,332	1,021	77%
경상남도 통영시 한산면	1,880	1,440	77%
경상남도 하동군 옥종면	3,658	2,800	77%
경상북도 영덕군 달산면	1,120	857	77%
전라북도 임실군 성수면	1,370	1,048	76%
전라남도 순천시 주암면	3,101	2,371	76%
전라남도 화순군 도암면	1,316	1,006	76%
전라남도 강진군 도암면	2,685	2,051	76%
전라북도 남원시 보절면	1,466	1,119	76%
전라북도 진안군 안천면	896	683	76%
전라북도 진안군 동향면	1,295	986	76%
경상북도 청도군 운문면	1,929	1,468	76%
전라남도 완도군 고금면	4,010	3,050	76%
경상남도 진주시 금곡면	2,388	1,814	76%
충청북도 옥천군 청성면	2,307	1,752	76%
전라남도 고흥군 남양면	2,467	1,873	76%
경상남도 거창군 남상면	2,316	1,757	76%

주소 (읍 · 면 단위)	총인구	농업 · 어업 · 임업 인구	농업 · 어업 · 임업 인구비율
전라남도 순천시 외서면	878	666	76%
경상남도 밀양시 청도면	1,619	1,228	76%
경상북도 봉화군 소천면	2,164	1,640	76%
강원도 횡성군 공근면	3,015	2,282	76%
경상북도 영주시 문수면	1,783	1,349	76%
강원도 홍천군 내촌면	2,033	1,538	76%
경상북도 김천시 구성면	2,770	2,095	76%
강원도 평창군 방림면	2,025	1,530	76%
전라북도 임실군 신덕면	1,123	848	76%
전라남도 영암군 시종면	3,548	2,679	76%
전라남도 장흥군 안양면	2,717	2,050	75%
경상북도 청송군 부동면	1,736	1,309	75%
전라북도 임실군 덕치면	1,016	766	75%
전라북도 무주군 적상면	2,345	1,767	75%
경상북도 상주시 화동면	1,941	1,462	75%
전라북도 완주군 동상면	1,160	872	75%
전라남도 나주시 동강면	2,617	1,966	75%
전라남도 완도군 신지면	3,239	2,433	75%
충청남도 홍성군 장곡면	3,056	2,295	75%
충청남도 태안군 원북면	4,307	3,232	75%
전라남도 고흥군 풍양면	3,310	2,482	75%
전라남도 고흥군 대서면	2,317	1,737	75%
전라남도 장성군 북이면	2,603	1,949	75%
경상북도 김천시 조마면	2,044	1,529	75%
경상북도 문경시 영순면	2,242	1,677	75%
전라남도 보성군 웅치면	1,115	834	75%
경상북도 구미시 무을면	1,866	1,394	75%
충청북도 보은군 마로면	2,294	1,709	74%
경상북도 김천시 개령면	2,539	1,891	74%
충청남도 태안군 안면읍	7,349	5,465	74%
충청북도 옥천군 안내면	1,816	1,350	74%
경상남도 고성군 영현면	856	636	74%
전라남도 장성군 서삼면	1,315	977	74%
전라북도 고창군 무장면	3,233	2,402	74%
전라북도 김제시 청하면	1,838	1,363	74%
전라북도 정읍시 칠보면	2,413	1,789	74%
경상북도 김천시 풍천면	3,990	2,957	74%

주소 (읍 · 면 단위)	총인구	농업 · 어업 · 임업 인구	농업 · 어업 · 임업 인구비율
충청남도 예산군 대술면	2,440	1,806	74%
전라북도 부안군 보안면	2,504	1,853	74%
전라북도 임실군 청웅면	1,190	880	74%
전라남도 장흥군 회진면	2,837	2,097	74%
전라북도 남원시 아영면	1,800	1,330	74%
경상남도 함양군 휴천면	1,272	939	74%
경상북도 영주시 장수면	2,024	1,494	74%
전라남도 영광군 백수읍	4,321	3,186	74%
전라북도 김제시 죽산면	2,754	2,030	74%
경상북도 의성군 안평면	2,129	1,568	74%
전라북도 김제시 광활면	1,347	992	74%
충청남도 부여군 남면	1,893	1,394	74%
전라남도 곡성군 삼기면	1,601	1,178	74%
전라남도 보성군 겸백면	1,192	877	74%
전라남도 곡성군 오곡면	1,649	1,213	74%
전라남도 영암군 서호면	1,973	1,451	74%
전라북도 순창군 적성면	1,115	820	74%
경상북도 의성군 점곡면	1,698	1,248	73%
전라북도 장수군 산서면	2,125	1,561	73%
경상북도 의성군 단밀면	1,876	1,378	73%
전라북도 무주군 안성면	3,969	2,914	73%
경상북도 의성군 가음면	1,437	1,054	73%
경상북도 고령군 우곡면	1,867	1,368	73%
전라북도 김제시 진봉면	2,692	1,971	73%
강원도 횡성군 서원면	1,847	1,351	73%
충청남도 예산군 광시면	3,098	2,265	73%
전라남도 함평군 신광면	1,699	1,242	73%
전라남도 강진군 대구면	1,081	790	73%
경상남도 진주시 사봉면	1,648	1,204	73%
경상북도 청송군 파천면	1,682	1,227	73%
전라북도 부안군 계화면	3,866	2,816	73%
전라남도 무안군 현경면	4,678	3,406	73%
경상북도 김천시 농소면	2,809	2,041	73%
전라북도 진안군 백운면	1,550	1,126	73%
경상남도하동군북천면	1,577	1,145	73%
경상북도 포항시 죽장면	3,038	2,205	73%
경상북도 김천시 임동면	1,775	1,288	73%

주소 (읍 · 면 단위)	총인구	농업 · 어업 · 임업 인구	농업 · 어업 · 임업 인구비율
경상북도 영천시 대창면	2,891	2,097	73%
전라남도 장흥군 관산읍	5,228	3,791	73%
충청북도 단양군 어상천면	1,702	1,234	73%
경상북도 구미시 옥성면	1,680	1,218	73%
경상북도 예천군 용문면	2,443	1,771	72%
전라남도 영암군 도포면	2,334	1,691	72%
충청남도 보령시 주교면	4,517	3,272	72%
경상북도 예천군 호명면	2,497	1,808	72%
경상남도 합천군 용주면	2,104	1,523	72%
전라남도 구례군 광의면	2,147	1,553	72%
전라남도 장흥군 장동면	1,195	864	72%
전라남도 고흥군 포두면	4,827	3,489	72%
제주도 제주시 구좌읍	10,809	7,809	72%
전라북도 순창군 풍산면	1,485	1,071	72%
전라남도 강진군 칠량면	2,283	1,646	72%
전라남도 진도군 의신면	3,654	2,630	72%
전라북도 남원시 산동면	1,669	1,200	72%
전라남도 영광군 염산면	3,882	2,782	72%
충청남도 홍성군 결성면	2,199	1,572	71%
경상북도 김천시 일직면	2,945	2,101	71%
전라남도 나주시 문평면	1,858	1,325	71%
경상남도 함안군 칠북면	1,888	1,345	71%
전라북도 정읍시 산외면	2,156	1,535	71%
경상북도 영주시 부석면	2,993	2,126	71%
경상북도 김천시 봉산면	2,996	2,128	71%
경상남도 거창군 주상면	1,408	1,000	71%
전라북도 임실군 지사면	1,130	802	71%
충청남도 부여군 외산면	2,579	1,829	71%
경상북도 영양군 석보면	1,934	1,371	71%
경상북도 영덕군 창수면	1,769	1,254	71%
경상북도 경산시 용성면	3,289	2,330	71%
전라북도 정읍시 영원면	1,834	1,299	71%
경상남도 의령군 낙서면	803	568	71%
경상북도 예천군 보문면	1,726	1,220	71%
경기도 파주시 군내면	627	443	71%
경상북도 구미시 도개면	2,279	1,610	71%
경상북도 의성군 다인면	4,106	2,899	71%

주소 (읍 · 면 단위)	총인구	농업 · 어업 · 임업 인구	농업 · 어업 · 임업 인구비율
전라남도 여수시 율촌면	5,749	4,058	71%
충청북도 옥천군 안남면	1,285	906	71%
전라남도 고흥군 과역면	3,325	2,343	70%
전라남도 순천시 황전면	2,877	2,027	70%
전라북도 고창군 고수면	2,270	1,598	70%
전라남도 순천시 별량면	5,232	3,681	70%
충청남도 금산군 군북면	2,218	1,560	70%
경상북도 상주시 화서면	2,678	1,882	70%
경상남도 거창군 남하면	1,486	1,041	70%
충청북도 제천시 한수면	660	462	70%
충청남도 금산군 부리면	2,522	1,762	70%
경상북도 김천시 감문면	3,548	2,477	70%
전라남도 완도군 보길면	2,497	1,743	70%
경상북도 봉화군 봉성면	2,105	1,469	70%
경상북도 예천군 감천면	2,823	1,970	70%
경상남도 합천군 쌍책면	1,262	880	70%
경상북도 영양군 입암면	2,155	1,502	70%
충청북도 제천시 금성면	2,036	1,419	70%
전라남도 나주시 봉황면	3,862	2,691	70%
경상북도 의성군 비안면	2,294	1,598	70%
경상북도 상주시 모서면	2,381	1,658	70%
전라남도 고흥군 봉래면	1,987	1,383	70%
전라북도 순창군 금과면	1,411	982	70%
전라남도 해남군 화산면	3,348	2,328	70%
경상북도 의성군 단북면	1,815	1,262	70%
경상남도 창녕군 길곡면	1,097	762	69%
경상남도 사천시 곤명면	2,823	1,956	69%
전라남도 해남군 북평면	2,914	2,017	69%
전라남도 장흥군 부산면	1,354	937	69%
충청남도 청양군 정산면	3,395	2,348	69%
경상남도 산청군 신등면	1,858	1,284	69%
전라남도 광양시 봉강면	1,916	1,324	69%
경상북도 청송군 부남면	2,187	1,511	69%
강원도 삼척시 가곡면	708	489	69%
경상북도 예천군 개포면	1,704	1,176	69%
경기도 연천군 중면	200	138	69%
전라남도 진도군 지산면	3,196	2,204	69%

주소 (읍 · 면 단위)	총인구	농업 · 어업 · 임업 인구	농업 · 어업 · 임업 인구비율
강원도 홍천군 서석면	3,365	2,320	69%
전라남도 무안군 해제면	5,261	3,626	69%
충청북도 제천시 덕산면	2,132	1,469	69%
경상남도 진주시 이반성면	1,717	1,183	69%
전라북도 고창군 흥덕면	3,212	2,213	69%
경상남도 남해군 서면	2,648	1,824	69%
전라남도 해남군 산이면	3,542	2,437	69%
경상남도 의령군 대의면	996	685	69%
경상남도 합천군 봉산면	1,316	905	69%
경상남도하동군고전면	2,243	1,541	69%
전라남도 나주시 왕곡면	2,969	2,039	69%
충청북도 충주시 노은면	2,158	1,482	69%
전라남도 보성군 복내면	1,657	1,137	69%
경상북도 성주군 용암면	2,989	2,050	69%
경상북도 영천시 화북면	2,013	1,379	69%
전라북도 고창군 대산면	3,562	2,440	69%
충청남도 홍성군 금마면	3,345	2,289	68%
경상북도 청도군 풍각면	3,612	2,470	68%
전라남도 해남군 황산면	5,095	3,483	68%
제주도 제주시 한경면	6,208	4,238	68%
전라남도 영암군 군서면	3,535	2,411	68%
경상남도 합천군 청덕면	1,651	1,126	68%
전라북도 장수군 번암면	2,036	1,388	68%
경상남도 의령군 지정면	1,770	1,205	68%
충청북도 옥천군 양강면	3,237	2,203	68%
전라남도 신안군 팔금면	936	637	68%
경상북도 김천시 남면	2,932	1,995	68%
전라남도 해남군 마산면	2,334	1,587	68%
강원도 홍천군 내면	3,012	2,048	68%
경상남도 합천군 대양면	1,371	932	68%
충청남도 금산군 남이면	1,964	1,335	68%
강원도 횡성군 강림면	1,217	827	68%
전라남도 화순군 남면	1,990	1,351	68%
강원도 홍천군 두촌면	2,041	1,385	68%
전라남도 보성군 미력면	1,487	1,009	68%
충청남도 홍성군 은하면	2,564	1,739	68%
전라남도 장성군 남면	2,662	1,805	68%

주소 (읍·면 단위)	총인구	농업·어업·임업 인구	농업·어업·임업 인구비율
전라북도 남원시 금지면	2,289	1,551	68%
경상남도 진주시 대평면	932	631	68%
충청북도 제천시 백운면	2,832	1,916	68%
경상북도 김천시 대항면	3,757	2,540	68%
전라북도 익산시 성당면	2,179	1,472	68%
충청남도 홍성군 갈산면	3,407	2,296	67%
경상남도 밀양시 산외면	2,530	1,703	67%
경상북도 경주시 산내면	2,862	1,926	67%
전라남도 해남군 계곡면	2,044	1,375	67%
경상북도 영천시 화남면	2,999	2,016	67%
경상북도 경주시 내남면	4,821	3,230	67%
경상북도 예천군 지보면	3,080	2,063	67%
경상북도 청송군 현서면	2,248	1,504	67%
경상북도 청송군 안덕면	2,472	1,653	67%
전라남도 나주시 공산면	2,328	1,552	67%
전라남도 나주시 반남면	1,386	924	67%
전라남도 보성군 문덕면	809	539	67%
인천광역시 강화군 서도면	615	409	67%
충청남도 예산군 신양면	3,027	2,012	66%
전라북도 남원시 수지면	1,070	711	66%
경상남도 창원시 진전면	3,955	2,626	66%
전라남도 장흥군 대덕읍	3,480	2,310	66%
충청남도 금산군 제원면	2,830	1,878	66%
전라북도 완주군 화산면	3,038	2,014	66%
경상북도 문경시 산양면	3,123	2,070	66%
경상남도 거창군 위천면	1,969	1,305	66%
경상북도 김천시 지례면	1,673	1,108	66%
전라남도 영광군 묘량면	1,564	1,035	66%
경상북도 의성군 단촌면	2,010	1,329	66%
전라북도 진안군 성수면	1,437	950	66%
전라남도 영암군 미암면	2,318	1,532	66%
경상북도 영주시 순흥면	2,029	1,340	66%
강원도 인제군 상남면	1,531	1,010	66%
경상남도 산청군 단성면	4,310	2,843	66%
강원도 횡성군 갑천면	1,708	1,126	66%
전라남도 순천시 낙안면	3,417	2,252	66%
전라남도 해남군 현산면	3,041	2,004	66%

주소 (읍·면 단위)	총인구	농업·어업·임업 인구	농업·어업·임업 인구비율
충청북도 옥천군 양산면	1,861	1,226	66%
충청북도 옥천군 학산면	2,798	1,841	66%
충청남도 예산군 고덕면	4,493	2,955	66%
경상남도 의령군 유곡면	1,248	820	66%
전라남도 신안군 비금면	3,099	2,033	66%
경상남도 합천군 묘산면	1,650	1,082	66%
전라남도 나주시 세지면	2,597	1,703	66%
전라남도 무안군 몽탄면	3,221	2,110	66%
전라남도 완도군 소안면	2,507	1,640	65%
인천광역시 강화군 교동면	2,593	1,696	65%
전라남도 완도군 금당면	942	616	65%
전라남도 곡성군 목사동면	1,223	798	65%
충청북도 보은군 삼승면	2,117	1,381	65%
충청남도 아산시 선장면	3,381	2,200	65%
경기도 연천군 백학면	2,549	1,657	65%
전라북도 정읍시 입암면	3,008	1,955	65%
경상남도 고성군 구만면	1,028	668	65%
강원도 양양군 현북면	2,510	1,630	65%
전라남도 함평군 엄다면	2,053	1,333	65%
충청북도 보은군 수한면	1,779	1,155	65%
경상남도 의령군 화정면	1,382	897	65%
경상남도 함양군 유림면	1,740	1,129	65%
전라북도 진안군 마령면	1,509	979	65%
충청남도 서천군 문산면	1,304	846	65%
전라남도 진도군 고군면	3,479	2,257	65%
경상남도 거제시 남부면	1,515	982	65%
경상남도 창원시 구산면	4,133	2,676	65%
경상남도 산청군 금서면	2,596	1,679	65%
경상남도 남해군 고현면	3,961	2,559	65%
경상북도 성주군 벽진면	2,828	1,826	65%
경상북도 영주시 봉현면	2,547	1,644	65%
경상북도 영주시 단산면	1,900	1,226	65%
경상남도 의령군 궁유면 (궁류면)	1,169	744	64%
충청북도 청원군 낭성면	1,974	1,273	64%
경상북도 문경시 호계면	2,404	1,550	64%
전라남도 영암군 신북면	3,768	2,428	64%

주소 (읍 · 면 단위)	총인구	농업 · 어업 · 임업 인구	농업 · 어업 · 임업 인구비율
강원도 양구군 해안면	1,209	779	64%
충청남도 당진시 면천면	3,337	2,149	64%
경상북도 예천군 풍양면	3,661	2,355	64%
경상남도 창녕군 유어면	1,695	1,090	64%
제주도 서귀포시 남원읍	14,111	9,073	64%
충청남도 논산시 양촌면	5,444	3,483	64%
경기도 연천군 미산면	1,512	967	64%
전라남도 영암군 덕진면	1,928	1,233	64%
전라남도 장성군 진원면	2,425	1,550	64%
경상남도 의령군 용덕면	1,499	958	64%
경상북도 문경시 농암면	2,334	1,491	64%
경상남도 의령군 정곡면	1,306	833	64%
전라북도 김제시 공덕면	2,697	1,719	64%
전라남도 신안군 신의면	1,347	858	64%
경상북도 고령군 덕곡면	1,408	896	64%
인천광역시 강화군 하점면	3,489	2,215	63%
충청남도 공주시 우성면	5,239	3,325	63%
전라북도 정읍시 정우면	2,591	1,640	63%
경상북도 영천시 청통면	4,138	2,619	63%
경상남도 고성군 개천면	1,178	745	63%
경상북도 영천시 화산면	3,172	2,006	63%
경상남도 함안군 여항면	765	483	63%
전라남도 담양군 남면	1,180	745	63%
충청북도보은군장안면	1,312	828	63%
전라북도 무주군 부남면	1,358	857	63%
전라북도 정읍시 고부면	2,835	1,789	63%
강원도 원주시 부론면	2,083	1,314	63%
충청남도 서천군 판교면	2,245	1,415	63%
전라남도 함평군 나산면	2,949	1,858	63%
전라북도 군산시 옥도면	1,756	1,106	63%
경상북도 의성군 안사면	894	563	63%
충청북도 옥천군 청산면	3,147	1,980	63%
경상남도 합천군 율곡면	2,319	1,459	63%
충청남도 당진시 고대면	5,374	3,379	63%
전라북도 김제시 백산면	2,524	1,587	63%
경상북도 울릉군 북면	1,080	679	63%
강원도 원주시 호저면	4,131	2,597	63%

주소 (읍·면 단위)	총인구	농업·어업·임업 인구	농업·어업·임업 인구비율
전라남도 진도군 군내면	3,031	1,903	63%
충청북도 충주시 엄정면	3,117	1,956	63%
충청남도 예산군 신암면	3,896	2,443	63%
충청북도 괴산군 불정면	2,476	1,549	63%
전라남도 진도군 임회면	3,373	2,107	62%
인천광역시 강화군 송해면	2,792	1,744	62%
충청남도 부여군 양화면	1,883	1,176	62%
충청남도 예산군 응봉면	2,580	1,608	62%
충청북도 옥천군 용산면	3,145	1,960	62%
경상북도 고령군 개진면	2,066	1,287	62%
강원도 양양군 손양면	2,161	1,346	62%
경상북도 봉화군 물야면	3,029	1,884	62%
경상남도 사천시 곤양면	3,824	2,378	62%
충청북도 충주시 살미면	1,814	1,128	62%
충청남도 서천군 서면	3,976	2,472	62%
전라남도 담양군 대덕면	1,644	1,022	62%
경상북도 성주군 수륜면	2,699	1,677	62%
경상북도 경산시 남산면	3,726	2,315	62%
충청남도 예산군 봉산면	2,605	1,617	62%
전라남도 담양군 봉산면	2,343	1,454	62%
전라북도 완주군 고산면	4,718	2,923	62%
경상남도 창녕군 성산면	1,274	789	62%
전라남도 신안군 지도읍	4,109	2,544	62%
전라북도 남원시 운봉읍	3,568	2,208	62%
전라북도 익산시 용동면	1,805	1,116	62%
충청남도 보령시 청소면	2,826	1,747	62%
강원도 춘천시 남면	1,006	620	62%
강원도 원주시 귀래면	1,835	1,130	62%
강원도 양구군 방산면	1,293	796	62%
전라북도 부안군 하서면	2,795	1,720	62%
전라북도 남원시 대산면	1,636	1,006	61%
전라남도 장성군 북일면	1,081	663	61%
경상남도 진주시 정촌면	2,707	1,659	61%
충청북도 옥천군 심천면	3,226	1,977	61%
충청북도 옥천군 군서면	2,353	1,441	61%
경상북도 예천군 용궁면	2,770	1,696	61%
충청남도 논산시 가야곡면	3,566	2,179	61%

주소 (읍·면 단위)	총인구	농업·어업·임업 인구	농업·어업·임업 인구비율
경상남도 남해군 이동면	3,964	2,421	61%
경상북도 울진군 온정면	1,970	1,201	61%
경상북도 울진군 원남면	2,149	1,310	61%
경상북도 의성군 금성면	4,233	2,580	61%
전라남도 담양군 용면	1,772	1,079	61%
충청남도 예산군 오가면	4,474	2,723	61%
전라남도 신안군 자은면	1,826	1,111	61%
경상북도 성주군 대가면	2,081	1,266	61%
강원도 정선군 임계면	3,374	2,052	61%
강원도 화천군 간동면	2,221	1,349	61%
경상북도 군위군 부계면	1,772	1,076	61%
충청북도 옥천군 동이면	2,812	1,706	61%
전라북도 부안군 변산면	4,393	2,661	61%
충청북도 청원군 북이면	4,635	2,807	61%
충청남도 부여군 석성면	3,037	1,838	61%
경상남도 함안군 함안면	2,431	1,471	61%
강원도 춘천시 신동면	2,168	1,311	60%
강원도 원주시 신림면	3,264	1,973	60%
경상남도 거창군 가조면	3,580	2,164	60%
전라북도 정읍시 덕천면	1,806	1,091	60%
경기도 이천시 율면	2,620	1,582	60%
전라남도 강진군 마량면	1,692	1,021	60%
전라북도 익산시 웅포면	1,525	917	60%
전라남도 화순군 춘양면	1,783	1,072	60%
경상북도 영덕군 병곡면	2,873	1,726	60%
충청남도 부여군 세도면	3,254	1,952	60%
전라남도 화순군 도곡면	2,570	1,541	60%
제주도 서귀포시 안덕면	7,630	4,565	60%
경상남도 창녕군 대합면	3,398	2,033	60%
전라남도 영광군 낙월면	370	221	60%
경상남도 남해군 삼동면	3,896	2,325	60%
전라북도 익산시 함라면	2,301	1,371	60%
전라남도 나주시 다도면	1,845	1,099	60%
전라남도 영광군 군남면	2,318	1,380	60%
전라남도 완도군 노화읍	5,010	2,982	60%
경기도 연천군 왕징면	1,067	635	60%
전라남도 곡성군 겸면	1,514	901	60%

주소 (읍·면 단위)	총인구	농업·어업·임업 인구	농업·어업·임업 인구비율
전라북도 김제시 봉남면	2,425	1,443	60%
경상남도 고성군 삼산면	1,588	944	59%
전라남도 신안군 도초면	2,423	1,438	59%
충청북도 충주시 가금면	2,218	1,316	59%
경상남도 거제시 장목면	4,252	2,521	59%
경상남도 함양군 수동면	2,634	1,561	59%
경상북도 성주군 선남면	5,268	3,121	59%
경상북도 청송군 현동면	1,845	1,091	59%
경상남도 통영시 사량면	1,456	860	59%
전라남도 함평군 대동면	2,536	1,497	59%
전라북도 임실군 운암면	1,263	745	59%
전라남도 해남군 송지면	6,028	3,554	59%
충청남도 부여군 초촌면	2,453	1,446	59%
경상북도 포항시 장기면	4,881	2,876	59%
강원도 영월군 남면	2,064	1,215	59%
충청남도 논산시 광석면	4,518	2,657	59%
전라남도 화순군 동면	3,172	1,864	59%
경상남도 고성군 대가면	1,458	856	59%
전라남도 영광군 불갑면	1,167	685	59%
충청남도 부여군 장암면	2,985	1,747	59%
충청남도 서천군 시초면	1,262	737	58%
경기도 양평군 양동면	3,927	2,292	58%
충청남도 홍성군 홍북면	3,893	2,272	58%
경상남도 의령군 봉수면	977	570	58%
전라북도 김제시 성덕면	2,035	1,187	58%
충청북도 옥천군 이원면	4,165	2,429	58%
경상남도 창녕군 장마면	1,616	942	58%
전라북도 완주군 운주면	2,045	1,192	58%
경상북도 포항시 호미곶면	2,244	1,306	58%
경상남도 합천군 적중면	1,616	940	58%
전라남도 강진군 작천면	1,887	1,097	58%
전라북도 완주군 구이면	4,819	2,798	58%
충청북도 옥천군 황간면	4,020	2,330	58%
전라남도 구례군 마산면	2,245	1,301	58%
전라북도 임실군 오수면	3,750	2,173	58%
경상북도 김천시 남후면	1,995	1,156	58%
충청남도 보령시 주산면	2,665	1,543	58%

주소 (읍·면 단위)	총인구	농업·어업·임업 인구	농업·어업·임업 인구비율
전라북도 부안군 주산면	1,977	1,143	58%
경상남도 통영시 욕지면	1,739	1,005	58%
경상남도 남해군 남면	3,880	2,240	58%
전라남도 고흥군 동강면	3,144	1,815	58%
충청남도 공주시 계룡면	5,472	3,157	58%
충청남도 서천군 마서면	5,357	3,090	58%
충청남도 서산시 운산면	5,207	2,996	58%
충청남도 논산시 부적면	3,492	2,009	58%
전라남도 담양군 수북면	3,339	1,919	57%
충청북도 단양군 가곡면	1,725	991	57%
경상남도 진주시 대곡면	3,625	2,081	57%
전라남도 영광군 군서면	2,273	1,304	57%
전라남도 담양군 월산면	2,239	1,284	57%
충청북도 청원군 문의면	3,823	2,191	57%
강원도 강릉시 왕산면	1,205	690	57%
충청북도 보은군 내북면	1,678	960	57%
전라북도 정읍시 감곡면	2,777	1,585	57%
전라북도 정읍시 태인면	3,685	2,103	57%
경상북도 울릉군 서면	1,078	615	57%
경상북도 포항시 신광면	3,352	1,912	57%
경상북도 청도군 청도읍	10,817	6,159	57%
전라북도 익산시 낭산면	3,125	1,778	57%
경상남도 하동군 금성면	2,700	1,536	57%
전라북도 남원시 주생면	1,671	950	57%
강원도 홍천군 화촌면	4,259	2,421	57%
전라남도 여수시 삼산면	1,716	973	57%
경상북도 영주시 안정면	3,166	1,795	57%
경상북도 경주시 양북면	3,709	2,102	57%
충청남도 금산군 금성면	3,423	1,937	57%
경상남도 남해군 상주면	1,637	926	57%
경기도 안성시 고삼면	1,777	1,004	56%
경상남도 김해시 대동면	6,696	3,779	56%
인천광역시 강화군 양도면	2,793	1,574	56%
경상남도 합천군 삼가면	3,409	1,918	56%
경기도 광주시 남종면	1,386	779	56%
전라북도 김제시 황산면	1,929	1,084	56%
인천광역시 강화군 불은면	3,802	2,134	56%

주소 (읍 · 면 단위)	총인구	농업 · 어업 · 임업 인구	농업 · 어업 · 임업 인구비율
경상북도 포항시 기계면	5,643	3,167	56%
경상북도 성주군 초전면	4,191	2,352	56%
전라남도 담양군 고서면	2,951	1,653	56%
경상북도 청도군 화양읍	7,057	3,952	56%
충청북도 충주시 산척면	2,471	1,383	56%
경상남도 통영시 도산면	2,754	1,541	56%
경상북도 군위군 효령면	3,191	1,783	56%
충청남도 예산군 삽교읍	7,256	4,051	56%
충청북도 음성군 소이면	3,054	1,705	56%
인천광역시 강화군 양사면	1,612	899	56%
충청북도 단양군 영춘면	3,024	1,686	56%
경상북도 고령군 운수면	2,008	1,119	56%
충청북도 증평군 도안면	2,035	1,134	56%
전라남도 영광군 대마면	1,434	799	56%
경상남도 고성군 동해면	3,377	1,881	56%
충청남도 보령시 남포면	4,878	2,714	56%
전라남도 보성군 조성면	3,918	2,179	56%
충청남도 홍성군 구항면	4,108	2,284	56%
전라남도 신안군 임자면	3,030	1,683	56%
경상남도하동군금남면	3,367	1,869	56%
충청북도 옥천군 군북면	2,735	1,518	56%
충청남도 부여군 임천면	3,069	1,703	55%
충청남도 서천군 기산면	1,818	1,006	55%
충청남도 금산군 진산면	2,932	1,621	55%
강원도 고성군 죽왕면	3,518	1,943	55%
대구광역시 달성군 구지면	2,653	1,465	55%
전라남도 나주시 노안면	4,350	2,402	55%
전라남도 해남군 옥천면	3,033	1,674	55%
충청북도 충주시 신니면	3,636	2,005	55%
전라북도 완주군 소양면	6,239	3,428	55%
충청북도 충주시 동량면	3,500	1,923	55%
충청남도 서천군 종천면	2,216	1,217	55%
전라북도 익산시 왕궁면	5,006	2,748	55%
충청북도 청원군 가덕면	3,856	2,114	55%
전라남도 강진군 병영면	1,679	920	55%
충청북도 옥천군 추풍령면	2,256	1,235	55%
경상남도 밀양시 초동면	2,859	1,565	55%

주소 (읍 · 면 단위)	총인구	농업 · 어업 · 임업 인구	농업 · 어업 · 임업 인구비율
경상북도 성주군 가천면	1,712	937	55%
전라북도 장수군 장수읍	5,747	3,145	55%
충청북도 음성군 원남면	3,030	1,658	55%
강원도 춘천시 사북면	2,033	1,111	55%
전라남도 담양군 무정면	2,219	1,211	55%
경상북도 예천군 유천면	2,919	1,593	55%
경상북도 울진군 서면	1,397	762	55%
전라북도 임실군 신평면	1,346	733	54%
경상북도 영천시 신녕면	4,103	2,234	54%
충청남도 서천군 화양면	2,569	1,394	54%
강원도 고성군 현내면	2,596	1,407	54%
충청남도 공주시 탄천면	3,312	1,794	54%
전라북도 김제시 부량면	1,481	802	54%
경상북도 김천시 남선면	2,316	1,254	54%
울산광역시 울주군 두서면	2,965	1,605	54%
경상북도 성주군 월항면	2,674	1,447	54%
전라북도 익산시 망성면	3,390	1,834	54%
충청남도 논산시 노성면	3,376	1,825	54%
경상남도 거제시 동부면	3,117	1,681	54%
충청남도 논산시 채운면	2,602	1,401	54%
대구광역시 달성군 하빈면	3,232	1,740	54%
전라북도 부안군 백산면	2,800	1,504	54%
경상북도 봉화군 춘양면	4,536	2,434	54%
전라북도 부안군 상서면	2,344	1,257	54%
전라남도 화순군 한천면	1,369	734	54%
전라북도 남원시 이백면	2,089	1,118	54%
경상북도 문경시 가은읍	3,607	1,929	53%
강원도 평창군 미탄면	1,597	854	53%
강원도 원주시 지정면	2,884	1,542	53%
경상북도 고령군 쌍림면	3,775	2,018	53%
경상남도 진주시 지수면	1,529	817	53%
경기도 남양주시 조안면	3,365	1,797	53%
경상남도 함안군 법수면	2,795	1,492	53%
전라남도 여수시 소라면	6,381	3,402	53%
경상남도 밀양시 무안면	4,596	2,450	53%
경기도 화성시 서신면	4,587	2,443	53%
전라남도 완도군 생일면	753	401	53%

주소 (읍·면 단위)	총인구	농업·어업·임업 인구	농업·어업·임업 인구비율
경상남도 창녕군 이방면	2,582	1,375	53%
전라남도 해남군 화원면	3,590	1,911	53%
충청북도 진천군 초평면	3,743	1,991	53%
경상북도 김천시 풍산읍	6,563	3,488	53%
전라남도 강진군 성전면	3,281	1,742	53%
전라북도 정읍시 이평면	2,288	1,213	53%
전라남도 나주시 금천면	4,671	2,476	53%
충청남도 논산시 성동면	4,537	2,394	53%
충청북도 진천군 백곡면	2,087	1,100	53%
경상남도 함양군 안의면	4,992	2,626	53%
전라남도 완도군 금일읍	3,400	1,785	53%
전라북도 김제시 용지면	3,957	2,077	52%
충청남도 금산군 남일면	2,638	1,384	52%
전라북도 진안군 용담면	696	365	52%
충청남도 논산시 상월면	3,806	1,995	52%
경기도 여주군 흥천면	4,228	2,216	52%
인천광역시 강화군 화도면	3,250	1,702	52%
전라남도 나주시 다시면	3,632	1,902	52%
충청북도 청원군 미원면	4,980	2,603	52%
강원도 영월군 수주면	1,434	749	52%
제주도 서귀포시 표선면	8,342	4,355	52%
경상북도 포항시 송라면	3,219	1,680	52%
경상북도 의성군 봉양면	3,605	1,881	52%
전라북도 군산시 회현면	3,032	1,582	52%
경상북도 경주시 서면	3,056	1,593	52%
강원도 삼척시 근덕면	5,176	2,688	52%
전라남도 담양군 금성면	2,245	1,165	52%
경상남도 합천군 야로면	2,368	1,226	52%
경상남도 의령군 칠곡면	1,012	523	52%
경상북도 성주군 금수면	880	454	52%
경상남도 함안군 대산면	3,613	1,862	52%
경상북도 구미시 해평면	4,819	2,483	52%
경상남도 창원시 대산면	6,707	3,450	51%
경상북도 영천시 고경면	5,534	2,843	51%
강원도 영월군 주천면	3,451	1,770	51%
경상북도 경산시 와촌면	5,748	2,944	51%
강원도 양구군 남면	3,412	1,747	51%

주소 (읍·면 단위)	총인구	농업·어업·임업 인구	농업·어업·임업 인구비율
경기도 양평군 단월면	2,954	1,512	51%
충청북도 단양군 대강면	2,163	1,106	51%
경상남도 창녕군 계성면	2,141	1,093	51%
강원도 춘천시 서면	3,728	1,903	51%
경상남도 거창군 마리면	1,998	1,019	51%
경기도 평택시 청북면	5,457	2,781	51%
경상북도 칠곡군 지천면	4,990	2,536	51%
전라북도 김제시 백구면	4,345	2,208	51%
충청남도 보령시 청라면	3,885	1,971	51%
전라남도 강진군 군동면	3,905	1,980	51%
충청남도 당진시 순성면	5,669	2,872	51%
충청남도 아산시 송악면	3,226	1,634	51%
경기도 포천시 관인면	3,177	1,607	51%
충청남도 천안시 동면	2,452	1,240	51%
강원도 양구군 동면	2,081	1,052	51%
전라남도 해남군 삼산면	2,763	1,395	50%
전라북도 남원시 사매면	1,783	900	50%
전라남도 여수시 돌산읍	12,206	6,146	50%
경기도 여주군 금사면	2,641	1,329	50%
강원도 횡성군 둔내면	4,268	2,144	50%
인천광역시 강화군 영흥면	3,865	1,938	50%
강원도 횡성군 우천면	3,803	1,904	50%
전라북도 익산시 삼기면	2,617	1,308	50%
경기도 연천군 군남면	3,351	1,672	50%
강원도 홍천군 서면	3,265	1,629	50%
강원도 정선군 여량면	1,905	950	50%
경상남도 거제시 하청면	4,344	2,162	50%
충청남도 당진시 정미면	4,334	2,156	50%
전라북도 부안군 동진면	3,077	1,529	50%
경기도 가평군 북면	3,150	1,565	50%
경기도 평택시 서탄면	3,176	1,576	50%
경기도 양평군 청운면	3,368	1,669	50%
전라북도남원시인월면	2,603	1,289	50%
경기도 가평군 상면	4,154	2,056	49%
경상북도 영덕군 남정면	2,433	1,204	49%
충청북도 충주시 앙성면	3,769	1,864	49%
충청남도 천안시 광덕면	4,024	1,985	49%

주소 (읍 · 면 단위)	총인구	농업 · 어업 · 임업 인구	농업 · 어업 · 임업 인구비율
전라북도 남원시 주천면	1,995	984	49%
충청남도 천안시 성남면	3,469	1,709	49%
충청남도 천안시 풍세면	4,340	2,138	49%
경기도 안성시 서운면	3,621	1,777	49%
대구광역시 달성군 유가면	2,173	1,066	49%
경상남도 고성군 상리면	1,563	765	49%
강원도 춘천시 남산면	3,330	1,628	49%
전라남도 나주시 산포면	3,081	1,505	49%
경상북도 구미시 장천면	3,121	1,524	49%
충청남도 예산군 대흥면	1,849	902	49%
충청남도 부여군 홍산면	3,013	1,469	49%
강원도 영월군 북면	1,959	955	49%
경상북도 영천시 북안면	4,740	2,310	49%
전라남도 신안군 흑산면	2,930	1,426	49%
전라남도 해남군 문내면	3,630	1,766	49%
충청남도 논산시 연산면	6,208	3,019	49%
전라북도 무주군 설천면	3,724	1,811	49%
경기도 양평군 개군면	3,410	1,656	49%
전라남도 곡성군 석곡면	2,426	1,177	49%
경기도 여주군 점동면	4,126	2,000	48%
전라남도 완도군 청산면	2,222	1,077	48%
전라남도 담양군 대전면	4,290	2,079	48%
충청북도 보은군 속리산면	1,797	869	48%
전라남도 보성군 득량면	3,851	1,862	48%
전라북도 김제시 금구면	4,834	2,326	48%
전라북도 군산시 옥구읍	3,157	1,519	48%
경상북도 경산시 남천면	3,551	1,700	48%
전라북도 군산시 서수면	2,748	1,315	48%
강원도 강릉시 구정면	4,038	1,932	48%
강원도 양양군 현남면	2,872	1,374	48%
충청남도 서천군 비인면	3,407	1,625	48%
경상북도 김천시 임하면	3,382	1,612	48%
제주도 제주시 한림읍	16,359	7,787	48%
전라남도 함평군 해보면	2,855	1,355	47%
전라남도 곡성군 입면	2,691	1,277	47%
인천광역시 강화군 길상면	5,331	2,528	47%
충청남도 보령시 웅천읍	6,625	3,139	47%

주소 (읍·면 단위)	총인구	농업·어업·임업 인구	농업·어업·임업 인구비율
경기도 용인시 남사면	5,926	2,805	47%
경기도 이천시 호법면	4,144	1,961	47%
충청남도 연기군 남면	3,042	1,439	47%
전라북도 부안군 줄포면	2,680	1,267	47%
전라남도 장성군 황룡면	3,615	1,707	47%
경상남도 창녕군 도천면	2,565	1,211	47%
경상남도 함안군 군북면	5,690	2,681	47%
강원도 홍천군 북방면	3,592	1,689	47%
강원도 화천군 하남면	2,190	1,029	47%
경상남도 사천시 축동면	2,278	1,067	47%
경상북도 김천시 서후면	4,606	2,157	47%
경상남도 산청군 생초면	2,513	1,176	47%
경상남도 통영시 산양읍	4,405	2,059	47%
전라북도 임실군 관촌면	3,021	1,411	47%
경상남도 밀양시 부북면	5,511	2,573	47%
경상북도 울진군 근남면	2,699	1,259	47%
전라북도 장수군 장계면	4,071	1,897	47%
경기도 여주군 북내면	4,379	2,038	47%
경기도 양평군 지제면 (양평군 지평면)	5,018	2,319	46%
경상북도 울진군 기성면	2,775	1,289	46%
전라남도 영암군 학산면	3,393	1,573	46%
경상남도 고성군 마암면	1,892	874	46%
전라남도 순천시 상사면	2,338	1,080	46%
경기도 평택시 현덕면	5,465	2,524	46%
경상북도 문경시 문경읍	6,453	2,971	46%
충청북도 진천군 문백면	3,694	1,691	46%
전라남도 보성군 벌교읍	11,928	5,458	46%
경상남도 진주시 명석면	4,404	2,015	46%
경기도 이천시 설성면	4,991	2,283	46%
충청남도 천안시 수신면	2,280	1,041	46%
전라북도 부안군 진서면	2,211	1,008	46%
충청남도 보령시 주포면	1,924	877	46%
강원도 평창군 용평면	2,668	1,214	46%
강원도 정선군 북평면	2,484	1,129	45%
강원도 강릉시 사천면	3,947	1,792	45%
충청남도 아산시 영인면	5,897	2,674	45%

주소 (읍·면 단위)	총인구	농업·어업·임업 인구	농업·어업·임업 인구비율
경상북도 영덕군 축산면	2,592	1,173	45%
전라북도 정읍시 북면	4,564	2,064	45%
경상남도 진주시 일반성면	3,083	1,393	45%
경상북도 고령군 성산면	2,721	1,227	45%
경상북도 경주시 천북면	4,862	2,187	45%
전라북도 김제시 금산면	5,016	2,255	45%
경상남도 합천군 가야면	4,400	1,975	45%
경기도 여주군 강천면	3,204	1,436	45%
충청남도 공주시 장기면	4,933	2,205	45%
경상남도 거제시 둔덕면	3,043	1,357	45%
경기도 여주군 능서면	5,659	2,522	45%
경기도 화성시 양감면	3,157	1,405	45%
충청남도 논산시 벌곡면	2,656	1,182	45%
경상남도 진주시 진성면	2,685	1,194	44%
인천광역시 강화군 삼산면	1,799	800	44%
충청남도 공주시 의당면	6,232	2,768	44%
강원도 철원군 근남면	2,066	916	44%
충청북도 제천시 송학면	5,084	2,252	44%
경기도 여주군 대신면	6,392	2,824	44%
인천광역시 강화군 내가면	2,326	1,025	44%
경상북도 김천시 아포읍	7,403	3,261	44%
전라북도 익산시 여산면	3,358	1,478	44%
강원도 횡성군 안흥면	2,536	1,115	44%
강원도 영월군 중동면	1,302	571	44%
경기도 안성시 보개면	5,143	2,254	44%
전라남도 무안군 일로읍	6,565	2,874	44%
경기도 화성시 송산면	8,597	3,757	44%
전라북도 익산시 용안면	2,921	1,276	44%
경상북도 상주시 함창읍	6,504	2,840	44%
경상남도 창녕군 고암면	1,879	820	44%
울산광역시 울주군 삼동면	1,763	769	44%
경상북도 문경시 마성면	3,446	1,502	44%
충청남도 서천군 한산면	2,948	1,284	44%
경상남도 창녕군 대지면	2,361	1,026	43%
강원도 강릉시 옥계면	3,868	1,679	43%
경상남도 의령군 가례면	1,897	821	43%
전라남도 함평군 학교면	3,889	1,678	43%

주소 (읍 · 면 단위)	총인구	농업 · 어업 · 임업 인구	농업 · 어업 · 임업 인구비율
강원도 강릉시 성산면	2,965	1,278	43%
강원도 인제군 기린면	4,605	1,983	43%
전라북도 군산시 옥산면	2,344	1,007	43%
충청남도 금산군 복수면	2,854	1,224	43%
충청북도 청원군 현도면	4,278	1,830	43%
제주도 서귀포시 대정읍	13,904	5,947	43%
충청북도 충주시 주덕읍	5,303	2,261	43%
경기도 김포시 하성면	7,248	3,088	43%
충청남도 연기군 전동면	3,488	1,480	42%
강원도 삼척시 원덕읍	4,838	2,046	42%
경상남도 김해시 생림면	3,889	1,642	42%
강원도 평창군 대화면	4,815	2,032	42%
경상남도 산청군 신안면	5,892	2,485	42%
인천광역시 강화군 덕적면	1,452	612	42%
경상북도 포항시 청하면	5,575	2,348	42%
경상북도 경산시 자인면	6,428	2,707	42%
경상북도 김천시 어모면	5,105	2,145	42%
경상남도 거제시 사등면	7,804	3,279	42%
경상남도 합천군 초계면	2,712	1,135	42%
충청남도 아산시 도고면	4,311	1,804	42%
경기도 평택시 오성면	5,356	2,241	42%
충청남도 서산시 고북면	7,517	3,139	42%
경상남도 의령군 부림면	3,166	1,320	42%
충청북도 단양군 단성면	1,666	694	42%
울산광역시 울주군 서생면	5,545	2,307	42%
경상북도 울진군 평해읍	3,036	1,263	42%
경기도 화성시 마도면	4,368	1,816	42%
경기도 용인시 원삼면	6,716	2,780	41%
경상남도 고성군 하이면	2,853	1,180	41%
경상북도 구미시 산동면	4,146	1,705	41%
강원도 춘천시 동산면	2,062	847	41%
경기도 파주시 파평면	3,835	1,572	41%
전라북도 부안군 행안면	2,264	927	41%
강원도 홍천군 남면	4,702	1,924	41%
경상북도 의성군 안계면	4,641	1,899	41%
강원도 철원군 김화읍	2,900	1,173	40%
경기도 포천시 창수면	2,251	910	40%

주소 (읍·면 단위)	총인구	농업·어업·임업 인구	농업·어업·임업 인구비율
경기도 안성시 일죽면	7,723	3,113	40%
경기도 양평군 강하면	3,178	1,280	40%
전라남도 화순군 능주면	3,234	1,302	40%
충청북도 제천시 봉양읍	7,058	2,833	40%
충청남도 연기군 서면	6,740	2,704	40%
경상남도 함안군 산인면	2,536	1,016	40%
전라남도 영광군 법성면	5,125	2,041	40%
제주도 제주시 조천읍	17,829	7,095	40%
경기도 가평군 설악면	6,471	2,567	40%
충청남도 당진시 합덕읍	8,795	3,482	40%
제주도 제주시 애월읍	23,511	9,258	39%
경상남도 하동군 진교면	6,166	2,427	39%
경상북도 칠곡군 기산면	2,878	1,131	39%
강원도 춘천시 신북읍	6,597	2,592	39%
강원도 양양군 강현면	3,846	1,509	39%
경상남도 사천시 용현면	5,742	2,244	39%
경기도 여주군 산북면	2,179	849	39%
경상남도 고성군 거류면	4,954	1,930	39%
충청남도 공주시 유구읍	7,468	2,908	39%
전라북도 군산시 나포면	2,305	895	39%
경기도 이천시 모가면	4,003	1,552	39%
경상남도 밀양시 하남읍	7,406	2,868	39%
전라북도 김제시 만경읍	3,036	1,170	39%
전라남도 담양군 창평면	3,978	1,530	38%
경상북도 칠곡군 가산면	3,508	1,347	38%
경기도 용인시 백암면	8,760	3,362	38%
충청북도 진천군 덕산면	5,705	2,188	38%
경상남도 남해군 미조면	2,446	937	38%
경상남도 밀양시 상남면	9,174	3,513	38%
경상남도 진주시 집현면	5,043	1,920	38%
전라북도 군산시 성산면	2,927	1,114	38%
충청북도 충주시 수안보면	3,111	1,183	38%
제주도 서귀포시 성산읍	10,994	4,175	38%
충청남도 연기군 금남면	8,206	3,113	38%
전라남도 순천시 서면	9,719	3,683	38%
충청남도 공주시 반포면	4,884	1,848	38%
충청북도 음성군 삼성면	6,049	2,286	38%

주소 (읍 · 면 단위)	총인구	농업 · 어업 · 임업 인구	농업 · 어업 · 임업 인구비율
경기도 안성시 양성면	5,018	1,886	38%
강원도 철원군 철원읍	5,197	1,949	38%
충청남도 당진시 우강면	5,900	2,212	37%
경기도 안성시 미양면	6,503	2,431	37%
전라남도 나주시 남평읍	7,142	2,666	37%
경기도 포천시 군내면	5,041	1,878	37%
경상남도 김해시 주촌면	3,197	1,188	37%
전라북도 군산시 대야면	5,244	1,947	37%
경상북도 경주시 건천읍	9,849	3,653	37%
강원도 평창군 봉평면	5,157	1,911	37%
경상남도 김해시 한림면	7,673	2,842	37%
전라남도 곡성군 곡성읍	7,200	2,645	37%
경상남도 거제시 거제면	6,165	2,250	36%
경상남도 창원시 북면	9,566	3,490	36%
충청남도 서산시 지곡면	8,697	3,159	36%
전라북도 군산시 개정면	3,182	1,155	36%
강원도 강릉시 강동면	4,541	1,648	36%
강원도 인제군 남면	3,846	1,378	36%
경기도 화성시 장안면	8,890	3,180	36%
경기도 광주시 중부면	2,291	818	36%
경기도 파주시 적성면	6,119	2,183	36%
인천광역시 강화군 백령면	4,032	1,437	36%
충청남도 연기군 동면	3,577	1,273	36%
전라남도 함평군 함평읍	7,675	2,715	35%
전라북도 완주군 용진면	7,509	2,656	35%
경상북도 군위군 군위읍	6,408	2,264	35%
충청남도 연기군 전의면	6,217	2,196	35%
경상북도 경주시 강동면	7,312	2,574	35%
전라북도 완주군 이서면	6,142	2,162	35%
충청남도 예산군 덕산면	6,327	2,225	35%
경기도 화성시 비봉면	5,101	1,784	35%
경기도 연천군 연천읍	6,397	2,230	35%
경상남도 산청군 산청읍	6,449	2,248	35%
충청남도 부여군 규암면	10,606	3,666	35%
충청북도 청원군 남일면	6,761	2,322	34%
경상북도 청송군 진보면	6,800	2,333	34%
전라북도 익산시 춘포면	4,977	1,707	34%

주소 (읍 · 면 단위)	총인구	농업 · 어업 · 임업 인구	농업 · 어업 · 임업 인구비율
전라북도 임실군 임실읍	5,352	1,832	34%
전라북도 군산시 임피면	4,672	1,597	34%
충청북도 음성군 생극면	4,187	1,424	34%
강원도 평창군 진부면	8,093	2,751	34%
전라북도 진안군 진안읍	8,435	2,822	33%
경기도 연천군 신서면	3,096	1,035	33%
경기도 김포시 대곶면	8,871	2,963	33%
경상북도 경주시 외동읍	14,704	4,898	33%
경상남도 고성군 회화면	3,828	1,272	33%
경상북도 영천시 금호읍	11,002	3,653	33%
경상남도 밀양시 삼랑진읍	6,746	2,239	33%
경상북도 경주시 감포읍	5,968	1,971	33%
전라북도 익산시 오산면	5,264	1,737	33%
울산광역시 울주군 두동면	3,244	1,067	33%
경상북도 봉화군 봉화읍	9,926	3,263	33%
전라북도 완주군 상관면	5,106	1,677	33%
인천광역시 강화군 연평면	1,551	509	33%
경상남도 김해시 상동면	2,907	949	33%
강원도 평창군 평창읍	8,129	2,644	33%
강원도 고성군 거진읍	6,141	1,995	32%
전라남도 무안군 청계면	8,101	2,629	32%
경기도 양평군 서종면	4,972	1,598	32%
충청북도 청원군 남이면	5,838	1,868	32%
강원도 인제군 북면	6,921	2,197	32%
충청남도 서산시 인지면	6,915	2,191	32%
전라남도 곡성군 옥과면	4,552	1,439	32%
충청북도 보은군 보은읍	13,707	4,332	32%
경상북도 영덕군 영해면	6,517	2,059	32%
경상남도 창녕군 부곡면	3,624	1,144	32%
전라남도 고흥군 도양읍	10,275	3,233	31%
충청남도 아산시 둔포면	9,194	2,891	31%
경기도 양주시 은현면	6,214	1,945	31%
충청남도 서산시 음암면	10,368	3,239	31%
전라북도 정읍시 신태인읍	5,900	1,842	31%
전라남도 장성군 삼계면	6,865	2,139	31%
경상북도 포항시 구룡포읍	9,453	2,942	31%
경상북도 성주군 성주읍	10,997	3,407	31%

주소 (읍·면 단위)	총인구	농업·어업·임업 인구	농업·어업·임업 인구비율
충청남도 아산시 인주면	6,950	2,152	31%
경상북도 경주시 양남면	6,374	1,972	31%
충청남도 홍성군 광천읍	9,263	2,835	31%
경상북도 청송군 청송읍	4,960	1,516	31%
경기도 포천시 화현면	2,736	835	31%
경상남도 창원시 진북면	3,005	917	31%
경기도 화성시 팔탄면	8,007	2,437	30%
충청북도 진천군 이월면	7,531	2,277	30%
전라남도 영광군 홍농읍	6,232	1,876	30%
경상남도 진주시 문산읍	8,950	2,693	30%
충청북도 음성군 감곡면	9,846	2,937	30%
충청북도 충주시 금가면	4,334	1,292	30%
경상북도 울진군 북면	6,841	2,033	30%
충청남도 당진시 송산면	9,633	2,845	30%
경기도 양평군 옥천면	5,420	1,598	29%
강원도 고성군 간성읍	6,644	1,945	29%
인천광역시 강화군 대청면	1,170	342	29%
전라남도 진도군 진도읍	9,043	2,634	29%
강원도 원주시 소초면	9,019	2,622	29%
경기도 양평군 강상면	5,277	1,534	29%
경기도 안성시 삼죽면	5,023	1,458	29%
경기도 이천시 마장면	7,919	2,283	29%
경상북도 영양군 영양읍	7,289	2,100	29%
충청북도 청원군 부용면	6,703	1,928	29%
경상남도 창녕군 남지읍	10,292	2,951	29%
경기도 포천시 영중면	4,881	1,399	29%
인천광역시 강화군 선원면	6,580	1,885	29%
전라북도 고창군 고창읍	19,984	5,723	29%
경기도 포천시 가산면	6,366	1,810	28%
경상북도 구미시 선산읍	14,301	4,063	28%
전라남도 무안군 무안읍	10,261	2,914	28%
전라북도 익산시 금마면	4,892	1,387	28%
강원도 철원군 동송읍	15,069	4,260	28%
전라북도 무주군 무주읍	8,217	2,321	28%
전라북도 익산시 황등면	7,871	2,223	28%
경기도 이천시 장호원읍	14,745	4,163	28%
강원도 철원군 서면	5,636	1,591	28%

주소 (읍 · 면 단위)	총인구	농업 · 어업 · 임업 인구	농업 · 어업 · 임업 인구비율
경상남도 창녕군 영산면	5,461	1,528	28%
충청남도 천안시 북면	4,923	1,377	28%
강원도 정선군 남면	3,075	858	28%
경기도 안성시 원곡면	4,392	1,225	28%
충청북도 음성군 맹동면	3,680	1,026	28%
경기도 화성시 우정읍	14,821	4,123	28%
강원도 강릉시 연곡면	6,234	1,732	28%
충청남도 당진시 신평면	13,617	3,769	28%
전라남도 장성군 장성읍	11,582	3,205	28%
경기도 양평군 용문면	11,153	3,054	27%
경상북도 영덕군 영덕읍	10,042	2,737	27%
전라남도 영암군 영암읍	8,350	2,268	27%
경기도 김포시 월곶면	5,618	1,523	27%
울산광역시 울주군 상북면	8,360	2,260	27%
경상남도 함양군 함양읍	17,576	4,735	27%
경상남도 김해시 진례면	6,657	1,791	27%
충청남도 청양군 청양읍	9,887	2,642	27%
경기도 이천시 백사면	9,071	2,410	27%
강원도 고성군 토성면	7,559	2,007	27%
전라남도 구례군 구례읍	9,618	2,547	26%
부산광역시 기장군 일광면	7,046	1,861	26%
충청남도 서산시 대산읍	16,278	4,286	26%
경상북도 영주시 풍기읍	13,955	3,663	26%
전라남도 보성군 보성읍	8,846	2,321	26%
충청남도 서산시 해미면	10,257	2,690	26%
충청남도 금산군 금산읍	22,044	5,699	26%
대구광역시 달성군 옥포면	8,807	2,266	26%
충청북도 청원군 강외면	13,433	3,449	26%
경상남도 진주시 내동면	3,778	970	26%
충청남도 연기군 소정면	2,863	735	26%
제주도 제주시 추자면	2,310	591	26%
경상남도 통영시 용남면	9,826	2,494	25%
강원도 인제군 인제읍	8,563	2,169	25%
강원도 정선군 신동읍	3,446	872	25%
경상남도 함안군 칠서면	6,033	1,524	25%
충청북도 청원군 옥산면	9,452	2,373	25%
경상북도 예천군 예천읍	16,677	4,184	25%

주소 (읍·면 단위)	총인구	농업·어업·임업 인구	농업·어업·임업 인구비율
경기도 파주시 광탄면	10,388	2,590	25%
충청남도 논산시 연무읍	14,850	3,699	25%
경기도 화성시 정남면	11,050	2,747	25%
경기도 양평군 양서면	9,013	2,226	25%
경기도 양주시 남면	6,715	1,655	25%
경상남도 거창군 거창읍	37,179	9,145	25%
경상남도 의령군 의령읍	8,024	1,971	25%
경기도 포천시 이동면	5,467	1,339	24%
경기도 양주시 광적면	10,088	2,463	24%
부산광역시 기장군 철마면	6,032	1,467	24%
대구광역시 달성군 가창면	7,814	1,899	24%
경상북도 경산시 압량면	12,013	2,915	24%
강원도 정선군 정선읍	10,569	2,553	24%
경상남도 창원시 진동면	9,002	2,174	24%
강원도 인제군 서화면	3,125	754	24%
경상북도 의성군 의성읍	12,844	3,095	24%
경기도 광주시 도척면	7,324	1,757	24%
충청남도 논산시 은진면	6,632	1,590	24%
경상남도 거제시 일운면	6,474	1,534	24%
전라남도 강진군 강진읍	13,164	3,098	24%
경기도 안성시 금광면	8,330	1,958	24%
강원도 정선군 도암면 (평창군 대관령면)	4,865	1,129	23%
경기도 안성시 죽산면	7,158	1,680	23%
강원도 횡성군 횡성읍	17,112	3,991	23%
경상북도 칠곡군 동명면	5,982	1,380	23%
강원도 양구군 양구읍	11,257	2,593	23%
경상북도 고령군 고령읍	9,247	2,106	23%
강원도 화천군 상서면	4,783	1,086	23%
경기도 평택시 고덕면	14,404	3,260	23%
경상북도 울진군 울진읍	12,672	2,867	23%
경상북도 고령군 다산면	7,908	1,761	22%
강원도 철원군 갈말읍	12,140	2,698	22%
전라남도 장흥군 장흥읍	13,265	2,948	22%
경기도 포천시 내촌면	4,046	899	22%
경상북도 영덕군 강구면	6,786	1,507	22%
경기도 연천군 청산면	4,229	936	22%

주소 (읍 · 면 단위)	총인구	농업 · 어업 · 임업 인구	농업 · 어업 · 임업 인구비율
경기도 화성시 매송면	6,853	1,512	22%
충청남도 천안시 입장면	11,999	2,640	22%
경기도 이천시 신둔면	9,785	2,148	22%
경상남도 남해군 남해읍	12,983	2,846	22%
충청남도 부여군 부여읍	21,734	4,764	22%
경기도 양주시 장흥면	10,608	2,322	22%
경기도 포천시 영북면	7,939	1,730	22%
경상북도 울릉군 울릉읍	5,579	1,210	22%
충청남도 금산군 추부면	9,017	1,955	22%
충청북도 충주시 이류면	6,308	1,367	22%
전라북도 익산시 함열읍	6,701	1,452	22%
경기도 여주시 가남읍	15,621	3,366	22%
전라북도 완주군 삼례읍	16,533	3,513	21%
충청남도 당진시 송악읍	22,036	4,652	21%
경기도 가평군 가평읍	17,342	3,660	21%
충청남도 아산시 염치읍	7,478	1,576	21%
전라북도 순창군 순창읍	9,467	1,990	21%
강원도 영월군 상동읍	1,043	219	21%
강원도 양양군 양양읍	11,132	2,308	21%
경기도 가평군 하면	8,274	1,715	21%
경상남도 함안군 가야읍	16,488	3,406	21%
전라남도 고흥군 고흥읍	11,151	2,299	21%
충청북도 옥천군 영동읍	20,481	4,222	21%
충청남도 태안군 태안읍	24,544	4,870	20%
충청남도 천안시 병천면	8,475	1,679	20%
강원도 화천군 화천읍	7,239	1,432	20%
충청북도 옥천군 옥천읍	28,675	5,659	20%
경기도 파주시 파주읍	10,996	2,147	20%
경기도 가평군 청평면	10,881	2,115	19%
강원도 화천군 사내면	5,582	1,082	19%
전라북도 부안군 부안읍	18,749	3,616	19%
경상북도 포항시 대송면	5,522	1,064	19%
대구광역시 달성군 현풍면	10,360	1,995	19%
경상남도 창녕군 창녕읍	14,595	2,807	19%
울산광역시 울주군 웅촌면	8,176	1,569	19%
경기도 포천시 신북면	12,144	2,316	19%
전라남도 영광군 영광읍	19,746	3,764	19%

주소 (읍·면 단위)	총인구	농업·어업·임업 인구	농업·어업·임업 인구비율
충청남도 보령시 성주면	2,377	452	19%
경상북도 경주시 안강읍	28,960	5,502	19%
경기도 포천시 일동면	9,483	1,795	19%
전라남도 담양군 담양읍	12,526	2,342	19%
경상남도 사천시 사남면	10,800	2,008	19%
충청남도 서천군 서천읍	13,077	2,428	19%
경상북도 울진군 죽변면	6,177	1,142	18%
경상북도 울진군 후포면	7,061	1,292	18%
경상남도 진주시 금산면	21,587	3,926	18%
강원도 원주시 판부면	5,983	1,083	18%
경상남도 합천군 합천읍	11,139	2,003	18%
전라북도 군산시 옥서면	3,607	647	18%
부산광역시 기장군 장안읍	8,391	1,493	18%
경기도 남양주시 수동면	7,690	1,353	18%
경상남도 창원시 동읍	21,604	3,797	18%
경상북도 포항시 동해면	11,379	1,992	18%
경상남도 사천시 정동면	12,280	2,134	17%
충청북도 음성군 금왕읍	19,811	3,433	17%
전라남도 순천시 해룡면	24,980	4,309	17%
경상북도 봉화군 석포면	2,083	359	17%
충청북도 단양군 매포읍	6,207	1,066	17%
전라남도 완도군 완도읍	16,795	2,882	17%
경상북도 칠곡군 약목면	12,388	2,116	17%
충청북도 청원군 강내면	12,627	2,153	17%
경기도 파주시 탄현면	13,041	2,215	17%
충청북도 음성군 음성읍	16,853	2,852	17%
충청남도 서천군 장항읍	11,960	2,004	17%
경기도 파주시 법원읍	12,035	1,999	17%
경상북도 포항시 흥해읍	38,314	6,351	17%
충청북도 음성군 대소면	15,135	2,484	16%
경상북도 구미시 고아읍	29,669	4,799	16%
충청남도 논산시 강경읍	10,402	1,671	16%
충청남도 천안시 성환읍	30,091	4,809	16%
경기도 광주시 퇴촌면	9,495	1,505	16%
경기도 양평군 양평읍	24,441	3,800	16%
경기도 광주시 실촌읍	18,936	2,932	15%
전라남도 해남군 해남읍	22,222	3,440	15%

주소 (읍·면 단위)	총인구	농업·어업·임업 인구	농업·어업·임업 인구비율
충청남도 홍성군 홍성읍	43,449	6,700	15%
경기도 화성시 동탄면	4,360	664	15%
강원도 원주시 문막읍	17,730	2,689	15%
경상남도 사천시 사천읍	16,129	2,423	15%
강원도 강릉시 주문진읍	17,620	2,629	15%
경기도 용인시 양지면	12,986	1,936	15%
경상북도 경산시 하양읍	31,494	4,682	15%
충청북도 단양군 단양읍	10,267	1,523	15%
경기도 김포시 양촌읍	15,995	2,369	15%
인천광역시 강화군 강화읍	19,441	2,878	15%
충청북도 진천군 진천읍	26,646	3,924	15%
경상남도 고성군 고성읍	23,303	3,408	15%
충청남도 아산시 음봉면	17,112	2,502	15%
충청북도 청원군 내수읍	22,033	3,208	15%
경상북도 경주시 현곡면	15,962	2,304	14%
전라남도 화순군 화순읍	39,659	5,704	14%
경기도 이천시 대월면	12,995	1,865	14%
울산광역시 울주군 삼남면	14,698	2,044	14%
강원도 춘천시 동내면	13,357	1,842	14%
경상남도 양산시 하북면	8,346	1,134	14%
울산광역시 울주군 언양읍	23,574	3,178	13%
경상남도 거제시 연초면	9,554	1,285	13%
전라남도 광양시 광양읍	40,574	5,440	13%
경기도 평택시 팽성읍	24,448	3,268	13%
강원도 춘천시 동면	10,305	1,332	13%
강원도 원주시 흥업면	12,388	1,598	13%
충청남도 예산군 예산읍	35,164	4,498	13%
충청북도 증평군 증평읍	29,169	3,725	13%
경기도 평택시 포승읍	22,807	2,903	13%
울산광역시 울주군 청량면	13,215	1,681	13%
경기도 평택시 진위면	12,515	1,582	13%
전라남도 영암군 삼호읍	22,583	2,850	13%
충청북도 진천군 광혜원면	9,918	1,232	12%
경기도 김포시 통진읍	23,858	2,915	12%
경상북도 칠곡군 왜관읍	29,627	3,492	12%
경상남도 함안군 칠원면	17,091	1,950	11%
경상남도 통영시 광도면	22,371	2,551	11%

주소 (읍·면 단위)	총인구	농업·어업·임업 인구	농업·어업·임업 인구비율
경기도 용인시 이동면	17,397	1,974	11%
전라남도 무안군 삼향면	24,644	2,751	11%
강원도 삼척시 도계읍	11,323	1,252	11%
경기도 안성시 대덕면	16,266	1,771	11%
충청북도 괴산군 칠성면	2,245	243	11%
충청남도 천안시 성거읍	21,078	2,280	11%
경상남도 양산시 동면	10,347	1,115	11%
충청남도 당진시 당진읍	47,493	5,111	11%
충청남도 천안시 직산읍	22,751	2,445	11%
경기도 남양주시 진건읍	26,032	2,788	11%
강원도 홍천군 홍천읍	33,132	3,490	11%
강원도 영월군 영월읍	19,389	2,036	11%
경기도 연천군 전곡읍	18,313	1,921	10%
경기도 여주군 여주읍	51,623	5,348	10%
경상북도 경산시 진량읍	44,292	4,527	10%
경기도 양주시 백석읍	27,501	2,791	10%
충청남도 아산시 신창면	25,110	2,537	10%
충청북도 청원군 오창읍	41,624	4,197	10%
경기도 파주시 문산읍	35,925	3,583	10%
강원도 영월군 김삿갓면	1,424	142	10%
경기도 용인시 모현면	20,655	1,992	10%
경상남도 김해시 진영읍	38,876	3,716	10%
울산광역시 울주군 온양읍	21,565	1,995	9%
경기도 파주시 월롱면	13,109	1,166	9%
강원도 정선군 사북읍	5,335	474	9%
충청남도 천안시 목천읍	25,954	2,169	8%
경상북도 칠곡군 북삼읍	24,260	1,986	8%
경기도 평택시 안중읍	37,930	3,022	8%
경기도 김포시 고촌읍	22,660	1,801	8%
경상남도 양산시 상북면	15,931	1,249	8%
경기도 이천시 부발읍	39,068	3,061	8%
대구광역시 달성군 논공읍	22,623	1,770	8%
경기도 파주시 조리읍	28,542	2,171	8%
경기도 포천시 소흘읍	42,718	3,220	8%
충청북도 괴산군 청천면	4,045	302	7%
경상남도 하동군 하동읍	9,557	707	7%
경기도 용인시 포곡읍	30,315	2,127	7%

주소 (읍·면 단위)	총인구	농업·어업·임업 인구	농업·어업·임업 인구비율
경기도 안성시 공도읍	50,553	3,451	7%
울산광역시 울주군 온산읍	22,385	1,456	7%
경기도 화성시 향남읍	49,188	3,173	6%
충청남도 연기군 조치원읍	46,409	2,975	6%
충청북도 괴산군 감물면	1,597	102	6%
충청남도 계룡시 두마면	6,388	399	6%
경기도 광주시 초월읍	32,458	2,015	6%
충청남도 아산시 배방읍	54,761	3,363	6%
충청북도 괴산군 연풍면	2,148	124	6%
경상북도 포항시 연일읍	36,149	2,037	6%
대구광역시 달성군 화원읍	55,014	3,090	6%
경기도 남양주시 별내면	22,613	1,269	6%
충청남도 아산시 탕정면	27,942	1,516	5%
부산광역시 기장군 기장읍	49,379	2,525	5%
충청남도 계룡시 엄사면	17,446	837	5%
경상북도 포항시 오천읍	47,147	2,250	5%
대구광역시 달성군 다사읍	54,549	2,549	5%
경기도 광주시 오포읍	52,656	2,446	5%
경기도 남양주시 와부읍	67,683	3,113	5%
울산광역시 울주군 범서읍	60,321	2,698	4%
경상북도 칠곡군 석적읍	28,471	1,233	4%
부산광역시 기장군 정관면	22,258	959	4%
경기도 화성시 봉담읍	63,694	2,668	4%
경기도 파주시 교하읍	104,044	4,119	4%
경상남도 창원시 내서읍	72,830	2,617	4%
경기도 남양주시 화도읍	81,018	2,733	3%
경기도 남양주시 진접읍	81,578	2,639	3%
경상남도 양산시 물금읍	43,009	1,161	3%
강원도 정선군 고한읍	4,191	113	3%
경상남도 김해시 장유면	120,385	2,608	2%
경기도 남양주시 퇴계원면	27,607	546	2%
충청북도 괴산군 소수면	1,555	30	2%
충청북도 괴산군 장연면	1,695	29	2%
충청북도 괴산군 사리면	2,526	39	2%
경기도 남양주시 오남읍	52,729	744	1%
충청북도 괴산군 청안면	2,784	28	1%
충청북도 괴산군 문광면	1,727	11	1%

주소 (읍 · 면 단위)	총인구	농업 · 어업 · 임업 인구	농업 · 어업 · 임업 인구비율
충청북도 괴산군 괴산읍	8,318	45	1%
전라북도 남원시 송동면	1,907	10	1%
경상남도 양산시 원동면	2,883	11	0%
충청남도 계룡시 신도안면	8,378	26	0%

도서 벽지지역 고교 정리(출처: 2014 교육부)

구분	시도	시군구	읍면동리	고교명	비고
도서 지역	경상북도	울릉군	울릉읍 도동리	울릉고등학교	
	인천광역시	옹진군	덕적면 진리	덕적고등학교	
	부산광역시	강서구	성북동	덕문고등학교	읍면지역×
	전라북도	부안군	위도면 진리	위도고등학교	
	전라남도	여수시	남면 우학리	여남고등학교	
		완도군	금일읍 확목리	완도금일고등학교	
			노화읍 이포리	노화고등학교	
			소안면 비자리	소안고등학교	
		진도군	조도면 창유리	조도고등학교	
		신안군	임자면 대기리	임자종합고등학교	
			비금면 덕산리	비금고등학교	
			도초면 수항리	도초고등학교	
			하의면 웅곡리	하의고등학교	
			안좌면 읍동리	안좌종합고등학교	
		고흥군	금산면 대흥리	금산종합고등학교	
벽지 지역	경기도	안산시	단원구 대부북동	대부고등학교	읍면지역×
	강원도	삼척시	가곡면 오저리	가곡고등학교	
			하장면 광동리	하장고등학교	
			도계읍 도계리	도계전산정보고등학교	
				도계고등학교	
		태백시	황지동	황지고등학교	읍면지역×
				황지정보산업고등학교	읍면지역×
			장성동	태백기계공업고등학교	읍면지역×
			철암동	철암고등학교	읍면지역×
			문곡동	장성여자고등학교	읍면지역×

구분	시도	시군구	읍면동리	고교명	비고
벽지지역	강원도	홍천군	내촌면 물릴리	팔렬고등학교	
			내면 장촌리	내면고등학교	
		영월군	상동읍 천평리	상동고등학교	
			북면 마차리	마차고등학교	
		정선군	정선읍 봉양리	정선고등학교	
			정선읍 북실리	정선정보공업고등학교	
			고한읍 고한리	고한고등학교	
			사북읍 사북리	사북고등학교	
			신동읍 조동리	함백여자고등학교	
				함백고등학교	
			여량면 여량리	여량고등학교	
			임계면 봉산리	임계고등학교	
		인제군	기린면 현리	기린고등학교	
	충청북도	단양군	어상천면 임현리	단산고등학교	
	전라남도	화순군	화순읍 삼천리	화순고등학교	
			이양면 이양리	화순이양고등학교	
			약산면 장용리	약산고등학교	
		완도군	고금면 덕암리	고금고등학교	
	경상북도	포항시	북구 죽장면 입암리	죽장고등학교	
		문경시	문경읍 교촌리	경북관광고등학교	
			가은읍 왕릉리	가은고등학교	
		영양군	수비면 발리리	수비고등학교	
		봉화군	소천면 현동리	소천고등학교	
접적지역	인천광역시	옹진군	연평면 연평리	연평고등학교	
			백령면 북포리	백령종합고등학교	
			대청면 대청리	대청고등학교	

구분	시도	시군구	읍면동리	고교명	비고
접적지역	인천광역시	강화군	교동면 대룡리	교동고등학교	
			서도면 주문도리	서도고등학교	
			내가면 고천리	삼량고등학교	
			강화읍 관청리	강화여자고등학교	
			강화읍 국화리	강화고등학교	
				덕신고등학교	
	경기도	파주시	적성면 마지리	적성종합고등학교	
			적성면 식현리	삼광고등학교	
			파주읍 연풍리	파주공업고등학교	
		김포시	하성면 마곡리	하성고등학교	
		연천군	연천읍 현가리	연천고등학교	
	강원도	철원군	서면 와수리	김화고등학교	
				김화공업고등학교	
			철원읍 화지리	철원고등학교	
			동송읍 이평리	철원여자고등학교	
		고성군	현내면 초도리	대진고등학교	

03 특성화고교졸업자전형

(특성화고교졸업자 전형)

평가요소	평가 세목	배점	특징
전형적합성	역경극복과정 및 (자기)주도성	15	≒(일반전형) 주도성 (가감요소) – 가점(상향): 전문교과성취 우수도 – 감점(하향): 전문교과 30단위미만자
전공적합성	지원전공 관련활동	30	= (일반전형) 전공적합성
학업역량	대학수학능력	25	= (일반전형) 학업역량
인성	개인적 이타주의, 사회성 및 공동체 의식	15	= (일반전형) 인성
발전가능성	진로(학업)계획의 타당성 및 성장가능성	15	= (일반전형) 발전가능성 (가감요소) – 학생부: 참고교과 평균2 또는 5등급 – 평어대상자: 모집단위별 해당과목이 모두 "수" 또는 "양, 가"인 경우
합계		100	–

'전형 적합성' 가감 요소 반영 기준

※ '전형 적합성' 가감요소 반영 기준은 아래와 같다.

● 감점(하향) 요소

전문교과 이수 30단위 미만자는 −1등급(점) 감점(하향)

● 가점(상향) 요소

− 전문교과 성취도의 우수 정도에 따라, +3등급까지 가점(상향)이 가능함.(아래 표 참조)

【 전문교과: 성취평가 9등급 환산표 】

성취평가제	9등급제	환산등급
A	1 등급	1
B	2~3 등급	2.5
C	4~5 등급	4.5
D	6~7 등급	6.5
E	8~9 등급	8.5

환산등급	가점(상향)
1.5 이내	+3
1.51 ~ 2 이내	+2
2.01 ~ 2.5 이내	+1

PART 2

학생부 종합전형
평가를 위한
이력서(학종이) 작성하기

Chapter 1. (教學相長) 학교생활기록부 작성하기
Chapter 2. (過猶不及) 추천서 작성하기

뜻을 세운다는 것은 목표를 선택하고,
그 목표에 도달하도록 할 행동과정을 결정하는 것이다.
결정한 다음에는 목표에 도달할 때까지
결정한 행동을 계속하는 것이다. 중요한 것은 행동이다.

             — 마이클 핸슨(수학자)

1절. (출결사항) 무단과 학폭 없는 출결을 유지해라!

2절. (수상경력) 개인위주, 전공 관련 2개 이상, 학년별 성장형으로!

3절. (자격증 및 인증 취득사항) 전공 관련 자격증 취득은 플러스 알파(α)다.

4절. (진로희망사항) 진로희망은 '학년별 구체형'으로 설계하라!

5절. (창체–자율활동) 자율활동의 포인트는 바로 '리더십 활동'이다!

6절. (창체–동아리활동) 창체의 가장 핵심은 '동아리활동'이다!

7절. (창체–봉사활동) '교외위주, 최소 1년 이상, 100시간 내외'를 해라!

8절. (창체–진로활동) '1년 이상, 학년별 확장형'의 진로활동을 하라!

9절. (교과학습발달상황) 내신이 '본질'이며 '출발점'이다!

10절. (세부능력 및 특기사항) 오로지 '차별화'만 살아남는다!

11절. (독서활동상황) '학년별 심화형'으로 20권 내외를 읽고 기록하라!

12절. (행동특성 및 종합의견) 종합의견은 결국 '교사 추천서'다!

13절. (스페셜 필살기) 나만의 무기인 '특별활동'을 추가하라!

CHAPTER 01
학교생활기록부
작성하기

● 입학사정관들(평가자)이 실시하는 서류평가는 1인당 평균 10~20분 이내이다. 따라서 입학사정관들이 본인을 면접에서 보고 싶도록 모든 서류는 최대한 '임팩트' 있게 작성해야 한다.

1. 학생부의 구성

교과영역	비교과(교과활동연계) 영역
8. 교과학습발달상황	2. 인적사항(전학여부 확인 등) 3. 출결상황 4. 수상경력 5. 자격증 및 인증 취득상황 6. 진로희망사항 7. 창의적 체험활동상황 9. 독서활동상황 10. 행동특성 및 종합의견

2. 학생부 기재금지 및 기재가능 사항 (출처: 2016 교육부 훈령)

기재금지 사항	기재가능 사항
• 각종 공인어학시험, 인증시험 • 모의고사, 전국연합학력평가 성적 • 논문(학회지)등재, 도서출간 • 특허(발명 등) • 해외 봉사활동, 해외 어학연수, 교외대회 참가 및 수상내용 • 외부 기관이 주최 및 주관한 체험활동	• 교외 체험학습 • 교육관련 기관(교육부 및 직속기관, 시도교육청 및 직속기관, 각 교육지원청)에서 주최, 주관한 행사 • 외부 기관이 주최, 주관한 체험활동 중 청소년 단체활동, 학교스포츠클럽활동, 봉사활동 등

* 기재 금지사항의 일반적인 기준은 <u>고교생 수준을 넘어서는 사교육 유발 가능성이 높은</u> 사항이다. 그러나 자기 주도적으로 활동했다는 것을 입증만 하면 오히려 장점으로 발휘될 수 있다.

 학교생활기록부의 정의

학교생활기록부(이하 학생부)는 한 학생에 대한 교육 활동 기록으로 학교에서 수행한 교과활동과 그와 관련된 비교과 활동에 대한 제반 사항을 누가 기록한 문서이다. 학생부는 법(초중등교육법 제 25조)으로 관리되는 공적인 장부로서 준영구적으로 보관된다. 한 학생의 학업 능력뿐만 아니라 다양한 활동 이력을 초등학교 단계부터 고등학교 3학년까지 사실에 입각하여 담임교사와 관련교사들이 기록한다.

(출결사항)
무단과 학폭 없는 출결을 유지해라!

[정성적 평가항목의 영향력: 교수(사정관) ≥ 전임(채용 · 전환)사정관]

> 출결상황에서 정성적 평가항목의 영향력은 교수(또는 위촉)사정관이 전임(채용 · 전환)사정관
> 보다 크거나 같다고 할 수 있다.

학년	수업일수	결석일수			지각			조퇴			결과			특기사항
		질병	무단	기타	질병	무단	기타	질병	무단	기타	질병	무단	기타	
1	200		2	1		1				2				父간병(1일)
2	200	7												폐렴(7일)
3	–													

① 우선 무단사항이 없어야 한다. 만약, 무단사항 중 무단결석이 2회 이상이면 학생부 종합전형을 지원하지 말고 다른 전형에 지원하는 게 나을 수 있다. 무단결석 2회가 크지 않다고 생각할 수 있으나 해당 인성 영역 감점(하향)뿐만 아니라 전체적인 평가 내내 입학사정관에게 부정적인 이미지를 주므로 결국 불합격될 가능성이 높기 때문이다. 일부 입학사정관은 결석보다 결과를 더 안 좋게 보는 경우도 많다. 왜냐하면 결과는 수업시간에 고의로 불참하거나 교육활동을 고의적으로 방해하는 행위를 뜻하기 때문이다. 이럴 경우 다른 평가를 시작하기도 전에 탈락확률을 높일 수 있으므로 결과는 반드시 하면 안 된다. 만약, 무단사항이 많은데, 다른 질병이나 기타사항도 있으면 이에 대해서도 학생자체에 대한 성실성에 대한 의심과 담임교사의 기록에 대한 신뢰성도 의심하게 된다.

② 무단결석, 지각, 결과의 특기사항에 간혹 학교생활부적응(예시, 20일)이 명시되어 있는 경우가 있다. 이럴 경우 학교의 일부 진학교사(부장)나 학원 강사출신 컨설턴트들은 자기소개서에서 적극적인 해명을 하라고 되어 있는데 획기적인 변화가 없는 한 오히려 되레 궁색해질 뿐이고 별다른 효과도 없을 수 있으니 필히 참고해야 한다.

③ 2일 이상의 질병결석은 반드시 사유를 기록해야 한다. 사유가 없으면 아이들의 수업결손을 최소화 하고 교사의 성실성을 매우 중시하는 일부 교대나 사범계열의 모집단위 일부 평가자(주로 교수 또는 교수사정관)는 거의 무단결석과 동급으로 취급될 수도 있다. 그러므로 가능한 사유를 적어야 한다는 것을 교대나 사범계열을 지원하는 학생은 반드시 명심할 필요가 있다. 만약, 개인정보의 보호 때문에 공개하지 못하는 피치 못할 사정이 있는 경우에는 자기소개서에 공개 가능한 일부의 내용을 소명하는 것도 한 방법일 수 있다.

④ 질병으로 인한 결석, 지각, 조퇴 등이 많은 경우(예시, 7일 이상이 2회 이상)에는 다른 여타 항목에서 동점자 일 경우에 교대나 사범계열 모집단위의 평가자(주로 교수사정관)의 정성적 평정에 의해 평가점수가 하락하는 손해를 볼 수도 있다. 따라서 교대나 사범계열을 지원하는 학생들은 고교 3년 내내 건강관리에도 힘을 써야 한다.

⑤ 특히, 학생회나 학급의 임원, 기타 리더인 경우에는 출결평가에 더욱 엄격한 평가기준을 가지고 평가하는 경우가 많으므로 이러한 사항을 미리 염두해 둬야 한다.

⑥ 만약, 학교폭력사항이 특기사항에 기재되어 있다면 학생부 종합전형을 쓰지 말고 다른 전형에 지원하는 게 바람직하다. 일부 대학에서는 입학전형(심의)위원회를 열어 정상평가를 진행할 수 있으나 합격하는 사례는 극히 일부이고 사실상 거의 없다고 해도 과언이 아니다.

⑦ 성적 추이 변화와 관련하여 출결사항을 반영하는 대학(성균관대)도 있으므로 성적과 출결의 상관성에 대해서도 깊은 고민이 필요하다.

⑧ 무단 해당시 감점하는 대학 및 무단 해당시 정성평가 하는 대학의 구분

구분	무단 시 감점(매우 중시)	무단 시 정성평가(비교적 중시)
대학명	이화여대, 한국외국어대, 서울시립대, 건국대, 숙명여대, 숭실대, 광운대, 상명대, 성신여대, 가톨릭대, 경기대, 전국의 교육대학교(초등교육과 포함), 의과대학 등	서울대, 연세대, 고려대, 성균관대, 서강대, 서울과기대, 가천대, 전국의 약학대학, 사범계열 모집단위 등

* 단, 정성평가 내에서도 감점(하향)을 할 수도 있고, 감점이 정성적으로 이루어질 수도 있음.

[정성적 평가항목의 영향력: 교수(사정관) ≤ 전임(채용·전환)사정관]

구분	수상명	등급(위)	수상연월일	수여기관	참가대상(인원)
교내상	1년 개근상	–	2015.02.12	──학교장	1학년(300명)
	교과우수상(국어)	–	2015.09.30	──학교장	
	선행상	–	2014.10.10	──학교장	2학년(300명)
	표창장(효행부문)	–	2015.10.8.	──학교장	전교생(900명)
	수학경시대회	은상(3위)	2015.5.4.	──학교장	전교생

● '교내상'의 수상인원은 참가인원의 20%로 권장되지만, 학교 규모나 대회 성격을 고려해서 학교장이 비율을 지정할 수 있다.

> • 학년별 수상 비율: 2학년 〉1학년 〉3학년
> • 종류별 수상 비율: 경시·경진대회 〉교과우수 〉선행·봉사

● '교외상'은 수상경력에 기재가 불가하다. '창의적체험활동상황', '세부능력및특기사항', '행동특성및종합의견'등에도 기재가 불가하다.(단, 자소서는 '0'점 사항을 제외하고 기재가 가능하다.)
● 교과우수상은 중간, 기말고사에서 교과1등급(4%이내)에 주는 상으로 학년별 해당 인원을 입력한다(교육부 훈령, 2016.4.5.).

〈 전과목 수상학생 〉 – '교대, 사대, 의대' 유리

구분	수상명	등급(위)	수상연월일	수여기관	참가대상(인원)
교내상	1년 개근상	–	2015.02.12	―학교장	1학년(300명)
	교과우수상(영어)	–	2015.09.30	―학교장	
	봉사상		2015.10.10	―학교장	2학년(300명)
	표창장(효행부문)	–	2015.10.08	―학교장	전교생(900명)
	수학경시대회	은상(3위)	2015.05.04.	―학교장	전교생
	영어경시대회	장려상(5위)	2015.05.04.	―학교장	2학년
	독서경시대회	동상(4위)	2015.05.04.	―학교장	

〈 수학, 과학의 특정과목 수상학생 〉 – '공대, 자연대' 유리

구분	수상명	등급(위)	수상연월일	수여기관	참가대상(인원)
교내상	1년 개근상	–	2015.02.12	―학교장	1학년(300명)
	교과우수상(수학)	–	2015.09.30.	―학교장	
	과학경시대회	최우수상(1위)	2015.10.10	―학교장	2학년(300명)
	표창장(효행부문)	–	2015.10.8	―학교장	전교생(900명)
	수학경시대회	금상(2위)	2015.5.4.	―학교장	전교생

① **본인의 수상? VS 단체의 수상?**

자기 주도성이 드러난 개인 본인의 수상이 그냥 친구들 틈에 묻어서(?) 탄 단체의 수상 보다는 더 가치가 있다. 따라서 가능한 단체상이 아니라 개인상 위주로 하라. (개인 수상 〉 단체 수상). 물론, 단체 수상에서 본인의 역할이 지대하다면 말이 달라진다. 단, 단체수상은 본인의 역할과 주도성이 '세특'이나 '종합의견'에 구체적으로 드러나야 포인트가 된다.

② **多多益善이다.** 어쨌든 우선 다수의 수상이 필요하다. 그러나 자기소개서 작성이나 진로 관련 수상은 영향력이 적거나 거의 평가하지 않는다. 상이라고 다 같지 않기 때문이다. 수상에도 가치와 질이 다르다. 예컨대, 경시대회와 UCC대회가 있다고

하자. 수상의 가치는 '경시대회 〉 UCC 대회'로 귀결된다. 따라서 경시대회와 진로 관련 대회가 있으면 무조건 경시대회를 추가로 참가하여 수상해야 한다. 또한 교과 우수상은 평가하지 않는 경우가 많다.

③ 학생부상에서 교외 수상은 기록되지 않고, 교내 수상만 기록된다. 따라서 교외수상 은 자기소개서나 교사추천서에 기록되어서 그 사항이 추후(면접 등)에 검증되도록 해야 한다.

④ 꼭 1등이 아니어도 된다. 끊임없이 계속적으로 참여하라. 이것으로 발전과 변화를 엿볼 수 있다. 그러나 가능한 수상을 해야 한다. 결국 수상한다면 기존의 실패경험 도 하나의 큰 자산이 될 수 있다. 이를 통해 성실성을 입증할 수 있다. 수상에 대한 구체적인 내용이 교사의 종합의견에 기록되면 더 좋은 평가를 받을 수 있다. 다시 말하지만 가능하다면 교내 대회에 많이 참가하는 것이 좋다. 수상을 목표로 하는 대회에서는 최대한 입상을 해서 결과를 내야 하지만 그 외 나머지 대회는 참여하는 것만으로도 자기소개서에서 활용할 수 있는 방법이 있기 때문이다. 이러한 활동들 은 학생이 교내 활동에 다양하게 참여한 성실한 학생임을 증명할 수 있다.

⑤ 최고 위치의 상(최우수상, 금상)이 낮은 등급의 상(장려상)보다는 좋게 평가받을 가능성이 높다. 선택과 집중적인 전략에서 전공과의 관련성이 있는 수상경력이 좋 다. 특정과목의 수상경력의 다수는 전공 학과에 관련이 있으면 유리하다. 전공 수 상이 충분하다면 계열별 융합을 위한 다양화 전략을 펼칠 필요가 있다.

⑥ 봉사상은 <u>최소 2회 이상</u>이 되도록 해야 한다. 인성 평가항목에서 가산점 또는 정성 적인 평가에서 좋은 이미지를 준다. 상에 대한 근거가 교사의 '종합의견'에 기록되 면 더 좋은 평가를 받을 수 있다.

⑦ 전 과목 수상경력의 1인 독식은 주로 일반고에서 많다. 이러한 전 과목 수상경력의 일반적인 성실성은 교대 또는 사범계열에서 좋게 본다. 다만, 특목고나 자사고에 서는 1인이 수상을 독식하기가 쉽지 않다.

⑧ 교육부가 교내 대회 방식과 내용에 대해 제약을 뒀지만 대회 개최 자체를 제한하는 것은 아니기 때문에 앞으로도 교내 대회는 확대될 가능성이 크다. 따라서 무엇보다

계획이 중요하다. 학년 초에 교내 대회 일정을 확인한 뒤 자신이 가장 잘하는 분야와 관련된 대회에 초점을 맞춰 수상을 노려야 한다. 기존에는 무작정 참가만 해도 수상을 할 수 있었지만 방침이 바뀌어 이것이 불가능해졌다. 수상에 제한을 둔 것은 학교생활기록부 종합 전형의 확대와 맞물려 대학들의 요구 사항이 반영된 측면이 크다. 따라서 자신이 잘하고 자신 있는 대회, 예를 들어 영어를 잘하면 영어 관련 스피킹 및 에세이 작성 관련 대회, 문학적 글쓰기를 잘하면 백일장 등의 문학대회, 논리적인 말하기를 잘하면 토론대회 등 자신의 전문 분야를 키워 학년 초부터 준비하는 것이 좋다.

⑨ 참고로 서울대학교 일반고 합격생들의 평균 교내 수상 개수는 48개 내외(1인 독식 경향성), 특목고 및 자사고 학생들은 26개 내외로 알려져 있다. 정량적인 숫자로 모든 것을 평가할 순 없지만 대체로 양이 많으면 그 속에서 높은 질을 찾는 것이 상대적으로 가능하다는 것을 나타내는 지표라고 생각하면 될 것 같다.

⑩ 교내 대회 참가에 너무 두려워하거나 염려하지 말고 계획을 세워서 일단 도전해 보자. 수상에 대한 부담감을 낮추기 위해서는 '목표는 낮추고 방향성은 전환해야 한다.' 방향성은 어떤 상을 받는 것이 아니라 어떤 대회가 전공적합성에 합당한지를 판단하는 것이 더 중요하다. 목표는 처음부터 1등해야지가 아니라 1학년 때는 장려상, 2학년 때는 우수상, 3학년 때는 최우수상 식으로 '성장형'으로 할 필요가 있다. 만약 많은 노력에도 불구하고 상을 못 받을 수 있다. 그렇다 하더라도 대회를 위한 준비과정 등을 기록해 두면 추후 자기소개서 등의 작성에 도움이 될 수 있다.

⑪ 학기 초에 학교교육계획(서)에서 각종 교내 대회의 정보를 미리 확인하고 구체적인 계획을 세워서 실천하는 것이 바람직하다.

전공 관련 자격증 취득은 플러스 알파(α)다!

[정성적 평가항목의 영향력: 교수(사정관) ≤ 전임(채용 · 전환)사정관]

구분	명칭 또는 종류	번호 또는 내용	취득연월일	발급기관
자격증	정보처리기능사	15407701787S	2015.06.10.	한국산업인력공단
	한식조리기능사	15804430258R	2015.02.04.	한국산업인력공단
	컴퓨터활용능력 2급	14-K5-010877	2014.08.30.	대한상공회의소
	정보기술자격(ITQ) A등급-한글엑셀	A001-2015103-005478	2015.04.08	한국생산성본부

① 학생부에 기입이 가능한 자격증은 기술관련 국가공인 자격증이다. 그 외의 국가공인 자격증이나 기술관련 민간자격증은 기입이 되지 않는다. 따라서 일반고 학생보다는 특성화고교 학생에게 유리한 항목이다. 특성화고교 학생은 진로와 맞는 자격증을 최소 1년에 1개 이상씩 꾸준히 취득할 필요가 있다. 입시상담의 경험을 비춰볼 때, 2학년 학기말이나 3학년 1학기 끝날 때쯤에 집중적으로 2~3개를 취득하는 학생들이 많으나 이는 진정성에서 신뢰를 떨어뜨릴 수 있다. 물론, 자격증 개수만을 정량 평가하여 가점(상향)을 주는 일부 대학에서는 문제가 되지 않을 수 있다.

② 2011학년도 이후부터 학생부 어느 항목에도 '인증'취득상황은 입력되지 않으므로 자격증이 유일한 입력대상이다.

③ 자격증은 고교 재학 중 취득한 기술관련 국가기술자격증, 국가공인 민간자격증에 한해 입력이 가능하다. 따라서 중학교나 그 이하에서 취득한 자격증은 입력할 수 없다. 2015년 총 13개 부처 61개의 종목이며 매년 그 현황이 달라질 수 있으니 정확한 확인이 필요하다.

④ 학생부 기입여부와 상관없이 취득이 가능한 중요 국가공인 자격증은 아래의 표를 참조하면 된다. 만약, 지원전공과 관련된 학생부 자격증란에 기록되지 않는 국가자격증을 취득했다면, 규정 범위 내에서 '세특', '행동특성 및 종합의견', 교사 추천

서 등에 직·간접적으로 기재될 수 있도록 노력할 필요가 있다. 그리고 학생부와 추천서에서 검증된 사항을 '자기소개서'에 기록하도록 한다. (물론, '0'점 항목은 신중한 검토가 필요하다.)

전공	계열	국가(기술 또는 공인)자격증	비고
경제, 경영, 회계, 무역학과	경상	매경테스트(4등급)/틴매경테스트(5등급) 한경테샛(6등급) /고교생 경시대회 유통관리사 2~3급(상공회의소) 무역영어 3급(상공회의소) 스포츠경영관리사, 컨벤션기획사 2급	2년 유효
		매경테스트(최우수, 우수)	
		한경테샛(S, 1, 2, 3급)	
국어국문과, 약학대학	인문	KBS 한국어능력검정, 국어능력인증시험, 한국실용글쓰기검정	
국(역)사학과	인문	한국사능력검정시험 중급이상, 한자능력검정시험 3급이하	
중어중문학과, 중국학과	인문	신HSK, 한자능력검정시험 3급이하, FLEX	
영어영문학과	인문	TOEIC, TOEIC SPEAKING, TEPS, FLEX, TOEFL(PBT,CBT,IBT),IELTS, G-TELP(LEVEL2), OPIC	2년 유효기간
정치학, 사회학과, 통계학과, 컴퓨터공학과	사회과학 공학계열	사회조사분석사 2급	
(상담)심리학	사회과학	직업상담사 2급, 소비자 전문상담사 2급	
일어일문학과, 일본학과	인문	JPT, NPT, JLPT, 플렉스(듣기, 읽기)	
신문방송학과 방송기술공학	사회과학 공학	멀티미디어콘텐츠제작전문가, 인쇄기능사, 영사기능사, 사진기능사, 사진제판기능사, 전자출판기능사	
식품영양학과	자연	양식조리기능사, 한식조리기능사, 중식조리기능사	특성화고 유리
전산학과 정보통신공학 컴퓨터공학과	공학	컴퓨터활용능력시험, 워드프로세서, ITQ(정보기술자격시험), 정보처리기능사 또는 정보기기 운용기능사, 인터넷정보관리사	
수학과 수학교육과	자연, 공학	국가공인 실용수학자격시험(1~3급)	

※ 참고로 모든 기능사는 자격 제한이 없으므로 고등학생은 누구나 취득이 가능하다.

⑤ 자격증은 서류합격 후 서류평가요약서(의견서)에 기록되어서, 면접고사 평가장 책상 위에 올라갈 뿐만 아니라 자격증 출제위원들(교수)이 서류평가 또는 면접평가에 투입될 수 있기 때문에 시간과 상황만 된다면 취득하는 게 바람직하다. 다만, 해당 과목 내신 성적이 좋지 않은 학생이 해당 전공 관련 자격증이 있다고 해서 무조건 높게 평가되진 않는다. 내신 성적도 좋고 관련 자격증이 있을 때 높은 평가를 받는다. 예컨대, 사회과목의 경제성적이 1, 2등급이고 한경테셋(또는 매경테스트) 자격증이 결합될 때 시너지 효과를 발휘한다. 국어라면 국어성적 1, 2등급과 한국어능력인증시험자격증이 있어야 한다. 만약, 개설되어 있지 않는 과목이 없어 성적이 증명이 어렵다면 자격증으로도 열정을 평가받을 수 있다. 예컨대 '경제'과목이 개설되어 있지 않은데 매경 테스트 자격증을 받은 경우이다.

⑥ 그러나 일반전형에서 일부 대학들(고려대, 성균관대, 한국외국어대, 가천대, 경기대 등)은 애초에 자격증 및 인증 취득은 불필요한 항목으로 취급하여 별로 중요시하지 않는 경향도 있다. 아예 일반고교와 구분하여 특성화고만 자격증 및 인증 취득사항을 인정하는 대학(건국대)도 있다.

자격증 및 인증 취득은 불필요한 항목	특성화고만 자격증 및 인증 취득 인정
고려대, 성균관대, 한국외국어대, 가천대, 경기대	건국대

⑦ 국가기술자격법에 의한 국가기술자격증, 개별법령에 따른 국가자격증, 자격기본법에 의한 국가공인을 받은 민간자격증의 자격증은 한국산업인력공단 홈페이지인 큐넷(www.q-net.or.kr)에서 확인이 가능하다.

04 (진로희망사항)
진로희망은 '학년별 구체형'으로 설계하라!

[정성적 평가항목의 영향력: 교수(사정관) 〈 전임(채용 · 전환)사정관]

학년	특기 또는 흥미	진로희망			희망사유
		학생(예시)		학부모(예시)	
		인문계	자연계		
1	소설읽기 →	교사	과학자	초등교사	봉사활동을 통해~
2	영화보기 →	중등교사	인공지능연구원	중등교사	
3	글쓰기 →	국어교사	구글 알파고 연구원	국어교사	

① 진로희망은 전공에 대한 흥미나 적합도를 보고 평가에 참고하기 위한 자료로 활용된다. 기왕이면 모든 항목에서 일관성, 관련성, 구체성이 드러나는 게 좋다.

② **본인의 진로희망? VS 부모님의 진로희망?**

진로는 본인이 최종적으로 결정하는 게 맞다. 다만 부모님, 선생님 등의 말씀과 진로검사, 진로체험을 통해 본인이 가장 잘하는 것과 좋아하는 것을 적절히 감안하여 결정하는 것이 좋다. 부모님의 진로희망은 어디까지나 평가대상이 아니라 참고사항이다. 부모님이 인생을 대신 살아줄 순 없기 때문이다.

③ 일반적으로 특기는 자신이 잘하는 것, 흥미는 좋아하는 것을 적으면 된다. 그런데 대부분의 학생들은 특기와 흥미 항목에 흥미위주의 취미를 쓴다. 실제로 대학에서는 특기와 흥미사항을 평가에 잘 반영하지 않는 경우가 많다. 학생들이 특기 또는 흥미를 진로희망과 연계해서 작성하는 경우보다는 그렇지 않은 경우가 더 많기 때문이다. 따라서 가능한 진로희망과 별로 관련이 없는 흥미위주의 취미가 아니라 진로와 밀접한 관련이 있는 특기와 흥미를 적는 것이 평가에 유리하다. 이를 연결하여 자기소개서에 기록하는 습관을 길러야 한다.

참고로 특기 또는 흥미 기록란은 글자 수 제한이 없다. 따라서 한 개씩만 적지 말고 다양한 특기와 흥미를 모두 적는 것이 좋다.

④ 2014년부터 추가된 희망사유는 '진로동기'라고 할 수 있다. 희망사유는 뭘 하고 싶다고 나열하기 보다는 구체적으로 꿈을 실현하겠다는 내용을 적는 것이 더 좋다. 꿈은 직업이 아니기 때문이다. 희망사유에 진로동기가 나타나도록 핵심내용을 적을 필요가 있다. 예컨대, 독서활동, 진로체험을 통한 활동 등의 계기를 적으면 된다.

나열식	→ 꿈의 구체화 방법
예) 과학 공부를 통해 알게 된 3D 프린터를 만들고 싶다.	예) 3D 프린터를 이용해 인공 관절 등을 저렴하게 만들어서 의료산업에 기여하고 싶다.

⑤ 진로희망은 학년이 올라갈 때마다 바뀔 수 있다. 가능한 한 진로수정도 비슷한 계열에서 하는 게 좋다. 너무 왔다갔다하면 신뢰도와 진정성에서 의심을 받을 수 있다. 그리고 학년에서의 특기 또는 흥미, 진로희망, 희망사유는 가능한 한 진로희망과 밀접하게 연관된 내용이 연결되는 게 좋다.

⑥ 진로가 바뀐 경우는 그 사유를 '창체 중 진로활동란'에 기록한다. 특기 또는 흥미, 학생과 학부모의 진로희망이 바뀔 경우 그 해에는 수정이 가능하지만, 진급 후 학년이 바뀌면 수정이 불가능하니 신중하게 기입할 필요가 있다.

⑦ 학년이 올라감에 따라 구체성과 세분화, 전문성을 보이는 진로가 될 수 있도록 한다. 예를 들어 공학자 → 생명공학자 → 줄기세포 전문 유전공학자 또는 교사 → 중등교사 → 역사 교사, 공무원 → 사회복지공무원 → 기초노령연금관련 노인복지공무원처럼 점점 구체화, 세분화, 전문화 되어가는 것(점점 범위가 좁아지는 것)이 가장 좋다. 진로변화에 맞게 교내 대회 준비와 동아리 활동, 독서활동을 연계하는 것이 좋다.

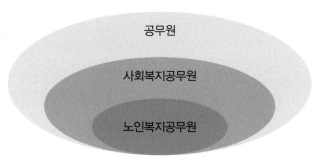

그림 3 인문계열 학생의 진로 심화형

⑧ 진로희망은 반드시 교과성적과 활동으로 연계되는 것이 바람직하다.

　진로희망 = 교내수상 = 창체활동 = 독서활동 = 세특 = 행특 = 자소서 4번(진로)

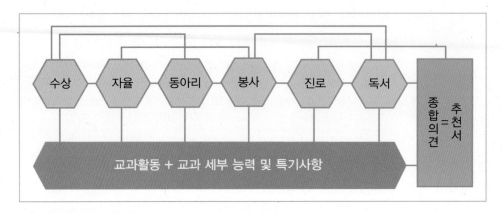

⑨ 만약 진로가 일관되지 않거나 중간에 바뀐 경우는 자기소개서 문항 1곳(주로 2, 4번) 등에 이유와 동기를 기재할 필요가 있다. 이러한 소명에는 바뀌는 장래희망 속에서도 자신의 꿈을 찾아가는 과정(사실(fact)의 인과관계)과 그 꿈을 향한 열정, 그 '꿈을 이루려는 노력이 담기게 해야 한다.

⑩ 학부모와 학생의 진로는 반드시 일치하지 않아도 무방하다. 다만 학년이 올라갈수록 소통되는 모습을 보이는 것이 좋다. 따라서 사전에 학부모와의 대화를 통해 학교생활기록부에 진로의 희망사항 기재내용이 협응이 되는 모습으로 기록되도록 해본다. 그러나 평가자는 학부모 진로를 중요하게 보지는 않는다. 추후 삭제해도 되는 항목이라고 생각한다.

⑪ 혹시 주요 과목(특히, 수학)의 성적이 학년이 올라갈수록 오르지 않거나 떨어져서 진로 희망이 바뀐 경우인지 평가관(입학사정관)이 의심할 수 있으므로 진로가 변경된 경우에는 확실한 근거를 '자기소개서'에 기록해야 한다.

⑫ 진로희망사항의 변경 등의 세부 내용보다는 최종 진로와 관련하여 현재까지의 활동 노력, 과정(사실(fact)의 인과관계), 결과를 더 중요시 하는 대학(한국외국어대 등)도 있다.

⑬ 진로의 일관성을 중시하여 일관성과 연계 결합하여 교과와 비교과 활동들이 깊이가 있고 다양성이 확보된다면 좋은 평가를 주는 대학(건국대)도 있다. 또한 진로희망이 변경된 이유, 동기에 대해 면접에서 확인하는 대학들(가천대, 가톨릭대, 중앙대, 숙명여대 등) 이 있다.

진로희망 변경 시 면접에서 확인하는 대학	진로의 일관성을 중시하는 대학
가천대, 가톨릭대, 중앙대, 숙명여대 등	건국대

■ 창의적 체험활동 개괄

- 2014년부터 각 영역별 2,000자에서 500~1,000자로 글자 수 감소

- 창체활동 평가 중요도: 동아리 〉자율 ≥ 봉사활동 〉진로활동

- 학생부에 기재할 수 있는 체험활동은 학교교육계획에 의해 학교가 주관 또는 주최하는 체험활동, 학교장이 승인한 교육관련기관(교육부 및 직속기관, 시도교육청 및 직속기관, 교육지원청 및 소속기관)에서 실시한 활동, 자격기준을 갖춘 청소년단체활동만 가능하다.

- 대학에서 실시하는 개별 및 그룹 단위의 체험활동이나 특정과정을 이수한 활동은 학생부에 기재할 수 없다. 그러나 사전에 학교교육계획과 연관시켜 고교-대학 연계 프로그램으로 하는 활동(예컨대, 학교주관의 대학 행사)은 학생부에 기재될 수 있다.

※ '3단계 활동'과 '3변화 법칙'

① 3단계 활동: 모든 활동은 ① **동기 → ② 과정 → ③ 결과**가 드러나게!
② 3변화 법칙: **3가지의 변화**(3 Change〈3C〉: 활동을 통해 ① **알았고**, ② **느꼈고**, ③ **새로운 실천으로의 연결**)가 드러나도록 작성해라!

● 창의적 체험활동의 작성 관리지침(교육부훈령 제169호, 2016. 4. 5.)

제13조(창의적 체험활동상황)

① 자율활동, 동아리활동, 봉사활동, 진로활동의 영역별 이수시간 및 특기사항(활동 실적이 우수하거나 개별적 특성이 드러나는 사항 등)을 입력한다.

② 체계적이고 지속적인 봉사활동 등 특기할 만한 사항이 있는 경우 봉사활동 특기사항란에 자세히 입력한다.

③ '진로활동' 특기사항에는 활동실적이 우수한 사항과 각종 진로검사 및 진로상담 결과, 관심분야 및 진로희망과 관련된 학생의 활동내용 등 학생의 진로 특성이 드러나는 사항을 담임교사가 입력한다.

④ 동아리활동 중 학교스포츠클럽활동의 실적은 활동 인정기간 동안 학교장이 승인한 학교스포츠클럽활동의 구체적인 활동 내용으로 '동아리활동'란에 클럽명, 활동시간, 팀에서의 역할, 포지션, 대회출전경력 등을 입력하되, 활동시간은 동아리활동 이수시간에 합산한다.

⑤ 동아리활동 중 청소년단체활동의 실적은 학교교육계획에 의한 청소년단체활동과 학교장의 승인을 받은 학교교육계획 이외의 청소년단체활동으로 구분하여 특기사항에 입력할 수 있다.

● 창의적 체험활동상황의 영역별 시수 인정과 특기사항에 입력할 수 있는 내용

영역	영역 시수	특기사항 내용
자율활동	정규교육과정 시수 (행사활동은 별도 행사시수 포함)	학교교육계획(정규교육과정 포함)에 의해 학교에서 주최·주관하여 실시한 활동
동아리활동	정규교육과정 시수 (정규교육과정 이외 학교스포츠 클럽활동 포함)	정규교육과정 동아리활동(정규교육과정 내 학교스포츠클럽활동 포함), 정규교육과정 이외 학교스포츠클럽활동, 학교장이 승인한 학교교육계획 이외의 청소년단체활동, 학교교육계획에 의한 자율동아리활동
봉사활동	학교교육계획과 개인계획 시수	체계적이고 지속적인 봉사활동 등 특기할 만한 내용
진로활동	정규교육과정 시수	학교교육계획에 의해 학교에서 주최·주관하여 실시한 진로활동과 관련된 사항, 진로지도와 관련된 상담 및 권고 내용

05

(창체-자율활동)

자율활동의 포인트는 바로 '리더십 활동'이다!

[정성적 평가항목의 영향력: 교수(사정관) ≤ 전임(채용·전환)사정관]

학년	창의적 체험활동상황		
	영역	시간	특기사항
1	자율활동	80	• 1학기 반장(2015.03.08. – 2015.08.04.)
2	자율활동	80	• 전교 학생회장(2016.03.08.–2017.02.12.)
3	자율활동	80	–

● 자율활동의 종류

영역		세부 활동 내용
자율 활동	적응활동	입학, 진급, 기본생활습관 형성, 축하, 친목, 사제동행, 학습·건강·성격·교우 등의 상담활동 등
	자치활동	학급회, 학생회 협의활동, 모의 의회, 토론회, 자치법정 등
	행사활동	시업식, 입학식, 졸업식, 종업식, 전시회, 발표회, 학예회, 경연대회, 학생건강체력평가, 체육대회, 수련활동, 현장학습, 수학여행, 문화답사, 국토순례 등
	창의적특색활동	학생, 학급, 학년, 학교, 지역특색활동, 학교전통수립, 계승활동 등

● 자율활동 특기사항 기재 예시

〈나쁜 사례〉

"교내 학생회 임원선거나 학급 반장, 부반장 선거에 참여하여 민주적 시민의식을 길렀다~..."가 제일 많은 예시이다. 이것을 교사들끼리 공유하여 복사하는 경우가 많은 것 같다. 이와 같은 단순한 학교 프로그램 안내와 참가 사실(fact)에 그치는 내용은 평가할 것이 없기 때문에 글자 수만 낭비한다. 또한 공통된 내용이 너무 상투적이면 정성적 평가이므로 오히려 다른 항목 평가에도 악영향을 미친다.

"전교회장으로서 학교의 현안사항인 통학로 개선이라는 공약을 내세웠고, 당선 후 학교관리자, 지자체장, 지자체담당공무원과의 단체 협의 후 통학로가 새로이 개설되었다." 이는 학생회 임원으로서의 개인의 활동이 구체적으로 드러나 있어 입학사정관이 학생의 역량을 평가할 수 있다. 이외에도 본인의 진로와 연계하여 의미 있는 활동, 자치활동, 행사 등 각종 활동에 적극적으로 참여한 내용, 담임교사와 주기적으로 상담하여 자신의 생각이나 느낀 점을 전달하여 담임교사에게 기록할 자료를 제공하는 것이 좋다.

① 일반적으로 자율 활동은 적응활동, 자치활동, 행사활동, 창의적 특색활동을 한다. 이중에서 주요하게 평가를 받는 부분은 자치활동이다. 물론, 다른 활동에서 개인적인 활동이 구체적으로 두드러진다면 그것도 포인트를 받는다. 다만, 개인적인 활동이 가장 잘 드러나는 것은 바로 리더십을 발휘하는 자치활동이기 때문에 이러한 활동이 가장 높은 평가를 받는 것이다.

② 리더의 **직함**이 필요한가? VS 리더로서의 **활동**이 필요한가?

어떤 리더를 하더라도 리더 로서의 공약에 대한 실천 활동, 공약이 아니라면 학교나 학급을 발전적인 방향으로 변화시킨 내용을 담임교사의 '종합의견'이나 '교사추천서'의 기재내용을 통해서 입증할 필요가 있다.

③ 학교에서 선도부원 활동, 미화부장, 축제부장 등의 1회성이거나 다소 단편적인 기타 임원활동은 일부 대학을 제외하고는 평가에서 잘 반영되지 않는 경향이 있음을 참고하라.

④ 전교회장과 부회장, 학급에서의 반장과 부반장, 동아리 장을 하라. 만약 리더십 활동을 하고 싶으나 학습할 시간을 조금이라도 더 확보하려는 목적이 있다면 부회장, 부반장을 하라. 특히, 학급 반장, 부반장은 하려거든 <u>최소 2번 이상</u> 한다는 각오로 시작하라.

⑤ 리더십 활동을 매우 중시하는 학교는 특히, 여대가 두드러지는데 대표적으로 이화여자대학교, 서울여자대학교 등이 있는 것으로 알려져 있다.

참고로 '리더십'이란 주변 사람들에게 긍정적인 변화를 이끌고 그 긍정적인 변화를 펼칠만한 기회의 장소를 지속적으로 마련해 주는 것이라고 할 수 있다.

06 (창체-동아리활동)
창체의 가장 핵심은 '동아리활동'이다!

[정성적 평가항목의 영향력: 교수(사정관) ≥ 전임(채용 · 전환)사정관]

학년	창의적 체험활동상황		
	영역	시간	특기사항
1	동아리활동	30	• 가입 동기
2	동아리활동	30	• 본인의 주도적인 역할 및 내용 (동아리 장, 기획 등) • 활동을 통한 결과물 (활동보고서, 대회 수상 등)
3	동아리활동	30	• 3가지의 변화 (① 알았고, ② 느꼈고, ③ 새로운 실천으로 연결)

● 창체에서 비중이 가장 높은 것은 동아리 활동이다. 따라서 창체에서 가장 매진해야할 활동은 동아리 활동이라고 할 수 있다.

창체 중 동아리 활동을 가장 주요한 항목으로 여기는 대학들
서울대, 성균관대, 서강대, 서울시립대, 건국대, 숙명여대, 가천대, 가톨릭대, 한양대 에리카 등

① **본인**의 동아리? VS 친구(선 · 후배)의 동아리?

동아리 활동은 전공 적합성 영역을 평가하기 위함이 많으며, 주로 참여도와 협력정도를 중요하게 평가한다. 또한 리더십을 통한 주도성, 역할에 따른 인성 등을 확인하고 평가하는 활동이다. 처음엔 친구 따라 들어간 동아리이더라도 결국엔 동아리에서 중추적인 역할을 하면서 본인의 적극적인 역할을 구체적인 사례를 통해 부각시킬 필요가 있다. 또한 리더십은 동아리의 장을 통한 활동으로서 입증되어야 한다. 활동보고서, 활동을 통한 수상이 있으면 더욱 좋다. '세특'이나 '종합의견'에 기록되면 최고로 좋다.

② 동아리 활동의 종류

세부 활동 내용	
학술활동	외국어회화, 과학탐구, 사회조사, 컴퓨터, 인터넷, 신문활용, 발명, 다문화탐구 등
문화예술활동	문예, 창작, 회화, 조각, 서예, 전통예술, 현대예술, 성악, 기악, 뮤지컬, 오페라, 연극, 영화, 방송 등
스포츠활동	구기, 육상, 수영, 체조, 배드민턴, 인라인스케이트, 하이킹, 야영, 민속놀이, 씨름, 태권도, 택견, 무술 등
실습노작활동	요리, 수예, 꽃꽂이, 조경, 사육, 재배, 설계, 목공, 로봇제작 등
청소년단체활동	카우트연맹, 걸스카우트연맹, 청소년연맹, 청소년적십자, 우주소년단, 해양소년단 등
학교스포츠클럽활동	교육과정 내에서 이루어지는 중학교 '학교스포츠클럽 활동'과 정규교육과정 이외의 학교스포츠클럽활동
또래조력활동	또래 상담, 또래 중재(조정)

③ 동아리 활동에 따른 가입 방법 추천 (예시)

내용 / 관련	학습(전공 관련)	봉사	취미
직접	문학동아리, 수학동아리, 영어회화, 과학실험 등	학습 멘토링 복지센터 정기봉사 등	스포츠(축구, 배드민턴 등), 문화예술(음악, 댄스 등)
간접	시사토론, 독서토론, 과학탐구 등	교내외 청소년 단체가입, 환경보호 등	–

- '학습동아리'와 '봉사동아리'를 가입하는 게 좋다. 학생부 종합전형을 준비하는 학생은 가능한 취미는 가입하지 마라. 가입하지 말고 따로 하면 된다. 다만, 예체능계에서는 취미분야가 전공 분야이므로 가입하는 게 무방하다.

- 학습동아리 2개 (1안), <u>학습동아리 1개 + 봉사동아리 1개(2안)</u>, 학습동아리 1개 + 취미동아리 1개(3안) 중 **2안**이 현실적으로 가장 좋을 것 같다.

④ 진로적성활동을 통한 전공학과와의 관련성과 본인의 역할이 드러나게 작성되어야 한다. 다만, 지방이나 정보소외지역은 공과계열의 세부적인 동아리의 구성과 활동이 쉽지 않을 수 있다. 이럴 경우 '포괄하는 과학관련 동아리'이면 어느 정도 감안하여 평가를 받을 수 있다. 따라서 환경과 상황에 대한 적극적인 소명이 자소서에

서 필요하다.

⑤ 학교생활기록부에는 동아리 활동 내용이 구체적으로 기록돼야 한다. 'ㅇㅇ동아리에 가입해 활동했음' 같은 단편적 서술보다는 '무엇에 관심이 있어 동아리에 가입했는지, 어떤 활동을 했는지, 동아리에서 어떤 역할을 했는지, 어떤 결과를 냈는지, 활동에서 무엇을 ① **배우고** ② **느끼고** ③ **새로운 실천**으로 연결했는지' 등이 상세히 담겨야 한다.

⑥ 동아리는 일반 동아리와 자율동아리로 구성된다. 일반 동아리는 본 수업 안에 편성된 창체 활동 시간에 참여하는 동아리 활동으로서 모든 학생이 하나씩 가입하여 참여하는 동아리이다. 자율동아리는 특기나 취미가 비슷한 학생들끼리 모여 자율적으로 구성하는 동아리로서, 방과 후에 활동하는 동아리라고 할 수 있다.

⑦ 학교 내에 원하는 게 없거나 인기 동아리가 조기 마감되면 관심과 진로분야가 같은 친구들을 모아 자율 동아리를 창설하라. 단, 학기 초에 구성해야 한다. 학기 중에 만든 자율동아리는 학교생활기록부에 입력할 수 없기 때문이다. 자율동아리는 동아리활동 이수시간에는 포함되지 않지만'세부능력 및 특기사항'에 활동 내용과 활동 특기사항을 입력할 수 있고, 담임교사의 종합의견이나 교사 추천서에도 기록될 수 있다. (가능한 2학년에 만드는 것이 좋다.)

• 자율동아리 구성 절차

> **담당부서** : 자율동아리 운영 계획 수립 → 학생: 동아리 구성, 지도교사 섭외, 동아리 운영 계획서 작성 및 제출 → 담당부서: 동아리 담당교사 취합 및 결재 → 담당부서: 학교장 승인, NEIS에 자율동아리 부서명 등록 → 학생(동아리 활동 전개), 지도교사(학교생활기록부 기재)

⑧ 동아리는 다수가 가능하므로 자율동아리는 무조건 만드는 게 좋다. 자율동아리는 (1) 본인이 지원하는 대학전공(진로)과 관련 동아리 (2) 본인의 학업능력을 보여주는 학술동아리의 투 트랙 설계가 좋다. 만약, 자율동아리 구성이 어려우면 교사의 도움을 받아 관심분야가 같거나 진로가 비슷한 학생들끼리 소그룹을 형성해서 결성하면 된다.

⑨ 단순히 동아리 활동 개수가 많다고 해서 좋은 평가를 받는 것은 아니다. 자신에게 특히, 의미 있는 동아리에서의 적극적이고 구체적인 결과물과 변화가 수반되는 활동내용이 좋은 평가를 받는다는 것을 명심하라. 만약 3개 이상의 활동이 버겁다면 1~2개 활동에 **집중**하는 게 나을 수도 있다. 따라서 각자의 상황에 맞게 유동적으로 설계 및 활동하는 게 바람직하다.

⑩ 동아리는 1학년부터 3학년 때까지 가급적 일관된 동아리 활동이 더 좋은 평가를 받는다. 학년별로 매번 바뀌거나, 진로와 무관한 취미활동 위주의 동아리 활동이거나, 바뀌는 것에 대한 이유와 동기가 없다면 아무래도 좋은 평가를 받기는 어렵다. 다만, 1학년에 치열한 진로 탐색 후 전공과 관련 되어서 2학년과 3학년에 연속적으로 일관되게 그리고 본인이 역할이 열정적으로 드러나는 동아리 활동을 한다면 큰 무리 없이 좋은 평가를 받을 수 있다.

⑪ 참고로 서울대 일반고 출신 합격생들의 평균 동아리 개수는 4.3개 내외, 특목고 및 자사고 출신 합격생들은 1.8~4개 정도로 알려져 있다. 동아리 활동 시간은 평균 120시간 내외로 알려져 있다. 그러나 동아리 개수나 시간의 정량적인 숫자 보다는 동아리 활동의 **질적인 측면**이 더 중요하다는 것은 변하지 않는 진실이다.

⑫ 동아리 활동 유형 (예시)

순	유형	예시
1	정규 교육과정 내 동아리 활동	(시사토론반, 과학실험반)
2	학교교육계획에 의한 자율동아리 활동	(인공지능연구반: 자율동아리)
3	학교교육계획 이외의 청소년 단체활동	(아람단: 청소년단체)
4	정규 교육과정 내 학교 스포츠클럽활동	(수영반: 학교스포츠클럽)
5	정규 교육과정 외 학교 스포츠클럽활동	(정구클럽: 방과후학교스포츠클럽)

⑬ 본인의 진로와 관련하여 학교 밖 기관의 동아리 활동도 관심을 가져보자. 대표적으로 각 지역의 청소년 유관단체의 동아리 활동을 하는 것도 좋다. 동아리 활동 등은 홈페이지 공지사항에 나와 있으니 수시로 체크하자. 예를 들어 YWCA 청소년토론 동아리, YMCA 청소년봉사동아리 등이 있다.

07 '교외위주, 최소 1년 이상, 100시간 내외'를 해라!

[정성적 평가항목의 영향력: 교수(사정관) ≤ 전임(채용 · 전환)사정관]

학년	창의적 체험활동상황		
	영역	시간	특기사항
1	봉사활동	60	• 참여 동기 (부모님 따라서, 친구 따라서, 자발적 등) • 본인이 한 활동과정 (청소, 목욕, 배식, 멘토링 등) • 활동을 통한 결과물 (활동 기록지, 대회 수상 등) • 3가지의 변화 (알았고, 느꼈고, 새로운 실천으로 연결)
2	봉사활동	60	
3	봉사활동	10	

학년	봉사활동 실적				
	일자 또는 기간	장소 또는 주관기관명	활동내용	시간	누계시간
1	2015.03.04.–2015.08.31.	(개인)—양로원	청소, 노인목욕	20	20
	2015.03.13	(학교)—학교	교내환경정화	1	21
2	2016.04.07.	(개인) 대한적십자사	헌혈	4	–
3	–	–	–		

① 봉사활동은 주로 인성영역에서 평가하며 학생 개인의 인성, 공동체성, 사회성과 봉사정신을 평가 주안점으로 둔다.

② **개인의 봉사활동? VS 부모님의 봉사활동?**

봉사활동을 처음에 시작하게 된 동기가 부모님의 봉사활동을 따라다니면서 하는 경우가 종종 있다. 처음에는 그냥 따라갔더라도 봉사활동을 통해 새로운 마음의 변화가 일어나 봉사활동이 또 다른 삶의 모습이 되는 학생의 모습이 보기 좋았던 사례가 있었다. 그러나 어떤 학생은 부모님이 아는 봉사단체를 통해 봉사시간을 부풀려 주거나 부모님이 봉사하고 시간을 기록하는 것은 학생이름으로 하는 사례가 있다고 들리고 있다. 대학을 가기위해 봉사활동을 하는 것이 아니다. 봉사활동을 통해 세상을 배우고 좀 더 나은 나로 성장하기 위해 봉사활동을 하는 것이다. 설령 부모님이 그렇게 하려고 해도 본인이 과감성 있게 거절하는 용기도 필요하다.

③ 봉사활동의 종류

영역		세부 활동 내용
봉사 활동	교내봉사활동	학습부진 친구, 장애인, 병약자, 다문화가정 학생 돕기 등
	지역사회봉사활동	복지시설, 공공시설, 병원, 농·어촌 등에서의 일손 돕기, 불우이웃돕기, 고아원, 양로원, 군부대에서의 위문 활동, 재해 구호, 국제 협력과 난민 구호 등
	자연환경보호활동	깨끗한 환경 만들기, 자연보호, 식목 활동, 저탄소 생활 습관화, 공공시설물, 문화재 보호 등
	캠페인활동	공공질서, 교통안전, 학교 주변 정화, 환경 보전, 헌혈, 각종 편견극복 등

④ 봉사활동 할 수 있는 곳 찾기

기관명	사이트	주관부처
나눔포털	www.1365.go.kr	안전행정부
사회복지봉사활동 인증관리시스템	www.vms.go.kr	보건복지부
청소년봉사활동 포털사이트	dovol.youth.go.kr	여성가족부
서울시 자원봉사센터	volunteer.seoul.go.kr	서울시
각 지자체 자원봉사센터	지자체 홈페이지	각 지역 자치단체

⑤ 양과 질이 포함된 봉사활동이 좋다. 양은 100시간 이상, 1년 이상 꾸준히. 교내외를 병행하라. 단, 교내활동위주보다는 교외활동이 많은 것이 더 좋은 평가를 받는다. 예컨대, 교내활동이 100시간인 학생보다 교외활동이 100시간인 학생의 평가가 더 좋게 나온다. 다만, 사회복지전공지원자는 200시간 이상을 해라.

⑥ 서울대학교는 교내봉사만 했다 해서 별도의 감점(하향)을 하지 않는다. 다만, 단순한 교내청소로만 일관된다면 좋은 평가를 받기는 쉽지 않다. 참고로 서울대학교 일반고 출신 합격생들의 평균 봉사시간은 140시간 내외, 특목고 및 자사고 출신 합격생들의 평균 봉사시간은 81~171시간으로 알려져 있다.

⑦ 진로와 연관된 봉사가 가장 좋다. 예컨대, 교대나 기타 교육(사범)계열을 지원하는 학생은 멘토링 봉사, 지역아동센터에서의 교육봉사활동, 저소득층 아동 학습지

도 등을 하는 게 좋다. 그렇지만 진로와 무관한 봉사도 꾸준한 활동으로 진정성이 보인다면 괜찮다. 따라서 본인의 지역과 상황에 맞는 봉사활동을 하라. 다만, 너무 집에서 먼 곳 보다는 꾸준히 할 수 있는 집근처 봉사시설(지역아동센터, 고아원, 양로원, 각 지역 YMCA, YWCA 등)을 이용해라. 봉사활동을 하면 가능한 여러 장의 사진을 찍고 수첩 등에 기록을 해 놓는 것이 좋다. 봉사활동 누락을 방지할 수 있고 추후 자기소개서 등의 작성에 도움이 된다.

⑧ 봉사시간을 100시간 내외로 2학년 말까지 채운다는 전제아래 다른 봉사활동을 추가하는 것이 필요하다고 여겨진다면, 헌혈을 하는 것도 좋은 봉사활동이다. 헌혈은 부모님이 대신해 줄 수 없는 순수한(?) 봉사활동이다. 이러한 순수성을 입학사정관도 알고 있다. 헌혈 중 전혈은 1년에 5회, 성분헌혈은 24회 이내로 기록이 가능하다. 1회당 봉사시간은 4시간을 인정한다. 현실 가능한 방법으로는 1년에 헌혈 2회 이상 정도, 2학년 말까지 총 4회 이상 정도면 인성평가 영역에서 상대적으로 타 학생에 비해 더 좋은 평가를 받을 수 있다. 다만, 학습상황과 본인의 건강, 체력을 생각해서 가능한 경우에만 하고 결코 무리하게는 하지 않도록 한다. 특히, 봉사시간이 부족하다고 체력관리가 중요한 3학년 때 무리하게 헌혈은 하지 말기를 당부한다.

⑨ 추가적인 여력이 있다면 진정성을 가지고 '사랑의장기기증본부' 또는 '인체조직기증본부' 정회원에 등록하고 등록증을 받아 지갑에 넣고 다녀라. 또한 기회가 되면, 본인의 용돈으로 **꾸준하게** 재정기부를 하는 것도 좋다. 굿네이버스, 세이브 더 칠드런, 초록 우산 등 기부할 곳은 검색해보면 많이 찾을 수 있다. 이런 활동은 추후 자소서에 기록이 가능하다. 사회복지전공 지원자는 가능한 참고하기 바란다.

⑩ 방학을 이용한 해외 봉사활동은 가능한 하지 마라. 평가에 반영되지 않는 대학교가 많으니 괜한 시간 낭비일 수 있다. 또한 일회성의 해외 봉사활동은 오히려 봉사에 대한 진정성에 대해 의심을 받을 수 있다. 따라서 봉사활동은 매주 또는 격주로 최소 2시간 이상 동네 고아원이나 양로원 등이 무난하다고 할 수 있다.

⑪ 남들이 하기 싫어하는 봉사활동을 해라. 종류로는 쓰레기 분리수거, 출석부장(출석부 기재관리 및 보관 등), 급식 당번, 문단속 및 소등, 정보 도우미 등이다. 이러한

봉사활동은 적어도 <u>2번 이상</u> 할 각오로 해라. 그래서 담임교사의 행동특성 및 종합의견에 기록될 수 있을 정도로 열심히 해라.

⑫ 봉사활동에 대한 상담을 담임교사와 주기적으로 해라. 상담할 때에 봉사활동 보고서를 제출하는 것은 너무나도 당연하게 챙겨야 하는 일이다.

⑬ 나눔과 기부를 실천하는 다양한 방법 알아보기!

기부의 종류	기부 하는 곳(회사, 사이트 등)
물건 구입 또는 물건기부	탐스슈즈(1켤레를 사면 1켤레를 기부), 유니세프 shop, 러프팟, 버트니, 플랜샵, 비프렌즈 비마켓, 굿윌스토어(전국 12개), 쁘띠루시 등
재능기부	오투잡, 재능넷, 재능마켓, 크몽, 재능아지트, 미스터스, 소셜인, 스마일 농어촌 재능 뱅크 등
해외 아동결연	굿네이버스, 컴패션, 세이브더칠드런, 월드비전, 플랜코리아 등에 1:1 후원
모바일 기부 어플리케이션 (스마트 폰)	엔젤터치, 도너도넛, 같이가치 with 카카오, 해비타트, 프리코인, 빅워크, 트리플래닛, 기부톡, 힐링기부, 기부타임, 라떼스크린 등
네이버 해피빈 기부	해피빈(콩 1개가 100원의 가치) * 네이버 서핑하다가 콩이 나오면 바로 '광 클릭'하세요!!!

* 모든 기부와 나눔의 기록은 반드시 문서나 파일로 남겨두세요.

⑭ 봉사활동은 안전행정부에서 운영하는 자원봉사포털시스템인 '나눔포털(www.1365.go.kr)', 보건복지부에서 운영하는 사회복지봉사활동 인증관리시스템인 'VMS(www.vms.go.kr)', 여성가족부에서 운영하는 청소년봉사활동 포털사이트인 'DOVOL'(dovol.youth.go.kr)을 통해서 인증기록을 남기는 것이 필요하다.

⑮ 봉사활동 영역, 세부내용 종류 알아보기!

활동영역	세부유형	세부내용	봉사시간
지역사회 봉사활동	지역사회 개발발전	집짓기, 수리 보조(전기 및 보일러 수리, 도배장판, 도색 등)	6
		공동체 마을만들기, 아파트 공동체 실천활동, 주민자치활동	4
		농촌봉사활동, 텃밭 가꾸기	4
		알뜰시장 및 벼룩시장 봉사활동	4
		지역사회 바자회	3
		꽃길 가꾸기, 놀이터 보수활동	4

활동영역	세부유형	세부내용	봉사시간
지역사회 봉사활동	지역사회 개발발전	지역행사 지원활동	6
	문화, 관광, 예술, 체육진흥	문화재 · 관광 가이드, 문화해설	4
		문화예술시설 견학안내	3
		문화, 예술, 체육행사 지원활동	4
		문화체험, 취약아동 대상 수련활동 보조지도	4
		문화, 예술, 체육 분야에서 지도자 활동	4
	민주시민 사회구현	여성차별개선활동, 아동인권보호활동	3
		외국인 노동자 및 결혼이민자 지원활동	3
		인권옹호 및 평화구현 분야 봉사활동	4
		부패방지 및 소비자보호 분야 봉사활동	4
		선거관련 봉사활동	4
		부패방지 및 소비자보호 분야 봉사활동	3
	민원안내, 업무보조	공공기관 내 민원 안내, 사무협력, 서가정리	3
		장애인 및 노인 민원 접수 보조 및 안내	4
		병동내 및 재가세대 대상 도서대출 및 회수	3
		헌혈자 접수 및 안내	4
		김장김치 만들기	4
		나들이 보조	4
		노인, 장애인 수발	4
		노인 놀이, 말벗 봉사	3
		도시락, 밑반찬, 물품 배달	4
		급식소 봉사활동	4
		보육, 음식조리	4
		사무보조, 장애인 직업재활작업장 보조	4
		청소, 빨래, 주변환경 정리	4

활동영역	세부유형	세부내용	봉사시간
지역사회 봉사활동	민원안내, 업무보조	식사보조	4
		목욕 봉사활동	4
		체육 보조활동	4
		국제기구 및 단체 지원활동	4
		공공기관, 사회복지시설 등 행사 지원활동	4
	일손돕기 재능나눔	요리(제과제빵 포함)	4
		이·미용 봉사활동	4
		통·번역 봉사활동(A4 10페이지 기준)	3
		영정사진촬영 및 제작지원	4
		장애우 점자입력 봉사활동(A4 10페이지 기준)	3
	교통안전활동	등하교 횡단보도 지도	4
		교통안전교육 지도	4
		아동 안전지킴이 활동	4
	지도활동 재능나눔	멘토링(사업참가자) 활동	4
		학교 교과목과 관련된 학습지도	4
		교육관련 지도활동(예술, 컴퓨터, 언어 등)	4
	위문공연 재능나눔	교도소, 감호소 위문공연활동	4
		공연봉사활동	4
	재난관리 구호활동	피해복구활동	6
		피해복구참여자 대상 급식활동	6
		피해지역 현장사무소 업무보조	6
		북한동포돕기 활동	4
		재해예방교육 보조지도	2
		피해지역 모니터 활동	2
	부패방지활동	청소년 유해업소 모니터링	4
		지방정부 및 의회모니터 활동	4

활동영역	세부유형	세부내용	봉사시간
지역사회 봉사활동	부패방지활동	상업주의 방송 감시 모니터링	4
자연환경 보호활동	환경보호, 시설정비활동	환경정화활동, 재활용품 수거 및·분류	4
		문화재지역 환경정화활동	4
	환경감시	환경보호 모니터링	4
캠페인 활동	의식개선활동	모금활동 및 후원 캠페인	4
		헌혈 거리캠페인	4
		청소년 보호 관련 캠페인 활동	4
		북한동포돕기 캠페인	4
		부정주차금지 캠페인	4
		대민안전캠페인 및 재난재해모금 캠페인	4
		청소년유해업소 추방 캠페인 활동	4
		의식계몽활동, 소비자 보호 캠페인 활동	4
		문화재보호 캠페인	4
		건전한 사이버 문화 조성 캠페인 (1년 12시간 이하, 선플 20개등록시 1시간)	1
	헌혈	헌혈(1년 3회 이하)	4

08 (창체-진로활동) '1년 이상, 학년별 확장형'의 진로활동을 하라!

[정성적 평가항목의 영향력: 교수(사정관) 〈 전임(채용 · 전환)사정관]

학년	창의적 체험활동상황		
	영역	시간	특기사항
1	진로활동	30	
2	진로활동	30	
3	진로활동	–	

① 진로활동의 종류

영역		세부 활동 내용
진로 활동	자기이해활동	자기이해 및 심성 계발, 자기 정체성 탐구, 가치관 확립 활동, 각종 진로검사 등
	진로정보 탐색활동	학업 정보 탐색, 입시 정보 탐색, 학교 정보 탐색, 학교 방문, 직업 정보 탐색, 자격 및 면허 제도 탐색, 직장 방문, 직업훈련, 취업 등
	진로계획활동	학업 및 직업에 대한 진로 설계, 진로 지도 및 상담 활동 등
	진로체험활동	학업 및 직업 세계의 이해, 직업 체험활동 등

② 진로활동 특기사항에서 잘못된 사례의 대표적인 것은 "진로활동시간에 전공탐색의 날 행사, 진로의 날 행사와 연계하여 자신이 관심을 갖고 학과와 직업에 대해 탐색하는 시간을 가짐."이다. 이와 같은 사례가 잘못된 이유는 학교 학생 다수가 참가한 사실(fact)만 나와 있을 뿐 학생 개인의 구체적인 활동과 역량이 드러나지 않았기 때문이다.

③ 반면에 진로활동을 잘 표현하는 것은 학생의 전공에 대한 관심, 열정이 나타나 있는 것이다. 진로활동 영역의 특기사항에는 진로희망과 관련해 학생이 수행한 활동과 결과, 학생의 참여도, 열정, 인지적, 정의적, 실천적, 태도의 변화 등을 각종 진로 검사, 심리검사, 진로활동, 학생 · 학부모와의 상담 등을 바탕으로 입력한다. 학생은 진로관련 프로그램에 참여하여 진로를 탐색하고 희망 전공에 대한 열정과 역

량을 드러낼 수 있도록 해야 한다.

④ 개인의 진로활동? VS 단체의 진로활동?

제발 학교에서 한 단체 활동을 나열하는 것으로 소중한 공간을 낭비하지 않았으면 좋겠다. 특히, 진로검사 실시일, 전문가 강연일, 탐방활동 날짜를 나열만 하는 경우가 많다.

⑤ 전공과의 관련성이 드러나는 개인 탐구활동을 꾸준하게 하라. 이러한 활동은 주도성과 진로역량이 드러나도록 해야 한다. 개인 역량이 부각되도록 '1년 이상 꾸준하게 구체적으로 확장성' 있게 활동한 내용이 드러나도록 해야 한다.

⑥ 진로활동 특기사항에 보면, 직업 흥미검사(홀랜드 등) 및 성격검사(MBTI, 애니어그램 등)를 학교에서 단체로 언제 했다고 기록되어 있는 것이 많다. 검사를 실시한 것은 아무런 영향도 주지 않는다. 검사를 한 결과가 어떠했고, 검사 결과를 통해 본인의 진로활동에 어떠한 **변화**가 있었는지가 더 중요하다.

⑦ 만약, 본인의 진로가 연계된다면 여름방학을 이용해서 북극 극지연구소 등 특별한 체험활동 및 경험의 결과를 기록하는 것도 좋다. 극지연구소는 고교생을 대상으로 매년 지원자를 모집하고 있다.

【 2016 북극청소년연구단(21세기 다산주니어) 】

1. 선발내용 : 2016년 현재 고등학교에 재학중인 청소년과 그에 상응하는 연령대의 대한민국 청소년
2. 선발인원 : 3명
3. 선발방법 : (1차)지원서 및 연구계획서 심사 (2차)연구계획서 발표(ppt) 및 면접심사
4. 활동기간 : 2016.8.4.(목) ~ 8.12(금) / 8박 9일
5. 장 소 : 북극다산과학기지 (노르웨이령 스발바드군도 니알슨)
6. 주요활동 : 극지 과학자와 함께 북극다산과학기지 주변 현장 조사 및 학습활동
7. 문 의 처 : 극지연구소 대외협력팀 032-770-8631, 8634
※ 북극 현지 활동비용(항공료, 숙박, 의류 등)은 극지연구소에서 전액 지원
※ 자세한 사항은 극지연구소 홈페이지(www.kopri.re.kr) 참조

⑧ 신문기자를 꿈꾼다면 학교에서 학생기자로서 활동하고 기록물을 남겨라. 방송국 피디나 미디어 쪽을 생각한다면 학교 방송국에서 활동하는 것은 어찌보면 당연한 일이다.

09 (교과학습발달상황)
내신이 '본질'이며 '출발점'이다!

[정성적 평가항목의 영향력: 교수(사정관) > 전임(채용·전환)사정관]

● 1학년

| 교과 | 과목 | 1학기 | | | | 2학기 | | | | 비고 |
		단위수	원점수/과목평균(표준편차)	성취도(수강자수)	석차등급	단위수	원점수/과목평균(표준편차)	성취도(수강자수)	석차등급	
국어	국어 I	4	87/73.7(10.8)	B(300)	2	4	87/73.7(10.8)	B(300)	2	
수학	수학 I	4	82/75.4(10.4)	C(300)	3	4	82/75.4(10.4)	C(300)	3	
이수단위합계										

● 체육 · 예술(음악/미술)

| 교과 | 과목 | 1학기 | | 2학기 | | 비고 |
		단위수	성취도	단위수	성취도	
체육	스포츠문화	2	A	2	A	
예술	고전음악	2	D	2	D	
이수단위 합계		4		4		

① 비교과 활동이 아무리 많더라도 내신이 좋지(일반적으로 1~3등급대) 않으면 합격하기가 쉽지 않다. 따라서 항상 학교 교과공부가 제일 먼저 해야 할 우선 순위임을 명심하라. 성적을 보고 그 외에 소질과 잠재력, 역량을 필요로 하는 전형이 바로 학생부 종합전형이기 때문이다.

② 내신 성적이 뒷받침(1~3등급) 되지 않으면 교내 수상, 자격증, 소논문, 리더십, 동아리, 봉사활동, 진로활동, 독서활동의 힘든 노력과정이나 결과, 3가지 변화모습의 의미가 퇴색되어 버린다. 비교과 활동은 결국 교과 성적의 기본 위에 서는 것이고, 교과 성적은 대학의 수업을 들을 수 있는, 즉 대학수학능력이 되는 학생임을 확인

시켜주는 중요요소이기 때문이다. 다시한번 말하지만 내신 성적이 처음이고 출발점이다.

③ 고등학교 1학년부터 학습계획을 구체적으로 세워서 특히, 주요 과목(국영수사과) 및 전공 관련 과목의 내신 성적을 일정 수준으로 유지하거나 학기가 지남에 따라 향상되는 그래프가 되도록 하라. 최소한 인문계열은 국어, 영어, 사회 과목이, 자연계열은 수학, 과학 과목 성적이 상위권을 유지하거나 학기별로 매년 향상되는 것이 바람직하다.

④ 보통 서류평가는 평가자 2~3인이 하는 경우가 대부분이다. 대학에 따라서는 평가자 2~3인 모두를 입학사정관이 하는 경우와 1인은 입학사정관, 1~2인은 교수(또는 교수사정관)가 하는 경우의 두 가지로 나눌 수 있다. 이 중 후자의 경우는 교과 성적을 비교과 활동보다 좀 더 중요시 하는 경향이 있다. 아무래도 많은 모의평가 후에 평가에 투입되는 전문적인 입학사정관 보다는 평가를 위해 짧은 교육을 받고 평가기간에만 투입되는 교수들과는 서류를 전체적으로 보는 관점이 다소 다르기 때문인 것으로 추론된다. 대학들의 연구에 따르면 대체적으로 교수들은 객관적으로 드러나는 교과 성적의 영향력을 비교과 활동보다 더 높게 반영 하는 경향성을 보이는 것으로 알려져 있다. 따라서 자신이 목표로 하는 대학의 서류평가자 인적 구성이 어떻게 되는지도 미묘하지만 본인의 합격에 영향을 미칠 수 있음을 간과하지 말자. 평가자의 인적 구성은 대학의 모집요강이나 홈페이지, 홈페이지 내 질의응답, 입학처(또는 입학관리본부)의 입학사정관실을 통한 전화문의를 통해서도 확인이 가능할 수 있다.(물론, 공개를 안 하는 대학들도 있을 수 있다.)

⑤ 교과학습발달상황은 직접적으로 교내 수상과 세특, 독서활동과 연결된다.

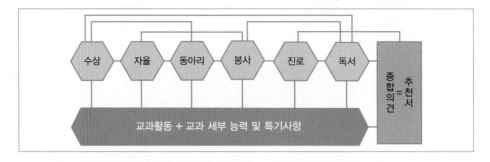

10 (세부능력 및 특기사항)
오로지 '차별화'만 살아남는다!

[정성적 평가항목의 영향력: 교수(사정관) ≤ 전임(채용 · 전환)사정관]

과목	세부능력 및 특기사항
국어	
수학	
영어	
사회	
과학	

● 기재예시

과목 세부 능력 및 특기사항

(1학기) 국어: 토론의 과정을 넓은 시각에서 바라볼 줄 아는 능력을 지니고 있음을 수업을 통해 보여줌. 1학기 방과후 학교 고시가반(40시간)을 수강함.

(2학기) 국어: 일반적인 논거보다는 다소 독특한 논거를 찾아 자신의 주장을 글로 표현하는 참신성이 돋보이는 학생임. 언어의 변화로 큰 재앙이 일어났다는 바벨탑 이야기, 언어 변화로 인한 홋카이도 민족성의 말살, 1차 대전 이후의 헝가리
　– 오스트리아제국의 분할의 기준이 언어였다는 점 등 특이한 사례를 논거로 인간이 언어의 부분집합이라는 독특한 명제를 만들어 내었음.

(1학기) 작문: 레비 스트로스의 〈슬픈열대〉와 미셀 푸코의 〈감시와 처벌〉 등 영역별 필독서를 읽고 쟁점사항을 주제로 토론을 진행하고 글을 쓰는 수업을 진행하였음. 각 도서를 빠짐없이 읽고 분석하는 성실함을 보여주었으며, 우리 현실과 연관시켜 이해한 내용을 한편의 글로 완성하는 데 있어 뛰어난 능력을 보여주었음.

(2학기) 독서: OO교육청에서 실시한 독서교실에 참여하여 전 과정을 이수함(2013.11.18.–2013.11.26., 8시간)

(1학기) 사회: 안락사를 주제로 한 모의재판에서 안락사를 반대하는 검사부 대표로 활약하였음. 현지답사와 인터뷰 등을 통해 'OO지역 도시빈민의 주거환경'이라는 제목으로 지역 조사 보고서를 제출하여 최우수 등급을 받음. 사형제도 관련 모의국회에 사형제도를 반대하는 폐지당의 국회의원으로 참가하여 최우수 국회의원으로 선정됨.

(1학기) 동아시아사: 독도와 관련된 일본과 우리나라의 고 문헌 · 지도 등을 분석하여 독도가 우리 영토임을 역사적 연원을 통해 조리 있고 설득력 있게 발표함.

(1학기) 수학: 수학적 분석력과 증명 · 추론 능력이 뛰어나며, 연립방정식과 부등식 분야의 문제 해결력이 뛰어남.

(1학기) 화학: 이온음료와 탄산음료의 성분을 분석하고 비교하는 실험보고서를 제출하여 우수 등급을 받음.

① 최근 평가에서 가장 중요시되는 항목 중의 하나이다. 교과 담당교사가 실시하는 일종의 '평가'로 교과목과 연관된 세부능력 및 수행평가, 학습활동 참여도 및 태도, 특기사항, 방과 후 학교 수강내용(前 보충수업)로 구성되었다. 작성 내용을 보고 평가자들은 행간의 의미를 파악한다.

② 대체로 보면, 교과 담당 교사들이 실시하는 방과 후 학교 수강내용을 적어 놓은 사례들이 많다. 방과 후 학교 수강내용만을 나열하는 것은 지면을 낭비하는 것이다.

③ 학생 주도형 거꾸로 수업, 독서를 활용한 수업, 토론 수업, 발표 수업, 실험 수업 등의 다른 교수 방법적인 변화를 바탕으로 학생 개개인의 세부적인 특기 사항을 적는 것이 필요하다.

④ 전공과 관련된 교과목이면 전공적합성, 학업참여도, 과목에 대한 관심도를 엿볼 수 있으며, 전공과 무관한 교과목이면 인성과 성실성을 관찰할 수 있다. 예를 들어, 학생이 수학과에 지원했다면, 수학교과목의 평가가 있는지, 평가의 내용이 어떠한지를 살펴본다.

⑤ 교과학습발달상황의 '세부능력 및 특기사항'란에는 특기할 만한 사항이 있는 과목 및 학생에 한하여 과목별 성취기준에 따른 성취수준의 특성, 실기능력, 교과적성, 학습활동 참여도 및 태도, 직무능력 등을 간략하게 문장으로 입력하고, 방과 후 학교 수강내용(강좌명, 이수시간 등)을 입력할 수 있다.

⑥ 바뀐 규정에 의해 공인어학시험(토플, 토익, 텝스 등) 성적, 각종 교내·외 인증 사항, 논문(학회지), 도서 출간, 발명특허 내용은 학교생활기록부 어떠한 항목에도 입력할 수 없으며, '세부능력 및 특기사항'란에는 모의고사(전국연합학력평가 포함) 관련 원 점수, 석차, 석차등급은 입력할 수 없다.

⑦ 일반적이고 추상적이고 공통적인 내용이 아니라 개인만의 구체적인 활동과 변화사항이 기재되어야 한다. 작성하는 형식은 다음과 같이 하는 게 좋다. 1) 공통적인 내용 기술 후 2) 학생 개인적인 내용 기술은 "**특히, ~** "라는 형식으로 기술하면, 평가자들의 **가독성**을 높일 수 있다.

⑧ 서울대, 성균관대, 중앙대, 홍익대 등의 예체능계 대학들은 수시 학생부 종합전형

으로 선발하고 있다. 따라서 예체능계를 지원하는 학생들은 예체능 세부능력 및 특기사항도 잘 기록될 수 있도록 해야 한다. 특히, "해당 사항 없음"으로 적혀있으면 정말이지 치명적이다.

⑨ 학생의 전공에 대한 열의와 전공 적합성을 평가할 수 있다. 학생은 발표, 토론, 질문을 하는 등 수업시간에 적극 참여하고, 수행평가, 방과 후 학교 등에서 학생의 우수성과 인성이 드러날 수 있도록 해야 한다.

⑩ 각각의 내용이 구체적으로 기록되어 있는 것도 의미가 있지만 '세부능력 및 특기사항'에서 여러 선생님들의 공통적인 내용이 발견되면 내용에 대한 신뢰성이 높아지고 평가자가 학생의 모습을 구체적으로 파악하는데 도움이 된다.

⑪ 영재교육진흥법 시행령 제36조제1항 제2항에 의거 영재교육기관(영재학교, 영재학급, 영재교육원)에서 수료한 영재교육 관련 내용은 관련 교과의 '세부능력 및 특기사항'란에 입력할 수 있었으나 2016년 4.5(교육부훈령)부터는 기록할 수 없다.
예) OO영재교육원에서 1학년 과정 정보 영역 120시간을 수료함

⑫ 발명교실을 수료한 학생은 발명진흥법 시행령 제6조의3 제2항 3항에 의거 발명교육실적은 관련 교과(기술가정 또는 과학)의 '세부능력 및 특기사항'란에 입력할 수 있다.

⑬ 고교−대학연계 심화과정(UP)은 정규교육과정으로 편성된 경우에만 입력할 수 있다. (교육부 훈령, 2016.4.5.)
   * UP: 대학이 개설한 대학 수준 교육과정을 고교생이 대학에서 미리 이수하고, 진학 후 결과를 활용할 수 있도록 하는 프로그램

'학년별 심화형'으로 20권 내외를 읽고 기록하라!

[정성적 평가항목의 영향력: 교수(사정관) ≥ 전임(채용·전환)사정관]

학년	과목 또는 영역	독서 활동 상황
1	과목	(1학기) 교과 담당교사가 500자 이내로 작성
	공통	(1학기) 담임교사가 1,000자 이내로 작성
	과목/공통	(2학기)
2	과목/공통	
3	과목/공통	

* 독서활동의 기록은 학생이 직접 독서한 내용을 독서기록장에 기록해 담임교사에게 제출하면 담임교사가 학생부에 입력한다.

● 독서활동상황 작성 및 관리지침(교육부훈령 제169호, 2016. 4. 5.)

제15조의 3(독서활동상황)

① 중·고등학교의 개인별·교과별 독서활동상황은 독서활동에 특기할 만한 사항이 있는 학생을 대상으로 학기말에 입력한다.

② 독서분야 및 읽은 책, 독서성향 등 특이사항을 사실 위주로 교과담당교사가 입력하는 것을 원칙으로 하되, 담임교사도 입력할 수 있다.

● 기재 예시

학년	과목 또는 영역	독서 활동 상황
1	공통	(1학기) 역사 분야에 관심이 많으며 '조선 상고사(신채호)', '역사(헤로도투스)', '한국통사(박은식)', '신학문의 원리(비코)'를 읽음.
	공통	(2학기) '침묵의 봄(레이첼 가슨)', '도둑맞은 미래(테오콜본)', '기후의 역습(모집 라티프)', 등을 읽음. 과학의 발달에 따른 환경오염 문제에 대해 관심이 많으며, 환경 문제를 개발과 보존 두 가지 관점 모두에서 고민해 보고 환경에 대한 균형 잡힌 시각을 갖게 됨.

① 독서활동은 전공적합성, 자기주도 학습능력, 관심 분야 등을 파악할 수 있는 항목이다. 중학생이하 수준의 평이한 책 위주 기록은 좋은 평가를 받기 어렵다. 가능한 인터넷 포털 사이트에서 검색되는 필독서, 권장도서보다는 본인이 지원하는 전공과 관련하여 담임교사나 교과 과목 교사들과 상의하여 계획을 세우고 자기 주도적으로 읽은 도서를 위주로 기록하는 것이 좋다.

② 독서는 교과수업과 연계해 진로관련 지적 호기심을 보여주는 좋은 항목이다. 독서활동이 진로탐색에 어떻게 영향을 미쳤는지, 그리고 전공적합성에 어떻게 부합되는지가 중요한 판단기준이다. 그러나 대부분 학생들의 학교생활기록부에는 기본적인 책 제목, 줄거리만 나열되어 기재된 경우가 많아서 변별력이 떨어지고 그로인해 평가요소로서 가치가 하락되는 게 사실이다.

③ 학생들은 독서계획을 체계적으로 세운 다음 우선 진로관련 영역의 책을 심화형(확장형)으로 설계하고, 그 다음에는 다양한 영역으로 확장시키는 것이 바람직하다. 이러한 설계와 실천의 내용이 교사의 종합의견 항목에 기록되면 더욱 긍정적인 평가를 받을 수 있다. 또한 독서활동은 <u>면접에서 질문으로 활용될 수 있기 때문에</u> 본인이 읽은 책은 반드시 명확한 이해가 필수적이다. 독서의 내용은 일반적인 줄거리 나열이 아니라 구체적인 내용이 기재되어야 한다.

④ 일부 대학교나 일부 교대(대구교대)에서는 '하나도 없는 것보단 있는 것이 좋은'정도다. 따라서 평가 점수반영은 미미하다. 그러나 서울대학교에서는 가장 중요시하는 항목 중의 하나이므로 서울대학교를 준비하는 학생은 정성을 많이 들여서 작성해야 한다. 참고로 서울대 일반고 출신 합격생들의 평균 독서권수는 30권 내외, 특목고 및 자사고 출신 합격생들의 평균 독서권수는 40권 내외로 알려져 있다.

⑤ 전공과의 연계, 수준별 심화(학년별 계단식 설계)가 가장 중요하다. 예컨대, 화학의 기초, 화학의 응용, 화학 심화 이런 식이다. 독서의 발전성을 보기 때문이다. 특히, 담임 선생님이 행동특성 및 종합의견에 학생의 독서의 경향성을 구체적으로 기술해 주면 기재내용의 신뢰성을 높일 수 있어 평가에 도움을 줄 수 있다.

⑥ 전공 관련 독서가 기본적으로 되어 있다면, 인문 · 자연 · 예체능 계열별 융합(통섭)

을 위한 독서활동을 다양하게 추가 하는 것이 좋다. 줄거리만 나열하지 말고 책을 읽고 느낀 **변화**를 적어야 한다. 글자 수 제한에 유념하라. 책을 읽고 그 책이 나에게 어떤 영향을 미쳤고, 나에게 어떤 **변화**가 생겼는지를 다른 사람이 읽어도 느껴질 수 있게 인상 깊게 기록해야 한다.

⑦ 평소에 독서기록장, 독서 포트폴리오, 독서교육종합지원시스템인 에듀팟(EDUPOT)의 증빙자료를 갖추고 기록해 두면 나중에 담임 선생님의 학교생활기록부 작성에 큰 도움이 됨을 명심하라. 다만, 이러한 활동기록을 직접적으로 평가서류로서 제출하라는 대학은 거의 없다.

⑧ 본인 진로관련 책은 최소 10권 이상의 독서를 해야 한다. 그 이상이 되면 계열별 융합을 위한 다양한 분야의 책을 읽어도 된다. 그래서 총 책의 권수가 20권 ~ 40권수로 맞추는 게 좋다. 41권 이상은 오히려 신뢰성을 떨어뜨릴 수도 있다.(물론, 독서를 중요시하는 서울대는 그렇지 않을 수 있다.) 만약, 그래도 남는 시간이 있다면 그 시간엔 교과 공부를 하는 것이 나을 수 있다.

⑨ 대학 전공서적 수준(전공필수, 전공선택)의 책은 읽지도 말고 기록도 하지 않는 것이 좋다. 오히려 괜한 오해와 의심만 받을 수 있다. 그래도 본인의 독서역량을 돋보이고 싶다면 최대 허용 범위는 개론서 이하의 수준이 적당하다. 단, 면접에서 이런 내용은 확인이나 검증을 할 수 있음을 명심하자.

⑩ 한국외국어대학교는 독서활동을 중요시하며 특히, 교수평가자들이 비중을 높게 잡는 것으로 알려져 있다. 반면에 서강대학교는 독서활동의 비중이 낮은 것으로 알려져 있다.

독서활동을 중요시하는 대학	독서활동 비중이 낮은 대학
서울대, 한국외국어대, 서울과학기술대, 가천대 등	서강대, 단국대, 가톨릭대학교, 대구교대 등

⑪ 2016 서울대 합격생들이 많이 읽은 책(출처: 중앙일보+종로학원하늘교육, 서울대 아로리웹진)

㉮ 인문계열

순	관련도서(지은이)
1	왜 세계의 절반은 굶주리는 가(장 지글러)
2	난장이가 쏘아올린 작은 공(조세희)
3	경제학 콘서트(팀 하포드)
4	정의란 무엇인가(마이클 샌델)
5	엄마를 부탁해(신경숙)
6	1984(조지 오웰)
7	동물농장(조지 오웰)
8	죽은 시인의 사회(클라인바움)
9	총, 균, 쇠(제레드 다이아몬드)
10	정글만리(조정래)
11	죽은 경제학자의 살아있는 아이디어(토드 부크홀츠)
12	연금술사(파울로 코엘료)
13	오래된 미래(헬레나 노르베리 호지)
14	오만과 편견(제인 오스틴)
15	아프니까 청춘이다(김난도)
16	외교관은 국가대표 멀티플레이어(김효은)
17	데미안(헤르만 헤세)
18	나쁜 사마리아인들(장하준)
19	갈매기의 꿈(리처드 바크)
20	괴짜 경제학(스티븐 레빗, 스티븐 더브너)
21	광장(최인훈)
22	변신(프란츠 카프카)
23	지도 밖으로 행군하라(한비야)
24	백범일지(김구)
25	안철수의 생각(안철수)
26	거꾸로 읽는 세계사(유시민)
27	소수의견(손아람)
28	팔로미나의 기적(마틴 식스미스)
29	하이브리드 시대의 문학(김성곤)

④ 자연계열

순	관련도서(지은이)
1	하리하라의 생물학 카페(이은희)
2	정재승의 과학콘서트(정재승)
3	북극곰은 걷고 싶다(남종영)
4	파인만씨 농담도 잘하시네1(리처드 파인만)
5	처음 읽는 우주의 역사(이지유)
6	세바퀴로 가는 과학 자전거(강양구)
7	통계의 미학(최제호)
8	수학, 인문으로 수를 읽다(이광연)
9	페르마의 마지막 정리(사이먼 싱)
10	원자력 딜레마(김명자)
11	이야기로 아주 쉽게 배우는 삼각함수(더글라스 다우닝)
12	수학귀신(한스 엔첸스베르거)
13	이기적 유전자(리처드 도킨스)
14	역사를 바꾼 17가지 화학이야기1(페니 르 쿠터, 제이 버레슨)
15	침묵의 봄(레이첼 카슨)
16	천재들의 과학노트(캐서린 쿨렌)
17	하리하라의 과학 블로그(이은희)
18	이중나선(제임스 왓슨)
19	재밌어서 밤새 읽는 화학 이야기(사마키 다케오)
20	지구온난화에 속지 마라(프레드 싱거, 데니스 에이버리)
21	범죄 수학(리스 하스아우트)
22	엔트로피(제레미 리프킨)
23	일기예보를 믿을 수 있을까(로베르 사두르니)
24	물리학 클래식(이종필)
25	반드시 알아야할 50 위대학 수학(토니 크릴리)
26	한 권의 물리학(클리퍼드 A. 픽오버)
27	반도체 제대로 배우기(강구창)

* 어디까지나 목록은 참고자료로만 활용하고, 본인이 읽을 책의 설계는 주변의 자문을 얻어 본인이 직접 하는 것이 중요하다.

⑫ 독서활동은 평일 저녁, 주말 오후, 점심시간 등 특정한 시간을 규칙적으로 정해서 그 시간만큼은 온전히 독서활동에 활용하는 시간으로 규정할 필요가 있다. '나중에 하지'라는 마음으로 생활하다 보면 금새 시간은 지나가버린다.

12 (행동특성 및 종합의견)
종합의견은 결국 '교사 추천서'다!

[정성적 평가항목의 영향력: 교수(사정관) ≤ 전임(채용·전환)사정관]

학년	행동특성 및 종합의견
1	(배려) (나눔)
2	
3	

● 행동특성 및 종합의견 작성 관리 지침에 따른 유의 사항

제16조(행동특성 및 종합의견)

① 행동특성 및 종합의견은 수시로 관찰하여 누가 기록된 행동특성을 바탕으로 총체적으로 학생을 이해할 수 있는 종합의견을 문장으로 입력한다.
  – '행동특성 및 종합의견'란에는 행동발달상황을 포함한 각 항목에 기록된 자료를 종합하여 학생을 총체적으로 이해할 수 있도록 문장으로 입력하여 학생에 대한 일종의 추천서 또는 지도 자료가 되도록 작성한다.

② 행동특성 중 학교폭력과 관련된 사항은 「학교폭력예방 및 대책에 관한 법률」 제17조에 규정된 가해학생에 대한 조치사항을 입력한다.
  – '행동특성 및 종합의견'란에는 학교폭력대책자치위원회에서 결정한 「학교폭력예방 및 대책에 관한 법률」 제17조제1항제1호·제2호·제3호·제7호에 따른 조치사항을 시행 이후 즉시 입력한다. 다만, 조치에 대해 재심이 청구된 경우 재심 결과에 따른 조치사항이 시행된 후 즉시 입력한다.
  – 학교생활기록부에 기재된 사항 중 경미한 조치사항(제1호·제2호·제3호·제7호)의 경우 졸업과 동시에 삭제한다.
  – 학교폭력 관련 조치사항을 받은 학생이 이후 긍정적인 변화 모습을 보일 경우, 변화된 내용 등을 구체적으로 입력한다.

① 최근 교육부와 대교협의 서류 간소화 정책에 의해 교사추천서가 폐지되는 추세이다. 이 항목은 교사 추천서의 역할(특히, 안 받는 대학)을 하는 중요한 항목이다. 일반적이고 추상적이고 공통적인 내용이 아니라 개인만의 구체적인 활동과 변화사항 기재가 바람직하다.

② 담임교사의 전반적인 평가가 기록되는 곳으로 모든 평가영역에서 매우 중요한 항목이다. 2014년부터 학생부 기재방식 개선의 방법으로 글자 수가 2,600자에서 1,000자로 대폭 감소하였다.

③ 용어의 사용, 진정성, 행간의 의미, 맥락, 정성을 중요하게 본다. 요약서가 아니라 평가서다. 교사의 평가권이 가장 발휘되는 곳이다. 구체적 사례(근거)의 활용 없이 '성실한, 우수한, 탁월한' 등의 추상적인 표현으로만 기재된 경우 신뢰도가 저하된다.

④ 올마이티형(전능형, 슈퍼맨형, 전부분 천재형) 인재 묘사와 과장적 진술은 지양하는 것이 좋다. 예컨대, A는 "근면, 성실, 우수, 모범적이여서 장차 우리나라를 이끌어 갈 인재이다."

⑤ 형식적인 칭찬 내용이 평범하고 일반적인 내용이 항목의 다수를 차지하면 평가에 오히려 악영향을 끼칠 수 있다. 또한 복사(copy)의 기능을 이용해 같은 학교 다른 학생의 기재 내용과 중복되는 내용이 많다면 평가에 좋지 않은 영향을 미칠 수 있다. 대학에서 자체 시스템을 통해 파악이 가능하기 때문이다. 따라서 학생부의 요약적인 성격보다는 학생부에 없는 학생의 특징과 장점을 기록해 주는 게 좋다.

⑥ 글자 수를 압축적으로 활용하여 학생의 역량, 잠재력, 발전가능성을 가장 잘 드러내는 학교생활기록부 앞에서의 활동과 학교생활기록부에 기록되지 않았지만 훌륭한 활동을 기록하는 지혜가 필요하다. 한단어, 한줄이라도 기록되면 된다. 구체적인 의미부여는 자기소개서에서 하면 된다.

⑦ 2015년 인성교육진흥법 발효에 의해 기존의 핵심인성요소인 '배려, 나눔, 협력, 타인존중, 갈등관리, 관계지향성, 규칙준수' 외에 '예절, 효, 정직, 책임, 소통'이 추가됐다.

⑧ 학생의 인성 관련 내용은 핵심 인성 요소를 ( )안에 입력하고, 객관적인 근거 및 누

가기록 자료를 토대로 구체적으로 입력한다.

※ **핵심인성요소: 배려, 나눔, 협력, 타인존중, 갈등관리, 관계지향성, 규칙준수 등**

※ **핵심인성요소는 기재요령에 제시된 것 이외에 교사가 발굴하여 작성할 수 있음.**

예) **(배려) 특수반 친구를 도와주고 스스럼없이 친구로 지내면서 학습활동을 도와주었으며, 학급 친구들의 고민을 해결해 주는 등 또래 상담자로 주 2회 활동함.**

⑨ 평가자들은 행간을 통해 부정적인 뉘앙스로 기록된 내용을 판단하기도 한다.

● 행간에서 발견되는 부정적 뉘앙스로 판단되는 표현 사례 (예시)

> ▶ A는 ~ 수업시간에 매우 활발하지만 <u>다소 산만한 측면</u>이 있다.
>
> ▶ B는 ~ 공부환경 관리 면에서 <u>좀 더 노력한다면</u> 큰 발전이 기대됨.
>
> ▶ C는 ~ 학업 면에서 언어 및 과학영역에서 <u>다소 보완이 절실</u>해 보임.
>
> ▶ D는 ~ 다방면에서 관심과 흥미를 보이고 있으나 한편으론 <u>집중력이 요구됨</u>
>
> ▶ E는 ~ 자기주장이 강한 편임.
>
> ▶ F는 ~ 규칙을 안 지키는 편이었으나 노력하고 있음.
>
> ▶ G는 ~ 상대방의 말을 귀담아 들으려고 노력하는 자세가 필요함.
>
> ▶ H는 ~ 자기만의 세계가 독특한 사고방식을 가지고 있음 등

[정성적 평가항목의 영향력: 교수(사정관) VS 전임(채용 · 전환)사정관]

학생부 기록은 여러 제약사항 때문에 나만의 특별한 필살기(?)를 보여주기가 쉽지 않다. 그러나 반대로 생각하면 나만의 특징과 장점이 없다면 합격의 가능성도 그만큼 떨어지기 마련이다. 따라서 학생부, 자기소개서, 추천서에 나만의 특징과 장점이 묻어나는 흔적을 남겨야 된다.

하지만 이것은 어찌 보면 양날의 칼(劍)일 수 있다. 특히, 소논문은 잘 활용하면 '약'이 되지만 못 쓰면 오히려 '독'이 되기 때문이다. 이는 소논문 작성이 기본적인 내신이나 수능을 공부할 시간을 뺏을 수도 있고, 오히려 본인이 아닌 타인의 조력이 상당부분 반영되는 즉, 고교생 수준을 넘는 결과물이라고 판단되면 본인 활동이 아니라는 의심을 받아 신뢰도의 하락을 가져올 수 있기 때문이다. 따라서 본인의 역량을 기반으로 적절한 시간, 수준 안배와 내신 성적의 기본 베이스위에 장기적인 관점에서 준비하는 게 중요하다. 실제적으로 일부 대학교에서는 소논문 작성 자체에 큰 의미를 부여하지 않아서 서류 평가에 미반영(예, 고려대)하기도 한다.

가. 소논문(R&E: Research&Education) 작성하기 : 인문(통계 등) / 자연(실험)

[정성적 평가항목의 영향력: 교수(사정관) ≥ 전임(채용 · 전환)사정관]

학술적인 논문이 아니라 학생들의 목소리가 들어가 있는 순수 현장연구보고서 성격으로 가야한다. 면접 때 확인은 필수사항이다.

① '소논문'이란 다양한 연구방법을 통해 자신의 진로나 관심사와 관련된 문제에 대해 체계적이고 과학적으로 연구한 결과를 일정한 형식에 따라 논리적으로 기술한 글이다. 학위 논문에 비하여 그 양이 적다는 의미로 '소논문'이라 한다.

② 고등학생 소논문쓰기는 독서·토론교육 활성화를 통한 질문이 있는 교실 실현과 고등학생에게 필요한 미래핵심역량 개발을 통해 학생들이 진로를 찾아 나가는데 큰 역할을 할 것이라는 기대효과를 가져올 수 있다. 또한 진로탐색, 포트폴리오 관리나 자기소개서 작성, 면접 등 자기표현능력을 계발 하는데 큰 도움이 될 것으로 예상된다.

③ 소논문은 특목고에서 시작해서 현재는 일반고 학생들도 많이 준비하고 있다. 그러나 실질적으로 대학교에서는 소논문 작성 자체에는 큰 의미를 부여하고 있지 않다. 왜냐하면 대부분이 학생 스스로가 아니라 외부의 도움을 받아 기존 자료를 단순 차용하거나 요약해서 작성하는 경우가 많기 때문이다. 이러한 소논문은 오히려 부정적인 평가를 받을 수 있다. 우선 내용과 과정(사실〈fact〉의 인과관계)을 고려하지 않는 소논문 연구 활동은 부작용이 많다. 진로, 진학 학과와 관련되지 않은 무분별한 '스펙 쌓기'식 소논문은 입학사정관에게 부정적인 인식을 심어줄 수 있기 때문이다. 또 자기주도적인 방법이 아니라 친구 따라, 동아리 따라, 교사 따라 진행된 연구 활동은 자기소개서, 면접에서 불리하게 작용할 가능성이 있다. 예를 들어 자신이 작성했다고 하는 연구보고서 내용에 대해 면접에서 답변을 명쾌하게 하지 못하면 서류 조작의 의심을 받게 돼 치명적일 수 있다.

④ 무엇보다 소논문 연구 활동은 진로, 진학과 관련이 있어야 한다. 학교생활기록부 내 진로 희망 사항에 장래희망을 적도록 돼 있는데 소논문 연구 활동은 장래희망 및 지원 학과와 관련된 것이어야 좋다. 장래희망이 현대사 연구원이고 진학 희망 학과가 역사학과라면 연구 활동 역시 역사와 관련된 주제가 돼야 한다. 이러한 주제 설정은 장래희망에 실질적인 도움을 줄 뿐 아니라 무엇보다 대입 2단계 면접을 할 때 학과 교수들에게 좋은 인상을 심어줄 수 있고, 면접 예상 문제로 전략적 활용이 가능하다.

⑤ 학교의 교사들을 적극적으로 활용해야 한다. 최근 소논문 연구 활동을 교외에서 대학교수, 사설 기관에 의뢰해 숟가락만 얹는 행태로 진행한 경우가 많이 적발됐다. 이런 방법은 무엇보다 학교생활기록부 종합 전형이 교내 활동 중심으로 강화되면서 자기소개서 및 면접에 악영향을 줄 가능성이 크다. 교내에도 과목 담당 교사가

모두 있다. 본인이 쓰고자 하는 주제와 관련된 과목 교사의 지도를 받아 논문을 작성해야 한다. 이렇게 진행했을 경우 두 가지 장점이 있다. 하나는 담당 과목 교사가 지도하기 때문에 학교생활기록부 내 세부능력 및 특기사항 기록을 자세하게 써 줄 수 있고, 나머지는 교내에서 실제로 진행된 활동이기 때문에 이런 경험을 바탕으로 자기소개서와 면접에 적극 활용할 수도 있다는 점이다.

⑥ 소논문 연구 활동은 혼자 하는 것보다 동아리, 소모임, 과제 수행 모임을 적극적으로 활용하는 것이 더 좋다. 혼자서 작성하는 것은 담당 과목 교사의 도움을 받기 힘들 수 있다. 교사들은 기타 업무가 많기 때문에 학생 개인이 개별적으로 소논문 지도를 부탁한다면 감당하기 어렵다. 또 친구들과 함께 작성하면 작성 과정(사실(fact)의 인과관계)에서의 의견 차이, 다툼, 의견 조율 등 대학에서 요구하는 인성 관련 요소를 경험할 수 있다는 장점도 있다. 이는 자소서에도 기록이 가능하다.

⑦ 소논문 작성을 교과과정과 연계해 발전의 기회로 활용하거나 전공적합성을 보여준다면 일정부분 평가를 받을 수 있다. 또한 본인의 진로에 관련된 교사의 지도를 받음으로써 세부능력 및 특기사항에도 반영되는 장점이 있다. 따라서 소논문을 점수로서 인정받기 위해서는 가능한 한 민간기관보다는 **공적인 기관**에서 주최하는 대회에서 수상하는 것이 필요하다. 또한 지도교사의 도움은 최소화 하고 혼자보다는 학생들 간 팀을 이뤄하는 것이 바람직하다. 이러한 팀 간 협의를 바탕으로 학생들이 주도적으로 할 수 있는 수준에서의 연구가 바람직하다. (1) 우선 학교생활기록부에 바로 기록되는 교내 소논문 대회에 참가해서 수상을 할 필요가 있다. (2) 한국청소년학술대회(KSCY)가 있다. 개인 또는 팀 참가가 가능하며 팀원 수에는 제한이 없다. 참가비는 있으나 별도의 심사비는 없이 비영리로 대회운영이 진행된다. '우수청소년 연구논문상', '우수 청소년 연구계획상'시상이 가능하다. 또한 KSCY 참가 확인증 발급이 가능하다. (3) 한국인문사회연구원이 주최하는 국내외 청소년 창의탐구학술대회(ICR)가 있다. (4) 지자체에서 시행하는 대회가 있다. 예를 들어, 서울 성동구 / 용산구 / 노원구 고등학생 소논문대회가 있다. 특히, 용산구는 용산구 내 일반고 7곳, 숙명여대와 연계한 '전공심화 프로그램'을 통해 학생들에게 소논문을 써 볼 기회를 주고 있다. (5) 교육청이나 교육청 직속기관에서 시행하는 대회

가 있다. 충남교육청이 주최하는 충남청소년수학소논문대회가 있다. 또한 전남교육청 산하 직속기관인 전남교육정책연구소에서 주관하는 '고교생 학술대회'가 있다. 광주교육정책연구소에서도 소논문발표대회를 하고 공동 논문집도 발간하고 있다. 세션별 3개 분야는 인문사회분야, 자연분야, 예체능 분야로 나뉜다. (6)그 외에도 수많은 대회가 있으니 각 지역과 상황에 맞게 대회에 참가하고 수상을 노려라.

⑧ 참고로 소논문쓰기 강좌를 해주는 공공기관이 있다. 광주교육청 산하 직속기관인 광주교육정책연구소에서는 일반고 고등학생 1, 2학년을 대상으로 소논문쓰기 강좌를 박사급 연구원 및 교사들이 진행하고 있다. 광주교육정책연구소는 학생들의 소논문쓰기 활동 지원을 위해 '고등학생 소논문쓰기 아카데미'를 별도로 운영하고 있다. 학교별로 신청을 받아 모두 23개팀(100여명)을 선발해 광주교육정책연구소 연구원이 평일 방과 후와 토요일 등을 활용해 '소논문쓰기 활동'을 직접 지도하고 있다.

⑨ 소논문 강좌를 하는 공공기관이 지역에 없거나 찾기 어려우면 언론사에서 운영하는 곳을 이용하는 것도 좋다. 한겨레문화센터에서는 고교생소논문 강좌를 하고 있다. 각 지역 한겨레문화센터 공지사항을 확인해 보라.

⑩ '눈에 띄는 보고서'의 기준은 글씨를 잘 쓰는 게 아니라 보고서 안에 담긴 내용에 있다. 우선 탐구주제를 결정하는 민감성, 실험설계의 독창성과 정교성, 창의적 문제해결력의 융통성 등이 표현되어야하고 자신의 생각과 앞으로의 후속 연구과제까지 고민하는 일련의 과정(사실(fact)의 인과관계)이 보고서에 고스란히 담겨야한다.

⑪ 소논문 평가 반영 대학 구분

소논문 평가반영	소논문 평가 미반영
서울대, 연세대, 성균관대, 서강대, 한양대, 이화여대, 중앙대, 경희대, 외국어대, 시립대 등	고려대 등

※ 단, 외부에서 조력해준 정황을 확인하거나 고교생 수준을 넘어서면 소논문 평가를 반영하는 대학에서도 평가를 하지 않을 수 있다.

⑫ 고교는 동문 교수의 참여 또는 동창회의 기부로 운영할 수도 있을 것이다. 광주과학기술원(GIST) · 울산과학기술원(UNIST) 등은 사회공헌 차원에서 인근 고교들의 R&E 프로그램을 지원하고 있다.

▶ 연구주제 선정하기 → Ⅰ. 서론(1. 연구의 필요성 및 목적 / 2. 연구문제) → Ⅱ. 본론(3. 이론적 배경 4. 연구방법 5. 연구결과 및 논의) → Ⅲ. 결론(6. 결론 및 요약)

● 연구주제 선정하기

> (1단계) 학교현장 속에서의 문제점 찾아보기
>   예) 그린 마일리지제도의 명과 암 / 교내 대회의 문제점과 대안 / 교내 봉사활동의 문제점 /
>   봉사상의 수여 기준 탐색 등
> (2단계) 친구들, 선생님과 문제점에 대해 협의하기
> (3단계) 주제선정 및 연구팀(역할분담) 구성

● 서론

1. 연구의 필요성 및 목적
- 연구의 필요성: 연구 동기 / 학교 현장에서 본인(팀)이 느끼는 문제점 제기
- 연구 목적: 연구를 통해 해결하고 싶은 것. 예) ～를 알아보고자 한다.

2. 연구문제
- 연구 목적을 구체적으로 세분화하여 나누기
- 가설에 대한 정리 : 만약 이렇게 하면 이것이 해결될 것이다.
- 의문문 형태로 기술한다. 예) ～에 대한 해결방안은 무엇인가?

● 본론

3. 이론적 배경
- 선행 문헌에서 연구논리 인용 / 용어의 정의
- 관련 선행 문헌(도서, 연구물) 찾아보고 정리(결론부분 요약)하기
  - 인터넷 포털(네이버, 구글, 다음 등) / 국회도서관 / riss4u.or.kr / 도서관

4. 연구방법
- 연구는 누구를 대상(내용)으로 어떤 방식(절차, 방법)으로 할 것인지 결정
- 연구대상은 가능한 학교 현장의 목소리를 담아내는 게 좋음
  예)학생인권조례에 대한 학우 200명의 의견 등
- 설문(양적) 혹은 면접이나 관찰(질적)이 대표적인 방법임
  - 설문: 구글 온라인 시스템 이용이 편리(빈도 분석)하나 다소 빈약
  - 면접, 관찰: 내용 전체기록 후 범주별로 유목화하여 정리 필요

5. 연구결과 및 논의
- 설문결과에 대한 분석, 논의
- 면접, 관찰 결과 나오는 의미 있는 내용(대안, 해결방안) 기술, 분석, 논의

● 결론

6. 결론 및 제언
- 결론: 연구결과 요약, 연구결과의 논의 및 의미, 연구의 한계점 및 보완점
- 제언: 추후 연구할 내용 제시

● 참고문헌: 참고한 도서, 연구물 기록.

- 순서: 저자(연도). 도서나 연구물 제목. 출판사 또는 연구물 출처
  예시) 류경준(2016). 그린마일리지제도에 대한 연구. 서울대학교 대학원 박사학위 논문

● 부록: 설문지 / 면접이나 관찰활동 내용 기록지

⑬ 소논문을 학생부에 기재하고 제출하는 방법 안내

    ⓐ 교사(담임, 교과과목, 동아리 담당)와 창체중 '자율활동', '동아리활동', '세부 활동 및 특기사항', 독서활동에 기록이 가능한지를 먼저 상담하고 소논문 계획서나 전체의 요약서 등을 제출하는 등의 사전 논의가 필요하다.

    ⓑ 소논문 주제에 대한 정보를 검색, 탐색하거나 관련 책과 데이터, 선행연구물 등을 통해 작성하고 이에 대한 조언과 충고를 구하는 형태로 상담하는 것이 바람직하다.

    ⓒ 소논문을 통해 본인의 진로와 지원전공과의 관련성을 높이고 탐구역량을 신장하는 데 활용함을 말씀드리고 논문 주제에 대한 자신의 생각이나 관점을 명료화하여 제시하는 것이 바람직하다.

    ⓓ 소논문을 작성하면서 힘이 들 때마다 지도 교사를 찾아가 조언을 구하고 지속적인 코칭과 컨설팅을 통해 수정 및 보완해가는 과정이 필요하다.

나. (자연 및 이공계열) 특허 출원하기

[정성적 평가항목의 영향력: 교수(사정관) ≤ 전임(채용·전환)사정관]

특허는 일반고 보다는 특목고나 특성화고가 유리하다. 또한 일반고에서는 자연계열 학생이 특허를 출원할 때 인문계열 학생보다 상대적으로 유리하다.

● 특허 출원관련 내용

1. 특허 절차

    출원(출원번호통지서)-심사(특허청 심사관 심사)-의견제출통지서 및 등록결정서-거절결정서 및 등록 결정서

2. 특허비용

    일반적으로 변리사(대리인)(기본적인 선행기술 조사 및 명세서와 도면 작성 및 특허청에 관한 모든 일들을 대리해 줍니다)으로 통하게 되면 100만 원 정도가 소요됩니다.

3. 특허비용은 관납료(특허청 수수료 69900원이며, 청구항수에 따라 증가 됩니다)(법

률에 근거하여 학생이거나 만 65세 이상일 경우 수수료 감면을 받을 수 있습니다. 본인이 직접 제출할 경우 인터넷에서 "특허로" 검색 후 전자문서 출원 관련 프로그램을 다운한 다음 실행 후 제출하시면 됩니다. 제출 시 문의 사항은 특허청 콜센터 1544-8080으로 전화를 하시면 친절히 상담해 줍니다.

(만일 개인 출원을 하시다면 일단 특허청 콜센터 1544-8080에 먼저 문의하시고 진행하시는 걸 추천해 드립니다. 원격지원도 가능)

단, 개인이 직접 제출 시, 도면 및 명세서 작성도 함께 해야 됩니다.

4. 출원에서 심사 후 의견제출통지서 및 등록결정서 발송까지 1~1년 6개월까지 소요되며, 의견제출통지서는 심사관이 심사하여 출원전에 동일 특허가 있는 경우와 개재불비 및 특허법에 명시된 법률에 의하여 의견제출통지서가 발송됩니다. 등록결정서를 받아 볼 경우 등록료를 납부하시면 되고, 4년 차부터 해마다 등록료를 납부해야 등록이 유지됩니다.

다. (포털사이트) 파워 블로거 되기

　　[정성적 평가항목의 영향력: 교수(사정관) ≤ 전임(채용 · 전환)사정관]

● 네이버 파워 블로그

▶ 네이버 파워 블로그는 블로그를 통해 나의 경험과 정보를 활발히 공유하고, 이웃과 친밀히 교류하는 블로거에게 드리는 이름임.

　• 네이버 파워블로그는 2008년부터 선정을 시작하여, 매년 새로운 파워블로그를 추가로 소개했음. 그러나, 2016년 4월 14일자로 더 이상의 파워 블로그 선정은 안한다고 함. 그 이유는 블로그의 대중화에 어느 정도 기여하여 이제 파워 블로그 선정을 하지 안한다고 하더라도 블로그가 많이 활성화되었다고 판단했기 때문임.

　• 파워블로그 리스트를 통해 전체 파워블로그 및 연도별로 새로 선정된 파워블로그를 만나실 수 있습니다.

　• 파워블로그는 키워드 분석 및 직접 확인을 거쳐 주제별로 구분하여 소개함.

● 파워블로그 선정 기준

1. 파워블로그 선정위원회의 활동내용 평가
   • 내용의 충실성 / 소통의 노력 / 활동의 신뢰성

2. 블로그 활동지수 분석 (블로그 활동에 대한 종합적인 지수분석을 토대로 선정됩니다)

   ① **블로그 활동성 지수**

   블로그 운영기간, 포스트수, 포스트 쓰기 빈도, 최근의 포스트 활동성이 포함됩니다. 모든 방문자들과 공유할 수 있는 전체공개 포스트만을 대상으로 하며, 포스트를 직접 작성했는지 스크랩하거나 수집한 포스트인지를 구별합니다.

   ② **블로그 인기도 지수**

   방문자수, 방문수, 페이지뷰, 이웃수, 스크랩수가 포함됩니다.같은 방문자가 여러 번 방문하는지 (방문자수와 방문수), 한 번의 방문으로 포스트를 얼마나 보고 가는지(방문수와 페이지뷰)를 세부적으로 분석하므로 특정 지표가 높다고 해서 반드시 높은 평가를 받는 것은 아닙니다.

   ③ **포스트 주목도 지수**

   블로그홈의 주목받는 글과 동일한 주목도 지수를 활용합니다. 포스트 내용이 충실하고, 많은 방문자들이 포스트를 읽고, 덧글과 공감을 남길수록 주목도지수가 올라가게 됩니다. 블로그에 속한 포스트 전반의 주목도 점수를 활용하므로, 포스트 단위의 주목도 지수와는 다르게 반영됩니다.

   ④ **포스트 인기도 지수**

   덧글, 엮인글, 공감, 조회, 스크랩 등 포스트 단위의 반응지표를 활용합니다. 각각의 반응을 내가 남긴 것인지, 이웃이 남긴 것인지, 타인이 남긴 것인지에 따라 다르게 반영됩니다. 또한, 다양한 주제별 블로그를 소개하기 위해 주제별로 반응지표의 비중을 달리 계산합니다.

   파워블로그 선정을 위한 블로그 활동지수는 블로거 여러분의 활동경향에 맞게 지속적으로 업그레이드하고 있습니다.

● 파워블로그의 활동 에티켓

> 1. 저작권 침해를 유의해 주세요.
> 파워블로그의 포스트는 많은 분들께 공유되므로 타인의 권리를 침해하는 일이 없도록 더욱 세심하게 관리해주세요.
>
> 2. 직접 경험하신 일상과 정보를 공유해주세요.
> 파워블로그를 방문하시는 분들은 파워블로거의 소중한 경험에 기반한 정보를 얻고자 합니다. 직접 경험해보지 않은 특정 업체와 상품의 홍보성 포스트를 무분별하게 작성하실 경우, 다수의 블로거 분들께 불편과 피해를 끼칠 수 있음을 유의해주세요.
> • 에티켓에 반하는 활동으로 여러 블로거 분들께 불편을 끼치실 경우에는 파워 블로그에서 제외될 수 있음을 안내드립니다.
> • 6개월 이상 블로그 활동이 중단되면 파워 블로그에서 제외되실 수 있음을 참고해주세요.

라. 심화 과정이나 과목 수강하기

[정성적 평가항목의 영향력: 교수(사정관) ≥ 전임(채용 · 전환)사정관]

① 고교대학연계 심화과정(UP) (http://up.kcue.or.kr/)

UP는 고등학생이 대학수준의 교육과정을 대학에서 미리 이수하고, 이수결과를 대학 진학 후 학점인정 또는 대체과목으로 활용하는 고등학교와 대학간의 학습연계 프로그램이다. 특정 학문 영역에 적성과 능력이 뛰어난 고등학생에게 대학수준의 심화학습을 제공하여 학생의 학습욕구를 충족하고, 잠재능력을 계발하기 위한 수월성 교육을 위한 프로그램이다.

> 질문) 과거의 대학과목 선이수제도와 다른 제도인가요?
> 대학과목선이수제와 고교대학 연계 심화과정은 제도 목적 및 운영방법이 거의 같은 동일한 제도라고 생각하시면 됩니다. 우수한 고등학생들에게 양질의 교육을 받을 수 있는 기회를 확대, 제공하기 위해 시 · 도교육청이 운영에 적극적으로 참여하고, 주5일제 수업, 개정교육과정 시행 등 교육환경의 변화를 반영하여 제도 명칭을 변경, 새롭게 시작한 제도입니다.

● 특징 및 효과

▶ 고교-대학 연계 심화과정 이수결과는 학교생활기록부에 기록이 가능한 유일한 교과 관련 교외 프로그램입니다. (교과학습발달상황의 '세부능력 및 특기사항'에 입력가능)

> [기재예시]
>
> 한국대학교육협의회가 주관한 고교-대학연계심화과정 과목을 이수함(미적분학Ⅰ, 45시간, 3학점, 2016.02.08.)

▶ 고교 재학 중이면 누구나 학년에 구분 없이 참여가 가능합니다.
  • 학교장의 추천을 통해 참여할 수 있습니다.
▶ 해당 교과의 심화학습을 통해 학업능력을 향상시킬 수 있습니다.
▶ 대학생활을 미리 경험해 볼 수 있습니다.
▶ 어느 대학에서 강의를 수강하든지 이수결과를 활용할 수 있습니다.
  • 협약대학으로 진학시, 이수결과를 대학 학점으로 인정받을 수 있습니다. 강의선택기회 확대 및 조기졸업, 복수전공에 유리합니다.

> 【참고】 대학 학점인정에 대한 법적 근거
>
> 2007년까지 각 대학은 학생의 학점 인정 시, 국내ㆍ외 다른 대학에서 취득한 학점만 인정할 수 있었으나, 「고등교육법」제23조가 개정 ('07.7.13.)됨에 따라, 국내ㆍ외 고등학교 또는 국내의 동법 제2조 각 호의 학교에서 대학교육과정에 상당하는 교과목을 이수한 경우 학칙에 서 정하는 바에 따라 이를 해당 대학에서 이수한 학점으로 인정 가능
>
> 〈 고등교육법 제23조(학점의 인정 등) 〉
>
> ① 학교는 학생이 다음 각 호의 어느 하나에 해당하는 경우(해당 학교에 입학하기 전의 경우를 포함한다)에 학칙으로 정하는 바에 따라 이를 해당 학교에서 취득한 학점으로 인정할 수 있다.
>   3. 국내외의 고등학교와 국내의 제2조 각 호의 학교(다른 법률에 따라 설립된 고등교육기관을 포함한다)에서 대학교육과정에 상당하는 교과목을 이수한 경우

▶ 자신의 적성을 알아보고, 미래를 준비할 수 있습니다.

● 표준교육과정

계열	과목	교과
자연계열	수학	미적분학Ⅰ·Ⅱ
	통계학	통계학
	화학	일반화학이론Ⅰ·Ⅱ, 일반화학실험Ⅰ·Ⅱ
	생물학	일반생물학이론Ⅰ·Ⅱ, 일반생물학실험Ⅰ·Ⅱ
	물리학	일반물리학이론Ⅰ·Ⅱ, 일반물리학실험Ⅰ·Ⅱ
	환경과학	환경과학
	과학사	과학사
	컴퓨터과학	컴퓨터과학
인문·사회계열	국어	글쓰기, 문학
	영어	영작문
	사회	미시경제학, 거시경제학, 경영학(검정중), 한국사(검정중)

● 2015년 12월 기준 30개 대학에서 운영

교육기관	강좌
가톨릭대학교	미적분학Ⅰ, 영작문, 일반생물학Ⅰ
강남대학교	글쓰기, 영작문
강원대학교	미적분학Ⅰ
건양대학교	미시경제학, 미적분학Ⅰ, 미적분학Ⅰ, 영작문, 일반물리학Ⅰ, 일반화학Ⅰ, 일반화학Ⅰ
경기대학교	글쓰기, 미적분학Ⅰ, 영작문
경북대학교	컴퓨터과학
광주과학기술원	미적분학Ⅰ, 일반생물학Ⅰ
국민대학교	글쓰기
남서울대학교	글쓰기, 영작문
단국대학교	(특별) 글쓰기, (특별) 미적분학Ⅰ, (특별) 영작문, (특별) 일반물리학Ⅰ, (특별) 일반화학Ⅰ, 글쓰기, 미적분학Ⅰ, 영작문, 일반물리학Ⅰ, 일반화학Ⅰ

교육기관	강좌
대전대학교	문학, 영작문, 일반생물학Ⅰ, 컴퓨터과학
대진대학교	(특별) 컴퓨터과학, 미적분학Ⅰ, 일반화학Ⅰ, 컴퓨터과학
동국대학교경주캠퍼스	글쓰기, 영작문
동명대학교	거시경제학, 글쓰기, 미시경제학, 미적분학Ⅰ, 영작문, 컴퓨터과학
목포대학교	(특별) 과학사, (특별) 미적분학Ⅰ, (특별) 영작문, 과학사, 글쓰기, 미적분학Ⅰ, 영작문
부경대학교	(특별) 글쓰기, (특별) 미적분학Ⅰ, (특별) 통계학
부산대학교	미적분학Ⅰ, 미적분학Ⅰ, 미적분학Ⅰ, 미적분학Ⅰ, 미적분학Ⅰ, 미적분학Ⅰ, 미적분학Ⅰ, 미적분학Ⅰ, 일반물리학Ⅰ, 일반생물학Ⅰ
삼육대학교	영작문, 일반화학Ⅰ
상명대학교(천안)	미적분학Ⅰ, 일반물리학Ⅱ, 일반화학Ⅰ
서울여자대학교	글쓰기, 미적분학Ⅰ, 영작문, 일반생물학Ⅰ, 일반화학Ⅰ, 통계학
순천대학교	미적분학Ⅰ, 환경과학
영남신학대학교	글쓰기, 영작문, 컴퓨터과학
영동대학교	일반물리학Ⅰ
인하대학교	거시경제학, 글쓰기, 문학, 미시경제학, 미시경제학, 미적분학Ⅰ, 미적분학Ⅰ, 미적분학Ⅰ, 영작문, 일반물리학Ⅰ, 일반물리학Ⅰ, 일반생물학Ⅰ, 일반화학Ⅰ, 컴퓨터과학, 통계학
전주대학교	(특별) 글쓰기, (특별) 영작문
제주대학교	거시경제학, 미적분학Ⅰ, 미적분학Ⅱ, 일반생물학Ⅰ, 일반화학Ⅰ, 통계학
충남대학교	미적분학Ⅰ, 일반물리학Ⅱ, 일반화학Ⅰ
한남대학교	(특별) 글쓰기, (특별) 문학, (특별) 미적분학Ⅰ, (특별) 영작문, (특별) 일반물리학Ⅰ, (특별) 일반화학Ⅰ, (특별) 컴퓨터과학, (특별) 통계학
한림대학교	(특별) 글쓰기, (특별) 영작문
한서대학교	과학사, 글쓰기, 미적분학Ⅱ

- ● 제도운영절차

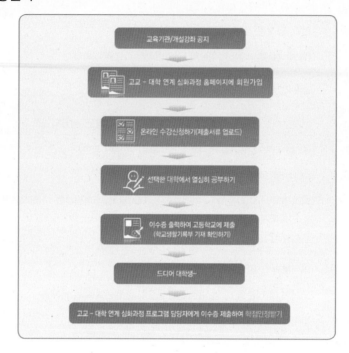

- ● 신청방법

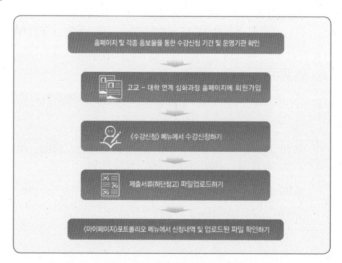

상황이 된다면 방학을 이용하여 전공 관련 심화과목을 수강하는 것이 좋다.

② K-MOOC를 활용한 대학과정을 수강하는 것도 한 방법이다. 2016년에 100개가 개설될 예정이다. 단, 이러한 것을 입증할 수 있어야 하고 다른 학생과 차별화를 해야 한다.

한국형 무크(K-MOOC), 즉 무크는 MOOC(Massive Open Online Course)란 온라인을 통해서 누구나, 어디서나, 원하는 강의를 무료로 들을 수 있는 온라인 공개강좌 서비스를 말한다.

무크(MOOC)는 학습자가 수동적으로 듣기만 하던 기존의 온라인 학습동영상과 달리 교수자와 학습자, 학습자와 학습자간 질의응답, 토론, 퀴즈, 과제 제출 등 양방향 학습이 가능한 새로운 교육 환경을 제공한다. 아울러, 수강인원의 제한 없이 누구나 수강이 가능하여, 학습자는 배경지식이 다른 학습자간 지식 공유를 통해 대학의 울타리를 넘어 새로운 학습경험을 하게 될 수 있다.

2015년 한국형 무크(K-MOOC)는 서울대, KAIST 등 10개 국내 유수대학의 총 27개 강좌를 시작으로 '18년까지 총 500개 이상의 강좌 운영을 목표로 매년 강좌 수를 확대해 나갈 계획이다.

● 2016년 신규대학

순	대학명	분야(전공)	강좌명	교수명
1	경남대학교	사회(사회과학)	세계인의 북한읽기	윤대규, Dean Ouellett, Kelly Hur
		사회(생활과학)	저출산 고령화와 다문화	강인순, 권현수
2	대구대학교	교육(특수교육)	함께 하는 장애 탐험	김용욱
		사회(사회과학)	사회 복지 정책론 – 행복한 사회와 정책에 대한 이해	이진숙
3	상명대학교 (천안)	인문(인문과학)	한국의 세계유산	장영숙
		인문(언어문학)	호모링구아 – 언어는 인간을 어떻게 형성하는가	김미형 외
4	성신여자대학교	예체능(무용 · 체육)	융합문화 예술의 실제: 발레	김주원
		인문(인문과학)	우리 문화 속의 한자어	김용재
5	세종대학교	공학(컴퓨터 · 통신)	4차 산업혁명과 사물인터넷 입문	송형규 외 2명
		공학(컴퓨터 · 통신)	정보보호와 보안의 기초	송재승
		공학(컴퓨터 · 통신)	알기 쉬운 드론항법 제어	홍성경
6	숙명여자대학교	사회(법률)	문학과 영화를 통한 법의 이해	홍성수
		사회과학	범죄 행동의 심리학	박지선
7	영남대학교	공학(컴퓨터 · 통신)	자료구조	조행래
		예체능(무용 · 체육)	발레 전공 실기	우혜영
8	울산대학교	공학(산업)	한국산업의 현재와 미래 : 주력산업	조지운 외 6명
		의약(의료)	가족과 건강: 심뇌혈관질환 예방과 관리	김영식
9	인하대학교	사회(사회과학)	사회의 탐색 : 경제, 경영, 회계, 법학에 눈을 뜨다	최준혁 외
		사회(경영 · 경제)	세상을 바꾸는 스타트업 이야기	허원창 외

● 계속 대학

순	대학명	분야(전공)	강좌명	교수명	활용 사업명
1	가천대학교	공학(산업)	데이터 과학을 위한 Python 입문	최성철	ACE
2	〃	공학(산업)	Optimization with Python I	최성철	ACE
3	건양대학교	의약(치료 · 보건)	시력교정 원리의 이해	정주현	CK
4	〃	인문(인문과학)	역사가 영화를 만날 때	김형곤	ACE
5	공주대학교	인문(인문과학)	역사문화의 블루오션 바로보기	이해준	CK
6	〃	공학(산업)	농업 6차 산업의 이해	강경심	CK
7	금오공과대학교	공학(기계 · 금속)	유체역학	박준영	CK
8	단국대학교	인문(인문과학)	과학적 사고와 인간	이영희 외	CK
9	동국대학교	자연 (생물 · 화학 · 환경)	삶은 화학물질과의 소통이다 : 웰빙 사이언스	여인형	ACE
10	동신대학교	사회(사회과학)	여론조사의 이해	조지현	ACE
11	목원대학교	사회(사회과학)	노령사회와 노인복지	권중돈	ACE
12	부산외국어 대학교	인문(언어 · 문학)	일본어 문법	배은정	CK
13	삼육대학교	인문(인문과학)	중독상담	서경현	CK
14	상명대학교 (서울)	자연 (생물 · 화학 · 환경)	일반인을 위한 첨단 과학기술의 세계	강상욱	ACE
15	〃	사회(사회과학)	My Major &Big Data	이명호	ACE
16	상명대학교 (천안)	공학(컴퓨터 · 통신)	컴퓨터 구조	박병수 외	CK
17	서울시립대학교	사회(경영 · 경제)	쉽게 이해하는 FTA	성한경	ACE
18	〃	공학(토목 · 도시)	시민을 위한 도시학 개론	정 석	ACE
19	중앙대학교	교육(교육일반)	미래교육을 디자인한다	송해덕	ACE
20	〃	의약(의학)	인체의 구조와 기능	이무열	ACE

순	대학명	분야(전공)	강좌명	교수명	활용사업명
21	충남대학교	사회(사회과학)	수사는 과학이다	정희선	ACE
22	〃	자연(의료)	심리학 START	전우영	ACE
23	한동대학교	사회(사회과학)	중독의 심리학	신성만	ACE
24	한림대학교	인문(인문과학)	개념으로 읽는 동아시아 근현대	이경구 외	ACE
25	〃	사회(사회과학)	Cybercrime and Digital Forensic Investigation	장윤식 외	ACE
26	경북대학교	인문(인문과학)	불교의 철학적 이해	임승택	CORE
27	서울대학교	인문(인문과학)	인문데이터과학개론	이성은	CORE
28	성균관대학교	인문(언어 · 문학)	대학 · 중용	이기동	CORE
29	〃	인문(인문과학)	미래로 가는 길, ALL 來	이종관	CORE
30	한양대학교	인문(인문과학)	다산선생지식경영법	정 민	CORE
31	가톨릭대학교	인문(인문과학)	다시 보는 한국독립운동사	박찬승	CORE

③ KOCW (Korea Open CourseWare)는 국내 대학 및 해외 교육자료 공개(OER: Open Educational Resources) 운동 협의체와 연계하여 강의자료 정보를 공유하는 국가 대표 고등교육 교수학습자료 공동활용 서비스이다. 이 사이트는 국내 대학 및 해외 교육자료 공개운동 협의체가 연계하여 강의자료를 제공하는 국내 최대 사이트이다.

● 이용절차

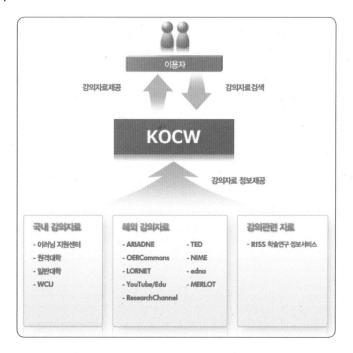

● 자료의 유형
- 공개 강의자료: 한 학기 강의를 웹을 통해 학습할 수 있도록 최소학습단위(차시)로 나누어 구성한 콘텐츠
- 강의 관련자료: RISS(학술연구정보서비스)에서 제공하는 학술연구정보 서비스
- 기타 강의자료: 관련 자료(문서, 이미지 등), 강의 노트 등

마. 기타 활동

[정성적 평가항목의 영향력: 교수(사정관) ≤ 전임(채용 · 전환)사정관]

① 공공(교육)기관의 외부 공모전, 토론대회 참가 및 활동하기! (기관별로 기관장상 또는 교육감상 수상 가능)

외부 공모전은 신문방송학과 또는 미디어 관련 전공 지원자가 좋을 듯하다. 실제 공모전과 토론대회는 각 지역 교육청 주관 교육영상 공모전 또는 토론대회가 있다. 학생부 기입은 쉽지 않더라도 **자기소개서**에는 기입이 가능하다.

② 인터넷 사이트상에서 소설 연재나 시 등 장기간 게재 (국문과 계열)

인터넷 포털사이트 또는 책 만드는 사이트를 이용하여 문학작품을 꾸준히 써 본 경험이 있다면 평가에 도움이 된다. 특히, 국문과에게 유리하다.

1절. 추천서 개괄
2절. 교사 추천서
3절. 학교장 추천서
4절. 종교(계) 추천서

CHAPTER 02
(過猶不及) 추천서 작성하기

01 추천서 개괄

1. 추천서의 정의와 상황

추천서는 추천인이 지원자가 그 대학의 신입생 선발 취지에 적합한 인물임을 확인하여 추천해 주는 글이다. 지원하는 학생이 다른 학생보다 차별화되고 우수한 학생이므로 선발해 달라는 내용의 글이라고도 할 수 있다. 추천서는 대학별로 간소화되거나 폐지되는 추세에 있으나 여전히 의미 있게 보는 대학이 많다.

추천서를 보면 대부분 칭찬 일색인 경우가 많다. 하지만 평가자의 입장에서는 칭찬으로 만 가득 차 있는 추천서는 별로 매력적이지 않다. 칭찬을 하더라도 학생부에 기반하여, 학생 생활의 전체적인 맥락에서 구체적인 사례나 일화를 중심으로 서술한다면, 학생을 이해하는데 훨씬 도움이 될 수 있다.

학생부종합전형이 계속 진행되면서 추천서의 진실성도 높아지고 있다. 이로 인해 추천서가 오히려 신뢰성이 높다고 생각하는 대학과 입학사정관도 증가하고 있다.

2. 추천서의 역할

① 추천서는 주 자료가 아니고 보조 자료이다. 그러나 추천서에 있는 구체적이고 실질적인 내용은 주로 부적격 학생들을 떨어뜨리기 위한 목적으로 사용된다. 예를 들어 부정적인 내용이 구체적으로 기술되어 있거나 체크된 각 사항이 '미흡'이 많다면 불합격가능성이 높다고 봐야한다.

② 추천서는 최소한 6개월 이상 가까이에서 학생을 지켜본 교사(또는 작성자)가 작성한 것이므로 신뢰성을 높일 수 있다. 따라서 교사(또는 작성자)는 학생의 관찰이나 경험한 구체적 사례, 일화 등을 제시하여 객관적인 신뢰성을 얻고 높이는 것이 가장 중요하다.

③ 추천서 표절에 걸린 경우 해당 학교(또는 교사)에 페널티가 있나요?라는 질문에 답변은 해당학교(또는 교사)에 직접적인 페널티가 있진 않으나 대학에 따라 그

러한 학교(또는 교사)를 블랙리스트로 정리하여 다음년도 평가에 참고할 가능성
이 높다고 할 수 있다.

④ 추천서의 양이 많아야 하나라는 의문이 들 수 있는 데, 추천서는 양이 중요한 것
이 아니라 교사(또는 작성자)의 진정성과 진실성이 더 중요하다. 학생의 칭찬이
나 장점이 많이 기록된다 하더라도 학생부에서 그 기록을 찾을 수 없다면 오히
려 평가에 부정적인 영향을 줄 수 있다(과유불급). 초기의 추천서들이 그러했고,
여전히 지방의 학교에서는 추천서를 이렇게 작성하는 경향성이 많다.

⑤ 추천서를 써주는 직위에 따라 추천 점수가 달라질 수 있는지에 대한 의문에 대
한 답변으로는 추천서는 플러스 성격이 아니라 **마이너스** 성격이다. 따라서 직위
에 따라 추천 점수가 달라지진 않는다. 오히려 추천서의 내용의 구체성, 진정성
등이 더 중요하다. 다만, 일부 종교계 전형의 경우는 직급이나 직위의 영향을 받
을 수 있다.

3. 추천인의 자격

서울대학교 예시(출처: 모집요강)

• 원칙적으로 소속 고교 교사 또는 학교장이 작성하며, 교사 또는 학교장의 추천을 받기
어려운 경우, 지원자를 오랜 기간(6개월 이상) 동안 지켜보신 분이 작성해 주시기 바랍
니다. (단, 우리대학교 교직원, 학원강사 및 학원장, 과외 지도교사, 본인, 가족, 친척, 친
구 제외)

• 추천인으로는 지원자에 대해 책임감을 가지고 지원자의 품성, 학업 능력, 장단점, 가정
환경, 열정과 포부 등을 구체적으로 기술할 수 있어야 하며, 우리 대학교가 추천서의 내
용 확인을 요청할 경우 협조해 주실 수 있는 분이어야 합니다.

따라서 지원자를 가장 잘 알고 구체적으로 잘 기술해 줄 수 있는 교사가 제일 좋다.

4. 추천서의 종류는 크게 교사 추천서, 학교장 추천서, 종교계 추천서 3가지 로 분류할 수 있으며 교사 추천서가 가장 대표적이다.

5. 추천서 작성 시 유의사항 (교사, 교장, 종교인)

① 추천인을 누구로 할 것인지에 대한 고민과 선택이 필요하다. 학생은 부모님 및 담임교사와 상의하고 최종적인 추천인을 선택하는 게 좋다.

② 추천서는 구체적이고 객관적인 사실(fact)을 기반으로 작성해야 한다. 주로 학생부와 그 외 공증력 있고 추후 검증이 가능한 자료를 기반으로 작성해야 한다.

③ 추천 내용은 지원한 대학과 학과와 관련이 있는 내용 위주로 작성해야 한다. 대학의 인재상을 참고하고 지원하는 전공과 관련한 특징 및 장점을 작성해야 한다. 지원자를 추천하는 동기와 이유를 구체적으로 기술하면 좀 더 설득력이 높아진다.

④ 지원자에 대해 근거가 희박한 과장적인 칭찬은 오히려 평가에 좋지 않은 영향을 줄 수 있으므로 근거를 바탕으로 최대한 담백하고 진솔하게 작성하는 것이 좋다. (과유불급)

⑤ 평가에 영향을 주는 부정적인 요소는 가능한 기재하지 않는다(단, 사실을 기록하는 것은 재량시항이다). 입시부정요소 가능성이 있는 개인 정보인 지원자의 부모 사회적 지위, 경제력, 학력, 성명 등은 절대로 기재하지 않는다.

● 교사 추천서 유사도 판정 및 처리 기준

① 유사도 판정 기준(출처: 대교협)

유사도 판정 수준	표절 비율
위험 수준(Red zone)	50% 이상
의심 수준(Yellow zone)	20% 이상 ~ 50% 미만
유의 수준(Blue zone)	20% 미만

* 이대로 적용하기도 하고, 이것을 참고하여 대학에서 규정을 만들어 활용하기도 한다.

② 표절정도에 따른 처리 기준 (예시)

표절수준	정의	처리기준
A	유사도 판정 수준에 따른 위험수준(Red zone) 해당자 중 다음의 경우에 해당되는 자 • 표절의 의도성이 뚜렷하여 표절의 질이 매우 불량하다고 판단되는 경우 • 구체적이고 개인적인 내용을 표절한 경우로 개인적인 경험의 내용 및 사실이 연속적으로 다수 발견됨	서류평가 만점 점수에서 10% 감점(하향)
B	유사도 판정 수준에 따른 의심수준(Yellow zone) 해당자 중 다음의 경우에 해당되는 자 • 표절의 의도성이 뚜렷하여 표절의 질이 다소 불량하다고 판단되는 경우 • 구체적이고 개인적인 내용을 표절한 경우로 개인적인 경험의 내용 및 사실이 일부 발견됨	서류평가 만점 점수에서 5% 감점(하향)
C	유사도 판정 수준에 따른 유의수준(Blue zone) 해당자 중 다음의 경우에 해당되는 자 • 표절의 의도성이 뚜렷이 나타나지 않으며 표절 정도가 미약하다고 판단되는 경우 • 표절한 내용이 일반적인 경우로서 다른 추천서의 내용 및 형식을 참조하여 본인의 내용으로 변형한 경우	서류평가 만점 점수에서 2% 감점(하향)
표절 아님	표절로 보기 어려운 경우 (표절 내용이 매우 미약한 경우 또는 글의 내용보다는 형식을 차용한 경우 등)	감점(하향) 없음

* 처리방법: 평가자들이 표절수준을 각각 체크한 후 평가위원회 또는 입학전형위원회에서 최종적으로 결정하고, 처리기준에 의해 처리한다.

02 (추천서 작성하기)
교사 추천서

교사 추천서는 평가영역 중 인성, 잠재력에 주로 반영된다. 특히, 지원자에 대한 부정적인 내용의 언급은 평가자들의 전반적인 인식에 큰 영향을 끼칠 수 있다.

① 추천서는 미사여구나 수사(레토릭)를 통한 포장이 아닌 구체적이고 사실(fact)적 내용이 중요하다! 추천서는 인성영역과 발전가능성 영역에서 주로 반영된다. 전반적인 인식에 큰 영향을 미친다.

② 추천서는 구체적으로 적힌 사실(fact)관계에 집중한다. 그래서 대학은 봉인을 요구하는 것이다. 추천서에 학생의 좋은 평가가 있더라도 학교생활기록부에서 그 내용이 확인되지 않으면 대학에서는 평가를 하지 않을 수 있다.

③ 추천서는 절대로 표절하면 안 된다. 대교협에서는 추천서 유사도 검사를 실시한다. 이 검사내용은 각 대학에 통보된다. 통보되는 학교와 해당교사는 그 대학으로부터 신뢰도를 상실한다. 이런 명단은 대학에서 따로 데이터베이스를 구축하는 것으로 알려져 있다.

④ 추천서는 대학에 따라 다르지만 반드시 3학년 담임교사만 작성해야 하는 것은 아니다. 3학년 담임이 학생을 볼 수 있는 시간은 길어야 5개월 남짓이다. 따라서 본인을 오랜 시간 가장 잘 알고 잘 평가해 줄 수 있는 1, 2학년때 담임이나 교과 교사 또는 진로진학상담교사가 더 나을 수 있다.

⑤ 대학이 추천서를 계속해서 받는 이유는 명확하다. 학생부종합전형이 오랫동안 지속되면서 일부 교사들이 진실하게 내용을 서술하기 때문이다. 학생부의 행동특성 및 종합의견에 없는 내용을 적어주시는 경우가 많아지고 있다. "다소 산만하다. 수업시간에 집중하지 못한다. 매우 이기적인 학생이다"가 대표적인 사례라고 할 수 있다.

● 자기소개서, 교사 추천서에 작성하면 "0점"(또는 불합격) 되는 사항

1. 공인어학성적

- 영어(TOEIC, TOEFL, TEPS), 중국어(HSK), 일본어(JPT, JLPT), 프랑스어 (DELF, DALF), 독일어(ZD, TESTDAF, DSH, DSD) 러시아어(TORFL), 스페 인어(DELE), 상공회의소한자시험, 한자능력검정, 실용한자, 한자급수자격검정, YBM 상무한검, 한자급수인증시험, 한자자격검정

2. 수학 · 과학 · 외국어 교과에 대한 교외 수상실적

- 수 학 : 한국수학올림피아드(KMO), 한국수학인증시험(KMC), 온라인 창의수학 경시대회, 도시대항 국제수학토너먼트
- 과 학 : 한국물리올림피아드(KPHO), 한국화학올림피아드(KCHO), 한국생물올 림피아드(KBO), 한국천문올림피아드(KAO), 한국지구과학올림피아드(KESO), 한국뇌과학올림피아드, 전국정보과학올림피아드, 국제물리올림피아드, 국제지 구과학올림피아드, 국제수학올림피아드, 국제생물올림피아드, 국제천문올림피 아드, 한국중등과학올림피아드
- 외국어 : 전국 초중고 외국어(영어, 중국어, 일본어, 프랑스어, 독일어, 러시아 어, 스페인어) 경시대회, IET국제영어대회, IEWC 국제영어글쓰기대회, 글로벌 리더십 영어 경연대회, SIFEC 전국영어말하기대회, 국제영어논술대회

* 위에서 열거된 항목 외에도, 대회 명칭에 수학 · 과학(물리, 화학, 생물, 지구과학, 천문) · 외국어 (영어 등) 교과명이 명시된 학교 외 각종 대회(경시대회, 올림피아드 등) 수상실적을 작성했을 경우 "0점"(또는 불합격) 처리
** '교외 수상실적'이란 학교 외 기관이 개최한 대회 수상실적을 의미하며, 학교장의 참가 허락을 받은 교외수상실적이라도 작성 시 "0점"(또는 불합격) 처리

● 교사 추천서 1번 문항 솔루션('학업역량' 영역 평가)

> 1번 문항은 지원자의 학업역량을 체크하는 영역이다. 지원자에 대해 진솔하게 체크하고 체크사항에 대해 학생부에 없는 내용 중 지원자의 특징과 장점을 바탕으로 구체적인 사례를 들어 기술할 필요가 있다.

1. 지원자의 학업 관련 영역에 대하여 "V"로 표기해 주시기 바랍니다.
(평가하기 어려운 경우 '평가불가'를 선택)

평가항목	평가대상			매우 우수함	우수함	보통	미흡	평가 불가
	3학년 전체	계열 전체	학급 전체					
1) 학업에 대한 목표의식과 노력	☐	☐	☐	☐	☐	☐	☐	☐
2) 자기주도적 학습태도	☐	☐	☐	☐	☐	☐	☐	☐
3) 수업참여도	☐	☐	☐	☐	☐	☐	☐	☐

| 정상 평가 진행 사례 |

평가항목	평가대상			매우 우수함	우수함	보통	미흡	평가 불가
	3학년 전체	계열 전체	학급 전체					
1) 학업에 대한 목표의식과 노력	☐	☐	☐	☐	V	☐	☐	☐
2) 자기주도적 학습태도	☐	☐	☐	V	☐	☐	☐	☐
3) 수업참여도	☐	☐	☐	V	☐	☐	☐	☐

| 감점(하향) 또는 결격 사례 |

평가항목	평가대상			매우 우수함	우수함	보통	미흡	평가 불가
	3학년 전체	계열 전체	학급 전체					
1) 학업에 대한 목표의 식과 노력	☐	☐	☐	☐	☐	☐	V	☐
2) 자기주도적 학습태도	☐	☐	☐	☐	☐	☐	V	☐
3) 수업참여도	☐	☐	☐	☐	☐	V	☐	☐

● **교사 추천서 2번 문항 솔루션('인성역량' 영역 평가)**

2번 문항은 지원자의 인성역량을 체크하는 영역이다. 지원자에 대해 진솔하게 체크하고 체크사항에 대해 학생부에 없는 내용 중 지원자의 특징과 장점을 바탕으로 구체적인 사례를 들어 기술할 필요가 있다.

2. 지원자의 인성 및 대인 관계에 대하여 "V"로 표기해 주시기 바랍니다.
(평가하기 어려운 경우 '평가불가'를 선택)

평가항목	매우 우수함	우수함	보통	미흡	평가불가
1) 책임감	☐	☐	☐	☐	☐
2) 성실성	☐	☐	☐	☐	☐
3) 리더십	☐	☐	☐	☐	☐
4) 협동심	☐	☐	☐	☐	☐
5) 나눔과 배려	☐	☐	☐	☐	☐

| 정상 평가 예시 |

평가항목	매우 우수함	우수함	보통	미흡	평가불가
1) 책임감	☐	☑	☐	☐	☐
2) 성실성	☐	☑	☐	☐	☐
3) 리더십	☑	☐	☐	☐	☐
4) 협동심	☐	☑	☐	☐	☐
5) 나눔과 배려	☐	☑	☐	☐	☐

| 결격–아웃, 배제 예시 | – 미흡 1개 이상일 경우

평가항목	매우 우수함	우수함	보통	미흡	평가불가
1) 책임감	☐	☐	☐	☑	☐
2) 성실성	☐	☐	☐	☑	☐
3) 리더십	☐	☐	☑	☐	☐
4) 협동심	☐	☐	☐	☑	☐
5) 나눔과 배려	☐	☐	☑	☐	☐

● 추천서 관련 질의응답

1. 추천서 표절에 걸린 경우 해당 학교(또는 교사)에 페널티가 있나요?

답변) 해당학교(또는 교사)에 직접적인 페널티가 있진 않으나 대학에 따라 그러한 학교(또는 교사)를 블랙리스트로 정리하여 다음년도 평가에 참고할 가능성이 높다.

2. 추천서의 양이 많아야 하나요?

답변) 추천서는 양이 중요한 것이 아니라 교사의 진정성과 진실성이 더 중요하다.

3. 추천서를 써주는 직위에 따라 추천 점수가 달라지나요?

답변) 추천서는 지원자에 대한 플러스 성격이 아니라 **마이너스** 성격인 경우가 많다. 따라서 직위에 따라 추천 점수가 달라지진 않는다. 오히려 추천서의 내용의 구체성, 진정성 등이 더 중요하다.

03 (추천서 작성하기) 학교장 추천서

① 학교장 추천서는 작성 내용면에서는 교사가 거의 작성하므로 거의 교사 추천서에 가깝다고 보면 된다. 내용은 대부분 교사가 쓰고, 학교장은 확인만 하는 정도라고 보면 된다. 따라서 평가 자료로서의 성격보다는 자격요건으로 활용되는 경우가 많을 수 있다.

● **학교장 추천서 양식 예시**

일련 번호	성 명	생년월일	추천사유 (※ 간략히 기재)
1		○○○○○○	
2			
3			
⋮	⋮	⋮	⋮
	명	개인정보 보호를 위하여 생년월일 (주민등록번호 앞6자리)만 표기 요망 예) 981010	

② 교사추천서 양식을 학교장 추천서 양식으로 사용하거나 약간 수정하여 사용하는 대학도 있으니 해당 대학의 모집요강을 반드시 참고해야 한다.

③ 대학(주로 종교계열)에 따라 종교계열 고교는 종교(계) 추천서 또는 학교장 추천서로 활용도 가능하니, 해당 대학 모집요강을 참고하여 지원 자격, 유리한 점과 불리한 점을 면밀하게 분석하여 신중하게 지원할 필요가 있다.

04 (추천서 작성하기) 종교(계) 추천서

종교계열 추천서는 가톨릭계, 불교계, 개신교계의 추천서가 대표적이라고 할 수 있다. 일반적으로 특별전형의 자격요건으로 보는 경우가 대부분이지만, 일부 대학교에서는 추천서에서 보통 미만의 체크사항, 부정적인 언급이나 뉘앙스가 발견될 경우에는 거의 불합격으로 가는 결격사유로서 활용될 수도 있으므로 각별한 주의가 요구된다고 할 수 있다.

> ※ 참고로 종교 추천특별 전형은 다른 일반전형보다 평균적으로 합격자들의 내신등급이 1~2등급 이상 낮은 경우가 많으므로(추가합격 포함) 해당자격이 되면 지원하는 것이 훨씬 유리하다.

● 목회자 추천서 (예시)

추천인 성명		직위	
지원자와 관계	출신고 교목( ), 출석교회 목회자 ( )		
소속 교회명		소속교단	
교단 총회장 성명		담임목사 성명	
교회 홈페이지		교회주소	
지도 및 교제기간	년 월 ~ 년 월 (년 개월)		

● 지원자를 알게 된 사유와 교류기간 (예시) (해당되는 사항에 체크(∨)해 주세요.)

1. 지원자를 이번에 처음 봤다. ( )	2. 지원자의 부모는 알고 있으나 지원자는 이번에 처음 봤다. ( )
3. 지원자를 알고는 있지만 구체적으로 잘 알지는 못한다. ( )	4. 지원자를 구체적으로 잘 알고 있다. ( )
지원자와 교류기간	년 월 ~ 년 월 (년 개월)

▶ 추천정도 평가관련 5점 척도 배점 예시

(5) 지원자를 구체적이고 직접적으로 잘 알고 있으며 매우 적극적으로 추천
(3) 지원자를 직접적으로 알고는 있으나 평이하게 추천
(1) 지원자를 전혀 알지 못함

● 지원자의 인성 (예시) (아래의 항목에 체크(∨)해 주세요.)

평가항목	매우 우수함	우수함	보통	미흡	매우 미흡
1) 책임감	☐	☐	☐	☐	☐
2) 성실성	☐	☐	☐	☐	☐
3) 리더십	☐	☐	☐	☐	☐
4) 협동심	☐	☐	☐	☐	☐
5) 나눔과 배려	☐	☐	☐	☐	☐
6) 종교행사 참여도	☐	☐	☐	☐	☐

● 불교추천인재 내용 (예시) (아래의 항목에 체크(∨)해 주세요.)

평가항목	매우 우수함	우수함	보통	미흡	매우 미흡
불교 관련 교육이수	☐	☐	☐	☐	☐
불교 관련 단체활동	☐	☐	☐	☐	☐
신체활동 및 불심	☐	☐	☐	☐	☐
봉사 및 선행	☐	☐	☐	☐	☐

▶ 전형적합성 정도 평가관련 5점 척도 배점 (예시)

평가 항목	평가지표	A	B	C	D	E
		매우 우수	우수	보통	미흡	매우 미흡
전형적합성	• 불교, 불교문화에 대한 관심과 이해 정도 • 불교와 관련된 여러 활동의 자기주도성	30	25	20	15	10

가. 불교계열 대학교

불교계열 대학의 대표적인 동국대학교는 불교추천인재전형에서 주지스님 또는 소속 종립학교장들로부터 추천서를 받는다. 불교종파에서 동국대는 조계종이므로 조계종 계열의 스님들로부터 추천서를 받아야만 한다. 어려서 동자승 활동을 했거나 고교시절 불교 내 활동을 열심히 했다면 추천에 유리할 것으로 판단된다. 따라서 자신과 부모님을 가장 잘 아시는 분들이 추천서 작성에 적당할 것으로 생각된다.

나. 개신교 계열 대학교

개신교 계열 대학교중 서울여자대학교 등은 일부 전형과 학과에서 목회자 추천서를 요구한다. 상대적으로 목회자 추천서는 자격요건 역할에만 충실한 것으로 알려져 있다.

다. 가톨릭 계열 대학교

가톨릭 계열 대학교 중 가톨릭대학교 등은 가톨릭지도자추천전형을 통해 신부님, 가톨릭 기관의 장상들로부터 추천서를 받고 있다. 신부님들은 추천서를 정말 솔직하게 쓰시는 것으로 알려져 있다. 아마 신분적으로는 속세를 떠나 있어서 사적인 영향(?)을 받는 요소가 상대적으로 적어서 그런 것 같기도 하다. 어떻게 보면 추천서의 역할에 가장 충실하신 분들이다.

그렇다고 하더라도 주교급 이상의 높으신 분한테 받는 건 점수에 큰 영향이 없는 것으로 알려져 있다. 신부님 직급(?)이나 직위는 평가에 영향을 받지 않는 것으로 알려져 있다. 따라서 주임신부님보다는 오랫동안 본인을 잘 아는 청소년을 담당하시는 보좌신부님이 가장 추천서를 잘 써주신다고 할 수 있다. 어려서부터 복사·전례활동을 열심히 했거나 고교시절 성당 내에서의 활동이 많이 있으면 유리할 것으로 판단된다. 반면에 부모님만 열심히 다니는 경우나 고3 때 잠깐 미사에 참여해서 억지로 써주시는 추천서를 받는 것은 오히려 점수의 감점(하향)이나 불합격의 고배를 받을 수 있다고 하니 명심할 필요가 있다.

▶ 참고 – 종교계 재단 4년제 주요 대학

구분	대학명
불교 계열 대학	동국대(조계종), 금강대(천태종), 인제대(진각종), 원광대(원불교) 등
가톨릭 계열 대학	전국에 가톨릭이라는 이름이 붙은 대학교, 서강대(예수회), 꽃동네현도사회복지대 등
개신교 계열대학	연세대, 이화여대, 숭실대, 서울여대, 명지대, 삼육대, 백석대, 한동대, 한신대, 강남대, 경성대, 계명대, 고신대, 나사렛대, 목원대, 배재대, 부산외국어대, 성결대, 성공회대, 안양대, 전주대, 평택대, 한남대 등

PART 3

2017학년도
학생부 종합전형 주요 대학의
서류평가 특징 및 변동사항

Chapter 1. 2017학년도 학생부 종합전형 개괄
Chapter 2. 교육대학교의 평가 특징 및 변동사항
Chapter 3. 의과대학의 평가 특징 및 변동사항
Chapter 4. 주요 대학의 평가 특징 및 변동사항

정확한 목표 없이 성공의 여행을 떠나는 자는 실패한다.
목표 없이 일을 진행하는 사람은 기회가 와도
그 기회를 모르고 준비가 안 되어 있어 실행할 수 없다.

– 노만

1절. 대입전형의 종류

2절. 학생부 종합전형의 시대상, 의미, 변화

3절. 학종의 평가

4절. 2016~2017학년도 대입 수시 및 정시 모집 인원 비교

5절. 학생부 위주전형의 변화

CHAPTER 01

"2017학년도 학생부 종합전형 개괄"

시기	대구분	소구분	전형방법
수시	학생부 위주	교과전형	교과 90~100(비교과10) + 수능최저(면접)
		적성전형	적성고사 + (교과성적=내신)
		퓨전전형	교과 60~70+비교과 40~30 + 수능최저(면접)
		종합전형	1단계 서류 + (2단계 면접) + (수능최저)
	논술 위주	논술전형	논술+ 내신+ (수능최저)
수시/정시	실기 위주	실기전형	실기+내신: 수시
			실기+내신+수능: 정시
	특기 위주	특기자전형	수상실적(공인어학포함)+내신: 수시
			수상실적(공인어학포함)+내신+수능: 정시
정시	수능 위주	수능전형	수능100, 수능+내신+(실기)+(면접)

* 참고로 학생부 위주의 퓨전(혼합, 융합) 전형은 필자가 개념화한 전형명임.

학생부 종합전형의 시대상, 의미, 변화

성적만을 정량적으로 평가하는 사회는 지났다. 사회는 창의인성인재를 원한다. 이를 반영하듯 대기업, 공공기관 등 학생들이 주로 선호하는 취업시장에서도 서류 + 인·적성시험(NCS)+면접의 형태로 인재를 선발한다. 교육부를 비롯한 정부기관과 대학에서도 이러한 사회가 원하는 창의인성인재를 선발하기 위해 '고교정상화 기여대학 사업'을 수년간 정책으로 펼치고 있고, 성적 + 비교과활동(교과연계활동)을 평가하는 것이다. 그리고 그 취지에 가장 부합하는 것이 바로 학생부 종합전형이다.

학종 전성시대. 학생부 종합전형이 확장되고 있다. 특히, 수도권 주요대학 중심으로 이러한 경향성이 두드러진다.

● 학종으로 인한 학교에서의 변화

변화 내용	비고
학교 수업(교수학습)의 다양화	배움 중심, 토론수업, 융합수업 증가
학교 프로그램의 다양화	'창체' 활동 증가
진로 탐색 증가	진로 활동 증가
교사의 입지 증가	종합의견의 평가권, 추천서
인성교육의 내실화	인성평가, 출결, 봉사상 등
(중)고교-대학 연계 프로그램 증가	모의캠프, 전공탐색, 자유학기제(중)

● 학생부 종합전형으로 인한 패러다임 변화

학생부 교과전형 또는 수능	학생부 종합전형
지식 위주 K	지혜 위주 W
개인 위주 P	공동체 위주 C
정량(양)평가 위주 Q.A	정성(질)평가 위주 Q.A
상대평가 위주 R.A	절대평가 위주 A.A

- 고등학교에서 이루어지는 학업 및 학업 외 활동과 노력을 중심으로 평가
- 교과 성적, 교내활동의 결과만을 평가하는 것이 아니라 그 동기와 과정(사실⟨fact⟩의 인과관계)까지 평가
- 학교생활기록부 내용을 기반으로 자기소개서, 추천서 등을 통해 정성평가
- 다수의 평가자(전임 입학사정관, 위촉입학사정관 등)에 의한 다단계(최소 2단계 이상, 서류 → 면접 등) 종합평가(평가 자료의 모든 내용을 기반으로 학생의 우수성과 역량을 총체적으로 평가)
- 다수의 평가자, 다단계 및 다면적 평가[서류평가, 다중(미니)면접, 학교방문 등]
- 평가자료 : 학교생활기록부, 자기소개서, (교사)추천서, 학교프로파일 등
- 질적 종합평가(Quality Holistic Evaluation)

● 학생부 종합전형에 지원하기에 적합한 학생

- 서울 및 수도권 대학: (수도권 주요대학이나 지방 국립대) 3학년 1학기까지의 기본 5교과인 '국영수사과'과목 평균이 우수한(내신 1~3등급대) 학생
- 교과사항: 주요 5교과 평균이 3등급대가 아니라면 인문계열은 최소한 국어, 영어, 사회과목이, 자연계열은 수학, 과학과목의 성적만이라도 우수(내신 1~3등급)해야 한다.
- 고 3용: 수도권 하위권 대학이나 지방 사립대인 경우는 비교과 활동이 있다면 내신 4등급 이상도 지원해 보는 것이 바람직하다.

2016~2017학년도 대입 수시 및 정시 모집 비교

● 2016-2017학년도 대입 수시 및 정시 모집 인원 비교

구분	수시모집		정시모집		계(명)
	인원	비율	인원	비율	
2017학년도	248669	69.9	107076	30.1	355,745
2016학년도	243748	66.7	121561	33.3	365,309

● 우리나라 대학의 종류/ 정원 (정원 외 포함)

구분		대학수	2017정원
4년제	일반대	188	345,000
	교육대	10	4,000
	산업대	2	3,000
	특수대	12	3,000
	합계	210	355,000
2(3)년제	전문대학	145	215,000
전체		356	570,000

사단법인 한국대학교육협의회(이하, 대교협)에 따르면 2017학년도 대입에서는 총 355,745명이 선발된다. 이는 2016학년도보다 9,564명 감소된 수치이다. 모집시기별로는 수시모집에서 248,669명(69.9%)이 선발되고 정시모집에서 107,076명(30.1%)이 선발된다.

최근 대입에서는 수시모집의 경우 학교생활기록부 위주, 정시모집의 경우 수능 위주 선발이 정착되고 있다. 2017학년도 대입에서도 수시 모집인원 248,669명 가운데 213,393명(85.8%)이 학교생활기록부 전형으로 선발되며 정시 모집인원 107,076명 가운데 93,643명(87.5%)이 수능 위주 전형으로 선발된다.

반면 지역인재 특별전형은 확대된다. 지역인재 특별전형은 지역인재의 대학 입학 기회 확대를 위해 시행되고 있다. 2016학년도에는 79개 대학이 지역인재 특별전형으로 9,980명을 선발했지만 2017학년도에는 81개 대학에서 1,120명을 선발한다.

【 2017학년도 수시 대입 주요 일정 】

원서접수	9.12(월)~9.21(수) 중 3일 이상
전형기간	9.12(월)~12.14(수) 94일 간
최초발표	12.16(금)까지
최초등록	12.19(월)~12.21(수)
충원발표	12.28(수) 21시까지
충원등록	12.29(목)

【 2016학년도 이후 대입전형의 변화 】

전형유형		2016학년도(졸업생)	2017학년도(고3)
수시	학생부(교과)	38.4	39.7
	학생부(종합)	18.5	20.3
정시	학생부(교과)	0.1	0.1
	학생부(종합)	0.4	0.2
합계		209,658명(57.4%)	214,501명(60.3%)

(2017학년도 학생부종합전형)
학생부 위주전형의 변화

2014학년도 44.4%, 2015학년도 55.0%, 2016학년도 57.4%, 2017학년도 60.3%

【 모집시기별 선발 인원의 변화 】

구분(년)	수시		정시		계(명)
	인원(명)	비율(%)	인원(명)	비율(%)	
2011	232,781	60.7	150,761	39.3	383,542
2012	237,681	62.1	145,049	37.9	382,730
2013	243,223	64.4	134,735	35.6	377,958
2014	251,220	66.2	128,294	33.8	379,514
2015	241,093	64.0	135,774	36.0	376,867
2016	243,748	66.7	121,561	33.3	365,309
2017	248,669	69.9	107,076	30.1	355,745

【 학생부 종합전형의 선발인원의 변화 】

구분(년)	대학수	모집인원(명)	4년제대학정원(명)	전체비율(%)
2011	117	3,896	383,542	9.6
2012	121	42,163	382,730	10.8
2013	125	46,337	377,958	12.3
2014	126	49,188	379,514	13.0
2015	144	60,619	376,867	16.0
2016	167	69,043	365,309	18.9
2017	–	72,772	355,745	20.5

【 2017학년도 전국 4년제 대학 전형별 선발비율 】

구분		전국 4년제 대학(명, %)		SKY(명, %)	
수시	학교	141,292	39.7%	892	8.1
	학종	72,101	20.3%	4,006	36.3
	논술	14,861	4.2%	1,723	15.6
	특기	17,942	5.0%	1,594	14.6
수시(계)		248,669	69.9%	8,215	74.6
정시(계)		107,076	30.1%	2,805	25.4
합계		355,745		11,022	

【 대학입시 전략으로서 학생부 종합전형의 위치 】

년도	학생부 종합		논술		적성고사	
	대학수	선발인원(명)	대학수	선발인원(명)	대학수	선발인원(명)
2012	121	42,163	38	14,668	21	9,795
2013	125	46,337	29	15,124	21	11,131
2014	126	49,188	29	17,737	30	19,420
2015	144	60,619	29	17,417	13	5,835
2016	167	69,043	28	15,349	11	4,639
2017	–	72,772	28	14,861	10	4,562

【 주요 대학 학생부 종합전형 합격 가능 평균 내신 등급선 I (안) 】

대학	일반고 평균	특목고, 자사고 평균	예체능
서울대	2.1	4.5	3.7
연세대, 고려대, 카이스트, 포스텍	2.6	2-5등급대	–
서강대, 성균관대, 한양대, 이화여대	3.0		–
중앙대, 경희대, 한국외국어대, 서울시립대	3.2	2-6등급대	–

* 데이터 내용은 다를 수 있으므로 참고자료로만 활용 바람.

【 주요 대학 학생부 종합전형 합격 가능 평균 내신 등급선 II(안) 】

대학	학생부 종합(내신 평균)	
	인문계열	자연계열
서울대(지역균형)	1.12	1.16
서울대(일반전형)	1.37	1.47
건국대	2.36	2.14
경희대	1.82	1.67
고려대	1.61	1.74
국민대	2.26	2.54
상명대	3.11	3.56
서울과학기술대	2.34	2.38
서울시립대	1.72	1.92
서울여대	3.11	3.14
세종대	2.37	3.18
숙명여대	2.22	2.01
숭실대	2.45	2.64
중앙대	1.97	2.02
광운대	3.01	3.27
동국대	2.25	2.31
명지대	2.98	–
서강대	1.68	1.64
성균관대	1.78	1.63
성신여대	2.54	2.57
연세대	1.39	1.41
이화여대	1.97	2.05
인하대	2.75	2.17
한국외국어대	1.95	–
한양대	2.1	2.2

* 데이터 내용이 다를 수 있으므로 참고자료로만 활용 바람.
* 자세한 건 한국대학교육협의회'어디가(adiga.kr)'또는 각 대학 입학처(또는 입학관리본부) 홈페이지를 참고하기 바람.

【 일반고 vs 특목 · 자사고 】(출처: 유웨이닷컴)

(단위: 건, 개, 권)

내용구분(평균 개수)	일반고	특목 · 자사고
소논문	0.4	0.9
수상실적	12.1	12.3
동아리	1.3	1.3
독서량	18.8	22.5
봉사시간	110.5	104.3
임원 학기 수	2.4	2.5

1절. 교육대학교 개괄

2절. 교과성적 반영방법

3절. 비교과영역 반영방법

4절. 나의 강점으로 맞춤형 전략 짜기!

CHAPTER 02

"교육대학교(일반대학교 초등교육과 포함)의 평가 특징 및 변동사항"

1. 2017학년도 학생부 전형 모집인원 (정원 내)

대학	수시모집								정시모집		전체선발인원
	학교생활기록부(교과)				학교생활기록부(종합)						
	일반		지역인재		일반		지역인재				
	인원	비율	인원	비율	인원	비율	인원	비율	인원	비율	
경인	–	–	–	–	340	56.9	–	–	258	43.1	598
공주	158	45.0	20	5.7	–	–	–	–	173	49.3	351
광주	–	–	–	–	140	44.0	35	11.0	143	45.0	318
대구	–	–	–	–	190	51.4	–	–	180	48.6	370
부산	–	–	–	–	104	29.9	89	25.6	155	44.5	348
서울	60	18.1	–	–	130	39.3	–	–	141	42.6	331
전주	50	16.8	–	–	–	–	8	2.7	240	80.5	298
진주	–	–	–	–	59	18.8	96	30.7	158	50.5	315
청주	80	29.1	–	–	–	–	20	7.3	175	63.6	275
춘천	–	–	–	–	60	24.1	54	21.7	135	54.2	249
한국교원대학	–	–	–	–	65	59.1	–	–	45	40.9	110
이화여대	–	–	–	–	27	69.2	–	–	12	30.8	39
제주대학	30	25.4	15	12.7	10	8.5	–	–	63	53.4	118
합계	378	10.3	35	1.0	1,098	29.8	302	8.2	1866	50.7	3,679

* 변동이 있을 수 있으므로 추후 대학의 모집요강을 최종 확인바람.

2. 2017학년도 교대(일반대 초등교육과 포함) 학생부종합 전형 선발방법

대학명	대표전형명	모집인원	선발방법 (단위: %)	수능 최저
서울교대	교직인성우수자	120	1단계: 서류평가 100(3배수) 2단계: 1단계성적 50 + 면접 50	○
경인교대	교직적성 잠재능력우수자	340	1단계: 서류100 (2배수) 2단계: 1단계성적 70 + 면접 30	×
한국교원대	종합우수자	63	1단계: 교과 25+ 서류 75 (3배수) 2단계: 1단계 80 + 면접 20	○
춘천교대	석우인재	126	1단계: 서류 100(2배수) 2단계: 1단계성적 40 + 면접 60	×
청주교대	지역인재	20	1단계: 교과 100(3배수) 2단계: 1단계 26.2 + 2단계 63.8	○
공주교대	지역인재선발	20	1단계: 교과 51.5 + 비교과 48.5 2단계: 1단계성적 50 + 면접 50	△
대구교대	참스승전형	190	1단계: 서류 80+ 교과 20 2단계: 1단계성적 50 + 면접 50	×
전주교대	교육감추천	8	1단계: 학생부 60+서류 40(3배수) 2단계: 1단계성적 50 + 면접 50	○
광주교대	교직적성우수자	140	1단계: 서류 100(3배수) 2단계: 1단계성적 50 + 면접 50	△
진주교대	지역인재	96	1단계: 교과 30 + 서류 70(3배수) 2단계: 1단계성적 50 + 면접 50	○
부산교대	교직적성자	104	1단계: 서류 100 (2배수) 2단계: 1단계성적 60 + 면접 40	×
제주대	일반학생2	6	1단계: 서류 100 (3배수) 2단계: 1단계성적 40 + 인성면접 60	×
이화여대	미래인재	10	1단계: 서류 100(3배수) 2단계: 1단계성적 80 + 면접 20	○

* 변동이 있을 수 있으므로 추후 대학의 모집요강을 최종 확인바람.

3. 서류 평가 요소 및 특징 정리 (인성평가 강화 경향)

대학	서류 평가요소	평가 특징
경인교대(2)	(교직기초지식역량) 학생부교과영역 (교직인적성역량) 학생부비교과+자소서	인성평가 강화: 서류평가 반영비율 확대(50 → 70%)
한국교원대(5)	학업역량, 지적잠재력, 전공적합성, 교직 적·인성, 의지 및 열정	
춘천교대(3)	변혁적 지성, 탁월한 품성, 발전잠재력	
청주교대(3)	잠재적 발전가능성(40), 학업수행능력(30), 지도자적 품성(30)	
광주교대(3)	학업성취, 전공적합성, 비교과활동	
진주교대(3)	학업수행능력, 교육잠재력, 태도및자질	
부산교대(5)	다양한 재능, 인성Ⅰ·Ⅱ(교직리더십), 교직적성, 학업성실성	
제주대(3)	전공적합성(40), 자기주도성(30), 인성·공동체기여도(30)	

4. 서류 평가 영역 및 세부 평가요소

● 청주교대

평가영역	배점(비율)	평가요소
잠재적 발전가능성	120(40%)	성적변화의 추이, 자아 개념, 공감 및 소통 능력
학업 수행 능력	90(30%)	학업능력, 독서 및 탐구 활동의 폭과 깊이, 성실성
지도자적 품성	90(30%)	교직관, 인성, 자기주도성, 봉사정신, 공동체의식
합계	300(100%)	

● 춘천교대

평가영역	평가요소
변혁적 지성	학업능력, 학업성취도추이, 자기주도 학습능력, 탐구능력 등
탁월한 품성	리더십, 봉사정신, 소통 공감력, 책임감, 성실성 등
발전잠재력	성장가능성, 교직적합성, 자기주도력, 자아 효능감, 도전정신 등

평가영역	배점	A	B	C	D	E
		1	0.9	0.8	0.7	0.6
변혁적 지성	34	34	30.6	27.2	23.8	20.4
탁월한 품성	28	28	25.2	22.4	19.6	16.8
발전잠재력	28	28	34.2	30.4	26.6	22.8
합계	100	100	90	80	70	60

● 2017학년도 변경사항

대학	전형	변경 사항
진주교대	지역인재	(1단계 선발비율 변경) 3배수 → 2배수 (성비적용) 한 성이 모집인원의 80% 초과 못함 (제출서류추가) 교사추천서(온라인 제출) 추가
대구교대	참스승	(서류평가 비율변경) 서류 60 + 교과 40 → 서류 80 + 교과 20
한국교원대	종합	(지원자격확대) 기초수급및차상위계층: 검정고시가능

● 2017학년도 수능최저학력기준의 변경

대학	전형	2017최저기준	변경내용
진주교대	지역인재	4개 등급 합 14등급이내	수능최저완화
청주교대	지역인재	4개 평균등급 5등급이내	수능최저완화

 질문) 진로희망에 초등교사가 기재되지 않아도 합격한 사례가 있나요?

답변) 네, 있습니다. 진로는 충분히 바뀔 수 있다고 생각합니다. 따라서 진로희망에 초등교사라는 항목이 없어도 교과와 비교과 활동의 교직 · 적성 연계성, 인성, 전공적합성, 학업적 역량이 충분히 입증된다면 합격할 수 있습니다.

교과성적 반영방법 (예시: 청주교대)

가. 석차등급이 기재된 과목

석차등급	1등급	2등급	3등급	4등급	5등급	6등급	7등급	8등급	9등급
등급점수	10	9	8	7	6	5	4	3	2

나. 체육, 예술(음악/미술) 교과목 중 등급이 'A(우수)', 'B(보통)', 'C(미흡)'으로 표시된 경우

과목별 등급	A(우수)	B(보통)	C(미흡)
등급점수	10	9	8

다. 학년별 교과성적 산출

- 학년별 교과성적 $= \dfrac{(\text{과목별 석차등급 점수} \times \text{이수단위})\text{의 합}}{\text{학년별 이수단위의 합}} \times 10$

라. 전 학년 교과성적 산출

- 300점 + (1학년 교과성적×0.3 + 2학년 교과성적×0.3 + 3학년 교과성적×0.4)

마. 석차등급 표시가 숫자가 아닌 '·', '이수', '미이수', '성취평가제'로 표시된 과목은 성적산출에 포함하지 않음

03 (교육대학교 서류평가 특징)
비교과영역 반영방법 (예시: 청주교대)

가. 출결상황

1) 학교생활기록부의 전 학년 결석일수를 합하여 아래의 등급표에 의하여 반영 점수를 산출함

2) 무단으로 인한 지각, 조퇴, 결과는 합산하여 3회를 1일 결석으로 계산함

3) 질병(또는 기타)으로 인한 결석일수는 결석일수에 산입하지 아니함

■ 출석 성적 등급표 ■

(청주교대)

등 급	결석일수(3개년간)	반영점수
1	0 ~ 2	50
2	3 ~ 6	45
3	7 ~ 15	40
4	16 ~ 30	35
5	31일 이상	30

나. 봉사활동

1) 학교생활기록부에 기재된 봉사활동실적을 아래의 등급표에 의하여 반영점수를 산출함

2) 학교생활기록부에 기재된 내용으로만 평가함

■ 봉사활동 성적 등급표 ■

(청주교대)

등급	봉사활동시간수	반영점수
1	60시간 이상	50
2	55 ~ 59시간	48
3	50 ~ 54시간	46
4	45 ~ 49시간	44
5	40 ~ 44시간	42
6	40시간 미만	40

04 〈교육대학교 서류평가 특징〉
나의 강점으로 맞춤형 전략 짜기!

나의 유리한 점	해당 교대	비고
수능 최저 맞추기!	서울교대, 청주교대, 공주교대, 전주교대	-
내신 성적 상위권!	서울교대, 전주교대, 공주교대	-
면접은 내가 왕!	경인교대, 광주교대, 대구교대, 부산교대, 진주교대, 춘천교대	광주교대(남자 유리, 전국 최고비율)

1절. 2017학년도 의대 학생부종합 대표 전형 선발방법

2절. 의대 선발 인원 작년대비 170명 이상 증가

3절. 서울·수도권 수시모집 비중 62.1%

4절. 자질, 적성, 인성 가리는 다중미니(인성)면접 대비 필요

CHAPTER 03
"의과대학의
평가 특징 및 변동사항"

대학명	모집단위	모집정원	선발인원 수시	수시 전형별 선발인원			
				교과	종합	논술	특기
가천대	의예과	28	15	–	15	–	–
가톨릭관동대	의학과	49	29(지7)	24(지7)	5	–	–
가톨릭대	의예과	65	40	–	25	15	–
건양대	의학과	49	31(지16)	31(지16)	–	–	–
경북대	의예과	77	49(지24)	7(지7)	27(지17)	15	–
경상대	의예과	53	20(지11)	17(지11)	3	–	–
경희대	의예과	77	54	–	25	29	–
계명대	의예과	76	40(지20)	40(지20)	–	–	–
고려대	의학과	106	81	19	15	30	17
고신대	의예과	76	50(지10)	50(지10)	–	–	–
단국대	의예과	40	0	–	–	–	–
대구가톨릭대	의예과	40	15(지10)	15(지10)	–	–	–
동아대	의예과	49	14(지14)	14(지14)	–	–	–
부산대	의예과	88	68(지40)	–	40(지40)	28	–
서남대	의예과	50	31(지15)	31(지15)	–	–	–
서울대	의예과	95	70	–	70	–	–
성균관대	의예과	40	15	–	5	10	–
순천향대	의예과	93	50(지25)	40(지20)	10(지5)	–	–
아주대	의학과	40	28	–	12	16	–
연세대	의예과	77	55	3	17	15	20
연세대(원주)	의예과	94	83(지14)	15	37(지14)	28	3
영남대	의학부	76	38(지20)	38(지20)	–	–	–
울산대	의예과	40	24(지4)	–	–	24(지4)	–
원광대	의예과	76	39(지29)	39(지29)	–	–	–
을지대	의예과	40	18(지8)	18(지8)	–	–	–

대학명	모집단위	모집정원	선발인원		수시 전형별 선발인원			
			수시	교과	종합	논술	특기
이화여대	의예과	53	25	–	7	10	8
인제대	의예과	93	63(지28)	63(지28)	–	–	–
인하대	의예과	34	25	–	10	15	–
전남대	의예과	88	49(지21)	49(지21)	–	–	–
전북대	의예과	77	49(지39)	49(지39)	–	–	–
조선대	의예과	88	52(지26)	52(지26)	–	–	–
중앙대	의학부	86	56	–	6	50	–
충남대	의예과	77	43	24	19		
충북대	의예과	49	27(지17)	10	17(지17)	–	–
한림대	의예과	76	22(지12)	–	22(지12)		
한양대	의예과	111	40	–	40	–	–
[36개교]	소계	2,426	1,408(지370)	648(지301)	427(지105)	285(지4)	48

* 지: 지역인재

01 2017학년도 의대 학생부종합 대표 전형 선발방법

대학명	대표전형명	모집인원	선발방법 (단위: %)	수능 최저
서울대	일반전형	45	1단계: 서류평가 100(2배수) 2단계: 1단계 50 + 면접 50	×
가천대	가천의예	15	1단계: 서류100 (3배수) 2단계: 1단계 50 + 면접 50	○
가톨릭관동대	CKU인재	5	1단계: 교과 30+ 서류 70 (3배수) 2단계: 1단계 70 + 면접 30	○
가톨릭대	학교장 추천	24	1단계: 서류 100(5배수) 2단계: 1단계 70 + 면접 30	○
경희대	네오르네상스	25	1단계: 서류 100(3배수) 2단계: 1단계 70 + 인성면접 30	×
아주대	ACE전형(일반)	12	1단계: 서류 100 (3배수) 2단계: 1단계 50 + 면접 50	○
한양대	종합(일반)	40	일괄평가: 서류 100	×
연세대	학교활동우수자	17	1단계: 서류 100(3배수) 2단계: 1단계 70 + 면접 30	○
고려대	융합형인재	15	1단계: 서류 100(3배수) 2단계: 1단계 70 + 면접 30	○
인하대	학생부종합	10	1단계: 서류 100(3배수) 2단계: 1단계성적 70 + 면접 30	×

* 변동이 있을 수 있으므로 추후 대학의 모집요강을 최종 확인바람.

02 의대 선발 인원 작년대비 170명 이상 증가

2017학년 전국 의대 36개교 신입학 모집 정원은 2016학년도 2천300명에서 171명 증가하여 7.6%의 증가세를 보여 2천471명을 선발할 예정이다. 이는 의전원과 의대를 병행하는 대학이 의대로 전환하면서 발생하는 정원이다. 모집시기별로는 수시 선발인원이 1,408명으로 58%, 정시는 1,018명으로 42%를 차지했다. 대학별로 늘어난 의대 인원은 고려대(△32명), 동아대(△15명), 성균관대(△12명), 아주대(△12명), 영남대(△23명), 중앙대(△26명), 충북대(△15명), 한양대(△33명) 등이다. 여기에 이월 인원의 영향(한양대 △1명, 단국대 ▽1명, 연세대(원주) △1명, 서남대 △1명)으로 2명이 추가됐다.

수시 전형 유형별로는 학생부교과전형이 648명으로 수시 정원의 46%를 점하며 가장 많은 수를 선발하고, 학생부종합전형은 427명으로 30.3%, 논술전형은 285명으로 20.2%, 특기자전형은 48명으로 3.4%를 차지했다.

그러나 서울대, 가톨릭대, 경희대, 고려대, 성균관대, 연세대, 이화여대, 중앙대, 한양대 등 서울 소재 9개 의대를 기준으로 보면 학생부종합전형이 210명(48.2%)으로 가장 많았고, 논술전형이 159명(36.5%), 특기자전형이 45명(10.3%), 학교생활기록부교과전형이 22명(5%) 순이었다.

지역인재전형 선발인원은 올해 23개교에서 492명(수시 410명, 정시 82명)을 선발해 전체 모집정원의 20.3%를 차지했으며, 전년도 458명보다 7.4%인 34명이 증가했다.

주요 대학별로 보면, 95명을 선발하는 서울대는 정원내로 학생부 종합 일반전형에서 45명, 지역균형선발전형 25명 등 수시에서 70명을 선발한다.

77명을 선발하는 연세대는 수시 일반전형(논술) 15명, 학생부종합 학교활동우수자전형 17명, 학교생활기록부교과전형 3명, 특기자전형(과학공학인재) 20명 등 수시에서 55명을 선발한다.

고려대는 총 106명을 선발한다. 수시에서 일반전형(논술) 30명, 학교생활기록부교과 학교장추천전형 19명, 학생부종합 융합형인재전형 15명, 특기자 과학인재전형 17명 등 총 81명을 선발한다.

한양대는 의예과 모집정원이 111명으로 수시 일반전형에서 40명, 학생부종합 40명 등 수시에서 80명을 선발한다.

03

(의과대학 관련)

서울·수도권 수시모집 비중 62.1%

전국의 의예과는 모든 지역에서 정시모집보다는 수시모집의 비중이 높은 편이다. 특히 서울 및 수도권 지역은 수시모집 비중이 62.1%로 매우 높은 편이다. 그 외의 지역은 수시 54.9%, 정시 45.1%를 선발해 수시모집 규모가 더 크지만, 수시에서 정시로 이월되는 인원이 많기 때문에 정시 선발 규모가 수시와 비슷하거나 더 많아질 수 있다. 치의예과는 서울 및 수도권 지역이 수시모집으로 77.8%를 선발해 압도적으로 수시 선발 인원이 많다.

지역별로 가장 많은 인원을 선발하는 수시전형 유형이 다르다. 수시모집에서 서울 및 수도권 지역의 의학계열은 학생부 종합 전형과 논술 전형으로 가장 많은 인원을 선발하지만 그 외 지역 대학은 학생부 교과 전형으로 가장 많은 인원을 선발한다. 이는 서울 및 수도권 대학의 의학계열은 학생들의 선호도가 매우 높기 때문에 대학들은 내신 성적뿐만 아니라 비교과 활동까지 우수한 학생을 선발하는 반면 그 외의 지역 대학은 지역 고교에서 내신 성적이 우수한 학생위주로 선발하려하기 때문이다.

04 (의과대학 관련)
자질, 적성, 인성 가리는 다중미니(인성)면접 대비 필요

의대 선발 인원을 보면 수시 비중이 높지만 수시 전형에서도 대부분 수능 최저학력 기준으로 2개 영역 1등급 이내를 반영하므로 수능 성적에 대한 준비에도 최선을 다해야 한다. 또한 수시 선발에서는 학생부 중심, 논술 중심, 특기자 중심 등 전형별 성격이 크게 다르기 때문에 자신의 장점을 보일 수 있는 전형으로 지원하는 것이 중요하다.

수시 학생부위주 전형으로 의대에 합격하기 위해서는 일반고 기준으로 교과 성적이 적어도 평균 1.3등급 이내에는 들어야 할 것으로 보인다.

최근 들어 수시 면접이 강화되면서 서울대 등이 의학을 전공하는 데 필요한 자질과 적성, 인성 등을 중시해 다양한 상황을 제시하는 다중미니면접을 실시하고 있으므로 이에 대한 철저한 대비가 필요할 것으로 보인다.

1절. 2017학년도 주요 대학 학생부 종합 대표 전형 선발방법

2절. 동점자 처리 세부기준(우선순위) 정리

3절. 주요 대학의 인재상

4절. 주요 대학 내용 정리

5절. 주요대학의 2017학년도 변경내용

CHAPTER 04
"주요 대학의
평가 특징 및 변동사항"

2017학년도 주요 대학 학생부 종합 대표 전형 선발방법

대학명	대표전형명	모집인원	선발방법(단위: %)	수능 최저
서울대	일반전형	1672	1단계: 서류평가 100(2배수) 2단계: 1단계성적 50 + 면접 · 구술고사 50	×
연세대	학교활동우수자	437	1단계: 서류100(일정배수) 2단계: 1단계성적 70 + 면접 30	○
고려대	융합형 인재	360	1단계: 서류 100 (3배수) 2단계: 1단계성적 70 + 면접 30	○
성균관대	성균인재	765	1단계: 서류 100 2단계: 1단계 80 + 면접 20	×
서강대	자기주도형	315	서류 100 면접 미실시	×
한양대	학생부종합	958	학생부 100 면접미실시	×
이화여대	미래인재	620	1단계: 서류 100 2단계: 1단계성적 80 + 면접 20	○
중앙대	다빈치형 인재	617	1단계: 서류 100(1.5~3배수) 2단계: 1단계성적 70 + 면접 30	×
경희대	네오르네상스	920	1단계: 서류 종합평가 100(3배수) 2단계: 1단계성적 70 + 면접 30	×
한국외대	일반	698	1단계: 서류 100(3배수) 2단계: 1단계성적 70 + 면접 30	×
서울시립대	학생부종합	470	1단계: 서류 100(2배수) 2단계: 면접 100	×
건국대	KU 자기추천	612	1단계: 서류 100 (3배수) 2단계: 면접 100	×
동국대	Do Dream	430	1단계: 서류 100(3배수) 2단계: 1단계성적 70 + 면접 30	×
국민대	국민프런티어	540	1단계: 서류100(3배수) 2단계: 1단계성적 60 + 면접 40	×

대학명	대표전형명	모집인원	선발방법(단위: %)	수능 최저
홍익대	학생부종합 (미술계열)	289	1단계: 학생부 100(6배수) 2단계: 학생부 70 + 서류 30(3배수) 3단계: 학생부 40 + 서류 30 + 면접 30	○
숙명여대	미래리더	259	1단계: 서류 100(3배수) 2단계: 1단계성적 40 + 면접 60	×
숭실대	SS미래인재	503	1단계: 서류 100(3배수) 2단계: 1단계성적 60 + 면접 40	×
광운대	참빛인재	414	1단계: 서류 100(3배수) 2단계: 1단계성적 60 + 면접 40	×
서울과기대	학교생활우수자	?	1단계: 서류 100(3배수) 2단계: 1단계성적 60 + 면접 40	×
단국대	DKU인재	312	서류 100(일괄전형) 면접 미실시	×
명지대	학생부종합	416	1단계: 서류 100 (3배수) 2단계: 1단계성적 60 + 면접 40	×
서울여대	종합평가	252	1단계: 서류 100 (3배수) 2단계: 1단계성적 60 + 면접 40	×
성신여대	학교생활우수자	388	1단계: 서류 100(3배수) 2단계: 1단계성적 60 + 면접 40	×
동덕여대	창의리더	181	1단계: 서류 100(3배수) 2단계: 1단계성적 40 + 면접 60	×
덕성여대	덕성인재	174	교과 40 + 서류 60 면접 미실시	×
상명대	상명인재	290	1단계: 서류 100(3배수) 2단계: 1단계성적 50 + 면접 50	×
세종대	창의인재	230	1단계: 서류 100(3배수) 2단계: 1단계성적 70 + 면접 30	×
한성대	한성인재	155	1단계: 서류 100(3배수) 2단계: 1단계성적 60 + 면접 40	×
가천대	프런티어	460	1단계: 서류 100(4배수) 2단계: 1단계성적 50 + 면접 50	×

대학명	대표전형명	모집인원	선발방법(단위: %)	수능 최저
가톨릭대	잠재능력우수자	300	1단계: 서류 100(3배수) 2단계: 1단계성적 70 + 면접 30	×
아주대	ACE일반	311	1단계: 서류 100(3배수) 2단계: 1단계성적 50 + 면접 50	×
인하대	학생부종합	802	1단계: 서류 100(3배수) 2단계: 1단계성적 70 + 면접 30	×
성공회대	열린인재	162	1단계: 서류 100(5배수) 2단계: 1단계성적 50 + 면접 50	×
경기대	KGU종합1	493	1단계: 서류 100(3배수) 2단계: 1단계성적 50 + 면접 50	×
인천대	자기추천	309	1단계: 서류 100(3배수) 2단계: 1단계성적 60 + 면접 40	×
한양대(에리카)	학생부종합	330	학생부 100(일괄전형)	×
항공대	미래인재	82	1단계: 서류 100(3배수) 2단계: 1단계성적 60 + 면접 40	×

* 변동이 있을 수 있으므로 추후 대학의 모집요강을 최종 확인바람.

동점자 처리 세부기준(우선순위) 정리

대학	내용
가톨릭대	① 서류평가 전공적합성 영역 우수자 ② 서류평가 인성영역 우수자 ③ 면접고사 우수자 ④ 연소자
광운대	① 면접평가 성적 우위자 ② 면접평가 상위배점(전공적합성) 우위자 ③ 서류평가 상위배점(전공적합성) 우위자
경희대	① 학생부 등 서류 종합평가 성적 우위자 ② 인성면접 성적 우위자 ③ 최근 졸업자
국민대	① 면접고사 성적 상위자 ② 연소자
동국대(서울)	① 면접고사 성적 상위자 ② 면접고사(인성, 사회성)항목 성적 상위자
숭실대	① 면접성적 ② 연소자
아주대	① 면접평가 총점 ② 서류평가 총점
인하대	① 종합평가영역 ② 인성평가영역 ③ 적성평가영역 높은 순
연세대	① 서류평가 점수 높은 자 ② 면접평가 점수 높은자
한양대	① 종합평가 적성영역 성적 우위자 ② 인성 및 잠재력 영역 성적 우위자
서울교대	① 심층면접고사 성적 고득점자 ② 서류평가 성적 고득점자
청주교대	① 면접고사 성적이 높은 자 ② 학생부 성적 총점이 높은 자 ③ 학생부 교과 성적이 높은 자
춘천교대	① 발전 잠재력 영역 점수 높은 자 ② 변혁적 지성 영역 점수 높은 자 ③ 탁월한 품성 영역 점수 높은 자
부산교대	① 1단계 전형 성적 높은 자 ② 교직 적 · 인성 면접성적이 높은 자 ③ 집단 면접 성적 높은 자 ④ 연소자

* 내용이 수정 될 수 있으므로 자세한 건 추후 대학 모집 요강을 참조할 것

※ 동점자 처리 우선순위를 통해 각 대학이 중요시하는 항목별 **가중치**나 **변별도**를 유추해서 알 수 있다.

대학명	인재상
건국대	• 성(誠) : 전인적 인격의 지성인 • 신(信) : 미래 지향의 전문인 • 의(義) : 공동체 발전의 선두자
경희대	• 세계인 : 세계 시민 의식, 글로벌 역량 • 창조인 : 융합적 전문 지식, 창의적 문제 해결 역량 • 문화인 : 문화 예술적 소양, 의사소통 능력
고려대	• 학교생활에 충실하고 성실성, 리더십, 공선사후정신, 전공 적합성, 창의성을 갖춘 인재
서강대	• 도덕적으로 건전하며 정의롭고, 남을 위하여 봉사하는 인성을 두루 갖춘 인재 • 남과 함께, 남을 위하여, 남을 통하여 봉사하는 삶을 살아가려는 시대적 사명을 지닌 인재 • 언어, 역사, 문화, 지리적인 한계를 넘어서 국제 사회에 능동적으로 참여할 수 있는 세계화된 인재
서울대	**세계를 선도하는 창의적 지식 공동체** • 학교교육과정을 성실히 이수하고 학업능력이 우수한 학생 • 학교생활에서 적극적이고 진취적인 태도를 보이는 학생 • 글로벌 리더로 성장할 수 있는 자질을 가진 학생 • 다양한 교육적, 사회적, 문화적 배경과 경험을 지닌 학생 • 사회적 약자에 대한 배려와 공동체 의식을 가진 학생

	인재 유형	인재상 내용
서울과학 기술대	현장형 인재	학교생활에 충실하며, 진로에 대한 적극적인 탐색을 통하여 실용적 지식과 전공적합성을 갖춘 인재
	글로벌 인재	공동체의식과 다문화에 대한 이해를 바탕으로 포용력과 리더십을 갖춘 인재
	윤리적 인재	올바른 인성과 가치관으로 배려, 나눔, 협력을 실천하는 인재
	창의적 인재	탐구활동에 적극적이며 창의적 사고력을 갖춘 미래 지향적인 인재
	융합형 인재	학업뿐만 아니라 다방면에 관심을 가지고 논리적이며 통섭적인 사고력으로 다양성을 추구하는 인재

대학명	인재상
연세대	• 대학교육에 적합한 학업능력 및 학문적 수월성 추구에 대한 열정 • 관용, 다양성에 대한 존중, 적극적인 사회 참여를 기반으로 한 민주적 시민의식 • 국제화에 대한 균형 잡힌 시각을 기반으로 한 글로벌 리더십 • 건학 이념인 진리, 자유의 정신을 갖춘 리더로 성장 잠재력이 있는 학생
이화여대	• 기독교적 진선미의 교육이념을 바탕으로 국가와 인류사회의 발전에 공헌하는 여성 ⋯▶ 주도하는 인재 – 지혜로운 인재 – 실천하는 인재
중앙대	• 의와 참의 정신을 바탕으로 진리탐구의 정신을 갖춘 자율적 교양인, 실용적 전문인, 실험적 창조인과 사회정의 구현을 위해 실천적으로 참여·봉사하는 실천적 봉사인, 개방적 문화인

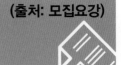

 ## 서울대

학년도	수시모집			정시모집	계(명)
	지역균형	일반전형	계	일반전형	
2015	692(22.1%)	1,675(53.4)	2,367(75.4)	771(24.6)	3,138
2016	681(21.7%)	1,688(53.8)	2,369(75.6)	766(24.4)	3,135
2017	735(23.4%)	1,672(53.3)	2,407(76.7)	729(23.3)	3,136

전형	모집인원			전형방법	수능최저
	2017	2016	증감		
지역균형	735	681	+54	서류 및 면접 – 고교별 추천인원2명	○
일반전형	1672	1688	–16	1단계: 서류100(2배수) 2단계: 서류50 + 면접50	×
기회균형1	164	164	0	1단계: 서류100(2배수) 2단계: 서류 및 면접 100 – 농어촌학생 고교별 3명?	×

● 서울대의 인재상

① 학교 교육과정을 성실히 이수하고 학업능력이 우수한 학생

② 학교생활에서 적극적이고 진취적인 태도를 보인 학생

③ 다양한 교육적, 사회적, 문화적 배경과 경험을 지닌 학생

④ 사회적 약자에 대한 배려와 공동체 의식을 가진 학생

⑤ 글로벌 리더로 성장할 자질을 지닌 학생

:: 서울대학교의 미래 인재상은 '지호락(知好樂)'이다. 지적 역량(많은 지식–지혜로

움-창의적 사고)이 태도 역량(열정/성실-자기주도성-회복탄력성)으로, 더 나아가 사회 역량(소통/공감-균형감각-공동체의식)으로 발전해 나아가는 구조다. 특히, 태도 역량을 주목할 필요가 있다. 지적 역량에 해당하는 '지'는 필요한 부분이고, 태도 역량에 해당하는 '호'는 과정(사실〈fact〉의 인과관계)이며, 사회 역량에 해당하는 '락'은 남겨야 할 것이다. 서울대는 이런 구조로 인재상을 본다. 긍정 정서가 있으면 '진화'를 낳는다. 부정 정서는 '대처'를 낳는다.

열심히 '대처'해봤자 원상복귀밖에 안 된다. 앞으로 나아가는 동력, 진화는 요원하다. 태도 역량이 있는 사람은 관심/열정, 자기주도성, 회복탄력성이 뛰어나다. 자존감이 강한 사람으로 관심과 열정이 있고 자기관리를 잘한다. 긍정 정서를 생성하는 게 바로 태도 역량이다. 태도 역량을 키우려면 '서클'을 잘 작동시켜야 한다. 진화를 위한 순환 구조를 만들어가는 것이다. 학교 공부를 예로 들자면, 바른 방식이 성적을 향상시키고, 성적향상으로 성취감을 얻으며 학습의지가 더 좋아져 시간투자를 하게 되며, 이것이 다시 바른 방식으로 돌아가는 식이라고 할 수 있다.

● 서울대 7단계 평가 절차

(1단계) 전임입학사정관 1팀: 평가서 작성(우수한 자질, 면접확인사항, 평가의견)

(2단계) 전임입학사정관 2팀: (평가서 참고 없는) 독립적인 평가 진행

(3단계) 2단계 결과 조정평가: 1단계와 2단계 평가결과 비교 검토

(4단계) 위촉입학사정관 평가: 단과대학 교수 2인 평가(서류평가 결과 도출)

(5단계) 4차 평가위원회 조정평가: 최종 서류 평가

(6단계) 서류평가 + 면접평가 연동

(7단계) 최종평가 및 선발

• 평가자 구성: 전임입학사정관 26명 + 위촉입학사정관(교수) 110여명

㉮ 서울대 종합전형은 종합적 정성적가 체제의 구축을 위해 다단계 평가를 거친다. 사전연구 및 모의평가를 통한 준비단계를 거쳐 1단계에서 전임입학사정관 1팀이 평가를 하고, 2단계에서 전임입학사정관 2팀이 평가를 거친 후, 3단계에서 2단계 결

과에 대한 조정평가를 진행하고, 4단계에서 위촉입학사정관이 평가하며, 5단계에서 4차 평가위원회 조정평가가 들어간다. 이 과정에 전공 교수들이 진행하는 면접이 평가와 연동되어 움직이면서 여러 측에서 의견을 모아 최종적인 판단을 내리는 체제다.

㉴ (공정성) 평가 시스템에서 입학사정관도, 교수도, 입학본부장도 전체 입시결과를 관리하지 못한다. 입학본부장도 1단계결과, 2단계결과를 볼 수 없고, 각자 자기가 맡은 단계만 볼 수 있다.

● 서류평가 3개 항목

순	평가 항목	평가내용
1	학업능력, 지적성취	(학생부) 교과 성취수준, 학업관련 교내수상, 세특, 창체 (자소서, 추천서) 학업관련 내용 (학교소개자료) 교과개설현황, 교내시상현황, 학교프로그램개설현황
2	지적호기심, 자기주도성, 적극성,열정	(학생부) 학업관련 교내수상, 창체, 세특 (자소서, 추천서) 학업노력, 자기주도적 학업태도, 수업참여도
3	개인적 특성, 학업 외 소양	(학생부) 학업 외 교내수상, 창체, 출결상황 (자소서, 추천서) 인성 및 대인관계

● 2016 수시 합격생들 평균 (출처: 중앙일보+종로학원하늘교육)

① 내신 등급

구분	일반전형	지역균형
일반고	1-2등급	1-1.5등급
특목, 자사고	1.8-3.4등급	1-1.9등급

② 교내상 개수

구분	일반전형	지역균형
일반고	48(최저 3)	54(최저 22)
특목, 자사고	26(최저 9)	42(최저 34)

③ 읽은 책의 수

(단위: 권)

구분	일반전형	지역균형
일반고	35(최저 11)	30(최저 12)
특목, 자사고	33(최저 11)	44(최저 22)

④ 동아리 활동 시간

구분	일반전형	지역균형
고교 전체	117.1	115.7

구분	일반전형	지역균형
일반고	128(최저 68)	120(최저 48)
특목, 자사고	127(최저 53)	114(최저 60)

⑤ 동아리 활동 개수

구분	일반전형	지역균형
고교 전체	3.6	4.3

고교 구분	일반전형	지역균형
일반고	4.5	4.3
특목, 자사고	1.8	4

계열 구분	일반전형	지역균형
인문계열	4.6	3.6
자연계열	3.2	4.7

⑥ 봉사활동 시간

구분	일반전형	지역균형
일반고	142(교내 79, 교외 63)	142(교내 65, 교외 77)
특목, 자사고	81(교내 46, 교외 35)	171(교내 49, 교외 122)

⑦ 당락 영향 요소의 차이

구분	당락영향요소
지역균형	서류평가
일반전형	구술고사

● 전형의 차이 분석

구분	학교별 추천인원	면접	유리한 고교유형
지역균형	2	인성면접	일반고
일반전형	제한 없음	구술고사	특목고, 자사고

:: 지역균형(수능최저 있음)은 전국의 전교 1, 2등이 모여 경쟁하는 구도이기 때문에 지원자의 평균 내신등급이 높다. 따라서 상대적으로 내신 관리가 어려운 특목고, 자사고 학생들이 진입하기가 쉽지 않다. 반면에 일반전형(수능최저 없음)은 구술고사 성적이 당락에 지대한 영향을 미치므로 상대적으로 특목고, 자사고 학생들이 일반고 학생에 비해 유리한 측면이 있다.

① 서울대는 평가의 우선순위에서 ㉮ 학업 역량(기초 + 전공 심화과정 수료) ㉯ 독서 역량 ㉰ 예체능 역량을 바탕으로 전인적이며 통섭·융합형 인재로서, 지덕체를 온전히 갖춘 인재선발을 중요시하는 것으로 알려져 있다.(특히, 독서역량은 서울대에서만 별도로 출제하는 자기소개서 4번 문항을 보면 독서를 중요시 하는 것을 확인할 수 있다.)

서울대 지원자들은 전국에서 평균적으로 전 과목을 잘하는 올마이티형 슈퍼맨(?)들이다. 이러한 이유 때문에 이들은 기본적으로 교과적인 대학수학능력은 바탕이 되므로, 일반 학생들(?)을 위한 잣대로서 평가하기는 어려운 부분이 있다. 그러므로 그들만을 위한 특별한 추가적인 평가기준을 가질 수밖에 없는 상황임을 참고할 필요가 있다.

② 서울대는 자기소개서 증빙서류 목록표, 수시모집 기타 서류 목록표를 별도로 작성해서 제출해야 한다. 특히, 자기소개서 증빙서류 목록은 학생부에 없는 3개 이내의 내용만을 적는 것이므로 전공 관련 심층적인 교외활동을 할 필요가 있다. 또한 수시모집 기타 서류 목록표는 학생부 세부항목에 해당하는 서류(교내수상, 봉사활동, 동아리활동 등)에 한해 제출이 가능하다. 따라서 수상과 활동을 증명할 수 있는 (활동)보고서, 증명서 등을 추후 제출을 위해 잘 모아놓아야 한다.

성균관대

● 선발의 3원칙

- 글로벌 창의리더의 발굴과 육성
- 고교교육정상화에 기여
- 학생선발의 사회적 책무성 확보

● 평가역량 및 평가영역

순	평가역량	평가영역
1	소통	학업역량(수월성/충실성)
		개인역량(전공적합성/활동다양성)
		잠재역량(자기주도성/발전가능성)
2	인문	학업역량(수월성/충실성)
		개인역량(전공적합성/활동다양성)
		잠재역량(자기주도성/발전가능성)
3	학문	학업역량(수월성/충실성)
		개인역량(전공적합성/활동다양성)
		잠재역량(자기주도성/발전가능성)
4	글로벌	학업역량(수월성/충실성)
		개인역량(전공적합성/활동다양성)
		잠재역량(자기주도성/발전가능성)
5	창의	학업역량(수월성/충실성)
		개인역량(전공적합성/활동다양성)
		잠재역량(자기주도성/발전가능성)
6	리더	학업역량(수월성/충실성)
		개인역량(전공적합성/활동다양성)
		잠재역량(자기주도성/발전가능성)

서강대

● 평가기준

평가요소	평가내용	학생부 주요평가영역
학업역량	수학할 수 있는 역량을 갖추었는가? (교과성취도 등, 과거시점에 대한 평가)	• 교내 수상경력 • 창의적 체험활동 • 세부능력 및 특기사항 • 행동특성 및 종합의견 등 연계평가
학문적 성장가능성	대학에서 성장할 수 있는가? (미래시점에 대한 평가)	• 교내 수상경력 • 창의적 체험활동 • 세부능력 및 특기사항 • 행동특성 및 종합의견 등 연계평가
일반적 성장가능성	사회구성원으로서 발전가능성을 가지고 있는가? (미래시점에 대한 평가)	• 교내 수상경력 • 창의적 체험활동 • 세부능력 및 특기사항 • 행동특성 및 종합의견 등 연계평가

● 활동 보충자료 – 교외활동 작성 가능

활동명 작성	최대 3개 항목/ 항목당 100자이내 / 줄글 또는 개조식 가능
활동내용 작성	최대 3개 항목/ 항목당 400자이내 / 줄글 또는 개조식 가능
학생부기재여부표시	활동 내용이 학생부에 기재되어 있는지를 확인
이미지 파일 첨부	이미지 설명필요 → 1개 항목 당 1개의 이미지 파일 업로드
	이미지 불필요 → 사진 업로드 하지 않음

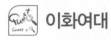 이화여대

● 인문계열 학교생활기록부 기재내용과 핵심역량

구분	학교생활기록부 기재 내용	세부핵심역량
창의적 체험활동 특기사항	면학분위기 조성에 기여하였으며	설득 및 대화력
	역할분담 활동 등에 적극 참여함	적극적 행동력
	학급구성원으로서의 단결심, 협동심 배양	협동의식
	공동체 속에서 살아가는 데 필요한 노력과 화합의 가치를 습득하게 됨	공동체 의식
	나의 새로운 모습을 발견하는 기회를 얻게 됨	자기관리력
	다양한 영어표현들을 익힘	외국어능력
	몽고와의 문화교류 수업 적극적으로 참여	세계정치, 경제, 사회문화에 대한 통찰력, 적극적 행동력
	다른 나라를 이해할 수 있는 시간을 가짐	세계 표준에 대한 이해와 적용능력
	역할분담 활동에 주도적으로 참여	적극적 행동력
	열의와 성의를 다해 적극 참여함	끈기와 인내력
	단결심과 협동심을 배양함	협동의식
	우리나라 시사적 주제에 관심이 많음	한국 정치, 경제, 사회, 문화에 대한 통찰력
	학급 공동체를 위해 성실하게 봉사함	공동체 의식
	자신의 의견을 적극적으로 발표함	능동적 표현력
	학급 공동체를 위해 성실하게 봉사함	공동체 의식
	각종 활동에 적극적으로 참여함	적극적 행동력
	타인을 배려하는 자세	배려심, 협력
	민주시민으로 성장할 수 있는 토대	공동체 의식
	심성프로그램에서 자기 자신을 발견하고	자기관리력
	타인을 이해하는 열린 마음을 갖게 됨	대인관계능력
	집단의 활동을 활성화하는 역할	조직 관리력

구분	학교생활기록부 기재 내용	세부핵심역량
행동특성 및 종합의견	꾸준히 학습계획을 작성하여 실천하고	자기주도적학습력
	친구들과 교우관계가 좋으며	대인관계능력
	예의바르고 착실함	도덕성
	여러 과목에 대해 학문적 호기심을 가지고	지적호기심
	사회현상에 대한 관심을 갖고	한국 정치, 경제, 사회, 문화에 대한 통찰력
	시각장애 복지관에서 꾸준히 봉사활동을 하고	다양성 인정
	영어에 많은 관심과 노력을 기울임	외국어능력
	학업은 자신의 계획에 따라 시간을 안배하여 자기주도적으로	자기주도적학습력
	불우이웃돕기 성미 모으기	다양성 인정
	자신의 희망진로 분야에서 반드시 성공할 것을 확신	폭넓은 조망력

● 자연계열 학교생활기록부 기재내용과 핵심역량

구분	학교생활기록부 기재 내용	세부핵심역량
창의적 체험활동 특기사항	학교생활에 잘 적응할 수 있도록	환경변화에 대한 적응력
	진로에 대한 맵을 그리고 꿈에 대한 계획수립 방법을 배움	자기주도적학습력
	영어에 대한 관심과 흥미가 많으며 학급친구들에게 영어과목의 멘토	외국어능력
	면학분위기 형성에 명쾌한 의견을 제시함	공동체 의식
	AP교육과정을 수료하여 빛의 반사, 굴절, 간섭 현상 알아보기	정보 및 과학기술 습득
	과학적 탐구능력과 실험수행능력	지적 호기심
	실험결과로부터 과학의 이론과 법칙을 이끌어냄	첨단과학기술에 대한 이해와 활용 능력
	과학의 달 명사초청 강연 듣고 과학경시대회 참가	정보 및 과학기술 습득
	사고력이 풍부하고	합리적 사고력
	판단력이 예리하며	가치판단능력
	발표에 적극적이며	능동적 표현력
	논리력과 추리능력이 뛰어나고	합리적 사고력
	매사에 적극적인 학생임	적극적 행동력
	카오스이론, 나비효과 등에 관심	정보 및 과학기술 습득
	왕성한 호기심	지적 호기심
	토론과 제작활동에 능동적 참여	능동적 표현력
행동특성 및 종합의견	친절하여 친구들과 잘 어울림	대인관계능력
	지적 호기심이 많아	지적 호기심
	급우들과 잘 어울리며	대인관계능력
	맡은 일을 능동적으로 잘 처리하고	능동적 표현력
	감수성이 예민하며	문화적 민감성
	동물에 대한 관심이 많고	다양성 인정

구분	학교생활기록부 기재 내용	세부핵심역량
행동특성 및 종합의견	과학에 대한 안목	첨단 과학기술에 대한 이해와 활용 능력
	목표의식이 뚜렷하며	폭넓은 조망력
	자기관리능력이 뛰어나고	자기관리력
	실패를 두려워하지 않고	실패의 수용능력
	항상 열심히 노력하는	끈기와 인내력
	발전적인 학생	폭넓은 조망력

중앙대 평가기준

평가요소	전형자료
학업역량	• 지원자의 학업적 성취 • 교과 내신성적, 성적 추이, 지원 모집단위 관련 교과 성적 등
지적탐구역량	• 학업 및 전공(계열)관련 흥미와 열정 · 학업의 깊이 및 탐구 능력 (수업활동, 수상실적, 독서, 탐구활동 등) (※ 탐구형 : 과제연구, R&E활동, 심화과목 이수 등의 활동)
성실성	• 자율, 동아리, 수업, 봉사활동을 포함한 교내에서 개최되는 각종 활동에 충실하고 지속적으로 참여했는지 평가 (교외 활동은 부정지표로 활용)
자기주도성/창의성	• 동아리, 협력활동, 실험, 논문 등의 교내 각종 활동에 자기주도적으로 도전하여 활동 과정에서 창의력, 추진력, 성과 등을 보였는지 평가
공동체 의식	• 학업, 동아리, 학생회, 봉사활동, 단체활동 등 교내 각종 활동에서의 역량, 협력 및 갈등극복 사례 등을 평가 (인성평가 포함)

경희대

● 평가기준

구분	전형자료	평가요소		평가준거
잠재 역량	학생부 비교과영역	• 수상실적 • 자격증 및 인증 • 리더십활동 • 봉사활동 • 동아리활동	• 진로활동 • 독서상황 • 행동특성 및 종합의견 등	• 전형적합성: 전형 취지의 적합성 • 학업발전성: 환경을 고려한 학업성취도와 성장가능성 • 전공적합성: 전공에 대한 관심과 열정 • 인화관계성: 공감 및 배려의 품성과 사회성 • 자기주도성: 동기 및 활동의 주도성과 실행력 • 경험다양성: 창의적 체험활동의 다양성과 충실성
	자기소개서	• 고등학교 재학 기간 중 학업에 기울인 노력과 학습경험 • 고등학교 재학 기간 중 의미를 두고 노력했던 교내활동 • 학교생활 중 배려, 나눔, 협력 등의 사례와 느낀 점 • 지원자의 교육환경(가족, 학교, 지역 등)이 성장과정에 미친 영향과 지원학과에 지원한 동기, 입학 후 학업(진로) 계획		
	교사추천서 (선택서류)	• 추천인의 평가 내용 • 사례 및 근거		
학업 적성 역량	학생부 교과영역	• 원점수, 과목 평균 • 표준편차 • 이수/미이수 • 석차등급, 수강자 수	• 교과목이수현황, 단위수 • 지원학부(과) 관련 교과성적 • 과목별 세부능력 및 특기사항 • 방과 후 학교	

※ 교사추천서(선택서류)는 가능한 제출하는 것이 좋다.

● 고교대학연계전형의 동점자 처리기준

(1) 학교생활기록부 총점 우위자
(2) 학교생활기록부 교과별 성적 우위자
  • 인문: 영어 > 수학 > 국어 > 사회
  • 자연: 수학 > 영어 > 국어 > 과학

건국대 평가기준

평가영역	평가요소	평가준거
기초 학업능력	전반적 학업성취도 • 계열별 이수과목 성취도 • 학년별 학업성취도 추이 • 교과 관련 각종 활동 및 프로그램 참여, 수상실적	• 학교생활기록부 상의 교과 성적이 본교 합격자 수준 • 학기별 학업성취도가 지속적으로 향상 • 모집단위별관련 과목 이수단위가 높고 성취도 우수 • 모집단위와 관련된 특정 교과영역 심화 프로그램 이수 • 교과 관련(교내외) 수상실적, 동아리활동
전공 적합성	• 전공에 대한 열의, 적성 • 전공 이해도 • 전공 관련 활동의 적합성 • 학업, 진로계획의 타당성	• 자기소개서 질문에 관심─이유─활동─발전계획이 일관되게 작성 • 전공에 대한 준비 정도, 자기소개서에 작성된 활동들이 가시적으로 (학교생활기록부, 추천서 등에서) 확인 가능함 • 전공에 대한 이해도가 높음 • 전공 관련 교과과목의 성취도 높음 • 전공 관련 수상실적, 활동이 나타남 • 학업, 진로계획이 타당성이 있음
인성	• 공동체정신(리더십, 조정, 화합) • 창의적 체험활동 • 교우관계 • 성실성 • 학교폭력 기재사항 등	• 교내활동에 대한 참여 • 공동 목표를 위한 협동이나 조정, 화합의 경험 • 리더십을 발휘한 경험 및 내용 • 교우관계 및 내용 • 결석 일수(결석 사유)

성신여대 평가항목별 평가자료

(◎ 아주 중요, ○ 중요)

구분			인성	전공적합성	발전가능성
학교 생활 기록부	학적사항		○	−	−
	출결사항		◎	−	−
	수상경력		◎	◎	◎
	자격증 및 인증취득상황		−	○	−
	진로희망사항		−	○	−
	창의적 체험활동	자율활동	◎	−	○
		동아리활동	◎	◎	◎
		봉사활동	○	−	○
		진로활동	−	○	−
	봉사활동실적		◎	−	−
	교과학습발달상황		−	◎	−
	교과 세부능력 및 특기사항		○	◎	○
	체육 · 예술(음악/미술)		○	○	○
	독서활동상황		−	○	◎
	행동특성 및 종합의견		◎	◎	◎
자기 소개서	1. 학업성취 노력 및 학습경험		−	◎	○
	2. 진로 · 관심 분야 자기주도적 학습활동		−	○	◎
	3. 인성 및 대인관계		◎	−	−
	4. 목표(꿈)설정 및 입학 후 진로계획		−	○	◎
교사 추천서 (사범대)	학업 관련 영역	5점 척도	1. 학업에 대한 목표의식과 노력	−	○	○
			2. 자기주도적 학습태도	−	−	◎
			3. 수업참여도	○	○	−
		학업 관련 종합의견		◎	◎	◎

구분				인성	전공적합성	발전가능성
교사 추천서 (사범대)	인성 및 대인관계	5점 척도	1. 책임감	○	–	○
			2. 성실성	○	–	○
			3. 리더십	○	–	○
			4. 협동심	○	–	○
			5. 나눔과 배려	○	–	○
		인성 및 대인관계 관련 사례		◎	–	○
	종합의견	지원자에 대한 교사의 평가		◎	◎	◎

한국산업기술대학교 학생부 평가 시 항목별 중요도

평가요소	학생생활기록부	중요도
인성	출결사항	★★★★
	수상경력	★★
	봉사활동실적	★★★★★
	예·체능활동	★★
	창의적 체험활동상황	★★★
	행동특성 및 종합의견	★★★★
잠재력	수상경력	★★★★★
	창의적 체험활동상황	★★★★
	교과학습발달상황	★★★
	세부능력 및 특기사항	★★★
	독서활동상황	★★
	행동특성 및 종합의견	★★
전공적합성	수상경력	★★★★★
	진로희망사항	★★★
	창의적 체험활동상황	★★★
	교과학습발달상황	★★★★
	세부능력 및 특기사항	★★★★
	독서활동상황	★★★
	행동특성 및 종합의견	★★

● 신설전형

대학	전형	인원	전형방법	수능 최저	비고
건국대	KU학교장추천	378	교과60+서류40	없음	• KU고른기회(지역인재)전형과 KU교과우수자전형을 통합 • 지원자격: 재수생까지
경희대	고교대학연계	400	교과60+서류40 (고교추천인원: 2명)	없음	추천서류비중증가: 30 → 40
경기대	KGU학생부종합 II	324	종합평가 100	없음	지원자격: 삼수생
동국대	DO DREAM 학교장추천	132	1단계: 서류100(3배수) 2단계: 서류70+면접30 • 고교별 추천인원 5명	없음	
아주대	글로벌우수인재	39	1단계: 서류100(4배수) 2단계: 서류50+면접50	없음	

● 폐지된 전형

대학	전형	모집인원	전형방법	수능최저
가톨릭대	지역균형	50	1단계: 서류 100 2단계: 서류 70 + 30	없음
건국대	KU고른기회-유형7(지역인재)	133	학생부 30 + 서류70	없음
경희대	지역균형	232	학생부 70 + 서류 30	없음
광운대	지역우수인재	60	1단계: 서류 100 2단계: 서류 60 + 면접40	없음
동국대	지역우수인재	122	1단계: 서류 100 2단계: 서류 70 + 면접30	없음

* 지역우수인재는 수도권 이외의 지역의 학생을 대상으로 모집을 했으나 지원 경쟁률이 낮아 폐지한
  것으로 보임.

● 전형방법의 변경

대학	전형	2017 전형방법	변경내용(2016 대비)
가톨릭대	잠재능력우수자	1단계: 서류100 2단계: 1단계70+면접30	• 면접비중 10%증가 • 지원 자격변경 • (재수생→삼수생)
	학교장추천(의예과)		• 면접비중 10%증가
고려대	학교장추천	1단계: 교과90+비교과10 2단계: 1단계70+면접30	• 교과비중 10%증가
국민대	학교생활우수자	교과60+서류40	• 서류비중 10%증가
	국민지역인재		
성신여대	학교생활우수자 지역균형	1단계: 서류100 2단계: 서류60+면접40	• 1단계-자기소개서도입 • 2단계-면접도입 (지원자격제한 X → 삼수생)
연세대(원주)	학교생활우수자	서류100	• 면접 폐지
아주대	학교생활우수자	학생부 교과80+비교과20	학생부 비교과 비중 10%축소
인하대	학생부종합		교사추천서 폐지

● 수능최저학력기준의 변경

대학	전형	2017최저기준	변경내용
고려대	학교장추천	자연: 2개합 5등급	수능최저완화
연세대(원주)	학교생활우수자	1개 2등급 또는 2개 합 7등급	탐구 과목수 축소
홍익대	학생부종합	3개 등급 합 9등급	미술대학 자율전공 수능최저 완화

● 1단계 선발비율의 변경

대학	전형	변경전	변경후
가천대	가천프런티어 가천의예 학석사통합	3배수	4배수
이화여대	미래인재	3.5배수	3배수
인하대	학생부종합(의예)	10배수	3배수

● 지역인재전형의 지원 자격 변경

대학	전형	변경내용
국민대	국민지역인재	
성신여대	지역균형	전국으로 지원 확대
세종대	지역인재	

● 검정고시 출신이 지원 가능한 상위권 대학

대학명	전형	모집인원
서울대	일반	1,398
고려대(서울)	융합형 인재	280
성균관대	성균 인재	518
	글로벌 인재	631
중앙대(서울)	학생부 종합(일반형)	377
	학생부 종합(심화형)	305
이화여대	미래인재	530

※ 정확한 확인을 위해 각 대학 모집요강을 참조할 것

PART 4

플러스(+)
스페셜 팁(special tip)!

Chapter 1. (各樣各色) 일반전형보다 특별전형이 더 유리하다.
Chapter 2. (摘載適時) 시기에 따른 대상별(학생, 학부모, 교사) 역할

할 수 있는 능력이 있는 데도 불구하고
당신이 원하는 발전을 이루고 있지 못하다면
그것은 당신의 목적이 분명하지 않기 때문이다.

– 폴 메이어

1절. 학생부 퓨전전형

2절. 농어촌전형

3절. 특성화고교출신자전형

4절. 특성화고졸재직자 특별전형

5절. 고른기회전형(사회배려자 또는 사회공헌자전형)

▶ 장점 3
• 경쟁률이 일반전형보다 낮다.
• 평균 내신 성적이 일반전형보다 낮다.
• 특별한 자격이 되는 학생만 지원이 가능하다.

CHAPTER 01 (各樣各色)
"일반전형보다 특별전형이 더 유리하다!"

학생부 퓨전전형에 대해 설명하려고 하니, 갑자기 대중가요의 노래가사가 생각난다. '학생부 종합전형인듯 학생부 종합전형아닌 학생부 종합전형같은 학생부전형'

학생부 퓨전전형은 순수한 학생부 종합전형이 아니라 기존의 학생부 교과전형과 학생부 종합전형을 적절하게 혼합하여 중간 학생지대(내신이 좋은 것도 아니고, 비교과 활동이 많은 것도 아닌)에 있는 학생들을 겨냥하여 경쟁률을 높이고자 한 것이다. 참고로 학생부 퓨전전형은 필자가 네이밍한 전형명이다.

형태는 세 가지가 대표적이다. ① 교과 + 비교과 서류(학교생활기록부 또는 자기소개서)형 ② 교과 + 면접형(예, 2017 한양대, 동국대, 이화여대) ③ 교과 + 비교과 서류(학교생활기록부 또는 자기소개서) + 면접형이다. 교과의 성적 비율이 나머지 비율보다 높은 것이 특징이다.

● 학생부 종합전형 VS 학생부 퓨전전형의 차이

구분	학생부 종합	학생부 퓨전
평가방식	정성평가 〉 정량평가	정량평가 〉 정성평가
자기소개서 역할	주로 평가의 주요소	주로 참고 자료
면접 방식	주로 심층면접	주로 인성면접
평균 경쟁률	10:1 내외	5:1 내외

교과 + 비교과 형태의 평가방법은 교과 성적 + 비교과 서류만을 반영한다. 이러한 전형은 주로 정량적인 서류평가만을 위주로 한다. 구체적으로 비교과 서류는 상대적이지만 정량적으로 빠른 판단이 가능한 분석적 평가를 기본으로 한다고 볼 수 있다. 해당사항으로는 출결에서의 무단여부, 봉사시간 100시간 내외여부, 수상의 개수, 전교회장이나 부회장, 반장이나 부반장, 동아리장 등의 리더 역할 유무, 독서의 권수, 동아리 활동의 일관성, 세특과 종합의견 등을 주로 본다. 자기소개서는 참고용으로 본

다. 교과는 순수 교과전형처럼 내신등급 성적을 주요하게 보는 것이다. 학생부 종합전형과는 달리 나머지의 정성적인 항목은 최소화 한다고 할 수 있다. 예를 들어, 국민대의 학교생활기록부우수자전형(교과70+서류30), 건국대 KU학교장추천(교과60+비교과40), 경희대의 고교대학연계전형(교과60+서류40), 가톨릭대 학생부 우수자전형(교과70+비교과30), 아주대 학교생활우수자전형(교과80+비교과20) 등이 해당된다.

(Special Tip)

농어촌전형

농어촌 전형은 지방자치법 제3조에 의한 읍·면지역 및 도서·벽지 교육진흥법 시행규칙 제2조에 의한 지역 중·고교 졸업(예정)자로서, 부모 및 학생 모두 6년간 농어촌에 거주한 자를 기준으로 하거나 학생 본인이 12년간 농어촌에 거주한 자를 기준으로 한다.

교육부의 방침에 따라 농산어촌 전형의 취지에 맞는 적합정도(전형적합성)를 평가에 적극 반영하고 있는 추세이다.

전형취지적합성의 반영은 대학마다 다르지만 일반적으로 농산어촌의 직업비율을 보고 전형취지적합성 항목란에 점수를 부여하는 항목이다(파트 1, 챕터 2에 수록). 교육부에서 제공해주는 농산어촌 인구비율을 참고하여 각 대학교의 입학(시)전형위원회에서 규정한 기준에 의해 점수를 배점하고 있다. 한편, 강원도 태백시 등은 도서·벽지법을 활용한 별도의 배점기준(대학마다 다름)을 통해 배점한다.

전형취지 적합성은 농산어촌 비율 자료를 활용하여 단계별로 나누어 그 점수를 정량적으로 평가할 수 있다. 이 때문에 무늬만 농어촌인 지역은 전형취지 적합성 항목에서 불이익을 받을 수 있다. 예컨대, 경기도는 남양주시, 파주시, 화성시, 김포시, 충남은 계룡시, 아산시, 경남은 창원시, 김해시, 양산시, 광역시는 대구, 부산시 등이 그러하다.

농어촌전형은 특별전형이라고 해서 꼭 일반전형에 비해 유리하다고 볼 수는 없다. 적은 인원을 선발할뿐더러 상대적으로 같은 환경의 학생들이 몰리기 때문에 오히려 변별력이 약할 수 있기 때문이다. 따라서 모집요강을 참고하여 평가요소와 전형비율 등을 꼼꼼히 살펴보고 전형선택의 유·불리를 판단하여 지원하는 것이 필요하다. 다만, 수능 최저기준을 맞출 수 있다면 오히려 수능 최저 기준이 있는 곳이 합격 가능성은 더 높을 수 있다.

03 (Special Tip) 특성화고교출신자전형

초·중등교육법 시행령 제91조 1항에 따른 특성화고교 졸업(예정)자로서 지원 모집단위별 동일계열학과 출신자 또는 전문교과 30단위 이상 이수자만 지원이 가능하다(단, 대학별로 차이가 있으므로 요강을 확인할 것).

특성화고교 출신은 특성화고교출신자 특별전형을 이용하는 것이 일반전형에 비해 상대적으로 유리하다.

교육부 방침에 따라 특성화고교의 전공과목을 일정시수이상을 들어야만 지원이 가능하다. 동일계열 지원이 아니면 지원자격 불일치로 원천 탈락되므로 각 대학의 모집요강을 참고하고 확실치 않으면 입학처에 문의하면 확인할 수 있다.

이 전형은 특히, 전공 관련 **자격증**을 적극 부각 시키는 것이 유리하다! 적어도 2개 이상이 필요하며 3학년에 몰아서 2개 정도를 획득하는 것보다는 1학년 1개, 2학년 1개, 3학년 1개식으로 학년별 심화형이 더 좋은 평가를 받는다(자기소개서에 쓰기에도 더 좋다).

● **전문교과 (출처: 교육부 교육과정 총론)**

교과	과목				기준 학과
수산·해운	• 수산일반 • 수산 생물 • 양식 생물 질병 • 해양 오염 • 열기관 • 잠수 기술 • 해사영어 • 전자통신운용 • 해양 정보 관리	• 해사 일반 • 수산 경영 일반 • 수산 가공 • 냉동 일반 • 선박 보조 기계 • 항해 • 선화 운송 • 생선회 실무	• 해양 일반 • 해양 생산 기술 • 수산물 유통 • 냉동 기계 • 선박 전기·전자 • 선박 운용 • 전자 통신 공학 • 해양 레저·관광	• 수산·해운 정보처리 • 수산 양식 • 해양 환경 • 냉동 공조 실무 • 기계설계·공작 • 해사 법규 • 전자 통신 기기 • 항만 물류 일반	• 해양 생산과 • 수산 양식과 • 자영 수산과 • 수산 식품과 • 해양 환경과 • 냉동 공조과 • 동력 기계과 • 항해과 • 전자 통신과 • 해양레저과 • 항만 물류과 • 해양 정보과

교과	과목				기준 학과

가사·
실업
	• 인간 발달
	• 동양 조리
	• 패션디자인
	• 주거
	• 영·유아교육원리
	• 관광 일반
	• 관광영어
	• 보건 간호
	• 헤어 미용
		• 식품과 영양
		• 서양 조리
		• 한국 의복 구성
		• 실내 디자인
		• 영·유아교육프
		  로그램
		• 관광 경영 실무
		• 관광 일본어
		• 기초 간호 임상
		  실무
		• 피부 관리
			• 급식 관리
			• 제과 제빵
			• 서양 의복 구성
			• 가구 디자인
			• 영·유아놀이교육
			• 관광 서비스 실무
			• 관광 중국어
			• 기초 복지 서비스
			• 메이크업
				• 한국 조리
				• 의복 재료·관리
				• 자수와 편물
				• 디스플레이
				• 영·유아생활지도
				• 관광 외식·조리
				• 간호의 기초
				• 노인 생활 지원
				• 공중 보건
					• 조리과
					• 의상과
					• 실내 디자인과
					• 유아교육과
					• 관광과
					• 간호과
					• 복지 서비스과
					• 미용과

농생명 산업	• 농업 이해 • 생물 공학 기초 • 산림 자원 기술 • 원예 기술 I • 사육 기술 II • 조경 기술 II • 농업 토목 기술 II • 농업 기계 기술 II • 식품 가공 기술 II • 환경보전	• 농업 기초 기술 • 재배 • 원예 • 원예 기술 II • 누에와 비단 • 농업과 물 • 농업 기계 • 식품 과학 • 농산물 유통 • 환경 관리 I	• 농업 정보 관리 • 작물 생산 기술 • 생활 원예 • 동물 자원 • 조경 • 농촌과 농지 개발 • 농업 기계 공작 • 식품 위생 • 농산물 유통 관리 I • 환경 관리 II	• 농업 경영 • 숲과 인간 • 생산 자재 • 사육 기술 I • 조경 기술 I • 농업 토목 기술 I • 농업 기계 기술 I • 식품 가공 기술 I • 농산물 유통 관리 II • 농업과 관광	• 식물 자원과 • 동물 자원과 • 농업토목과 • 식품 가공과 • 농업 기계과 • 조경과 • 농산물유통정보과 • 환경·관광 농 업과 • 생물 공학과
공업	• 공업 입문 • 기계 일반 • 기계 공작법 • 기계 기초 공작 • 금형 제작 • 전자 기계 제어 • 금속제조 • 전기 응용 • 전력 설비 II • 전자·전산 응용 • 정보 통신 • 프로그래밍 • 토목 설계 • 지적 전산 • 건축 목공 • 색채 관리 • 시각 디자인 • 제조 화학 • 구조 세라믹	• 기초 제도 • 전기 일반 • 원동기 • 공작 기계 I • 전자 기계 이론 • 로봇 기초 • 재료 가공 • 전기 회로 • 전기·전자 측정 • 전자 회로 • 통신 시스템 • 디지털 논리 회로 • 토목 일반 • 지적 실무 • 건축 시공 I • 조형 • 컴퓨터 그래픽 • 분석 화학 • 세라믹 디자인	• 정보 기술 기초 • 공업 영어 • 유체 기기 • 공작 기계 II • 전자 기계 회로 • 로봇 제작 • 주조 • 전기 기기 • 자동화 설비 • 계측 제어 • 컴퓨터 구조 • 측량 • 토목 재료·시공 • 건축 구조 • 건축 시공 II • 제품 디자인 • 공업 화학 • 기능성 세라믹 • 발효 공업	• 전문 제도 • 기계 설계 • 공기 조화 설비 • 산업 설비 • 전자 기계 공작 • 재료 일반 • 금속 처리 • 전력 설비 I • 전자 기기 • 통신 일반 • 시스템 프로그 래밍 • 역학 • 수리·토질 • 건축 계획 일반 • 디자인 일반 • 공예	• 기계과 • 전자 기계과 • 금속 재료과 • 전기과 • 전자과 • 통신과 • 컴퓨터 응용과 • 토목과 • 건축과 • 디자인과 • 화학 공업과 • 환경공업과 • 세라믹과 • 식품 공업과 • 섬유과 • 인쇄과 • 자동차과 • 조선과 • 항공과

교과	과목				기준 학과
공업	• 식품 분석 • 제포 · 봉제 • 평판 인쇄 • 자동차 · 건설 기계 • 건설 기계 구조 · 정비 • 선박 건조 • 항공기 장비 • 대기 · 소음 방지 • 컴퓨터 게임 그래픽 • 영화 · 방송 제작	• 식품 공업 기술 • 염색 · 가공 • 특수 인쇄 • 자동차 기관 • 자동차 차체 수리 • 항공기 일반 • 항공기 전자 장치 • 폐기물 처리 • 만화 · 애니메이션 기초 • 촬영 · 조명	• 섬유 재료 • 인쇄 일반 • 사진 · 전자 제판 • 자동차 섀시 • 선박 이론 • 항공기 기체 • 환경 공업 일반 • 컴퓨터 게임 기획 • 애니메이션 제작 • 방송 시스템	• 단위 조작 · 공정 제어 • 세라믹 원리 · 공정 • 식품 제조 기계 • 방적 · 방사 • 인쇄 · 사진 재료 • 사진 • 자동차 전기 · 전자 제어 • 선박구조 • 항공기 기관 • 수질 관리 • 컴퓨터 게임 프로그램 • 만화 창작	• 컴퓨터 게임과 • 만화 · 애니메이션과 • 영상 제작과
상업 정보	• 상업 경제 • 경영과 법 • 커뮤니케이션 실무 • 세무 회계 • 전자 무역과 국제 상무 • 프로그래밍 실무 • 멀티미디어 기획 • 인터넷 쇼핑몰 관리	• 컴퓨터 일반 • 마케팅과광고 • 원가 회계 • 금융과 생활 • 유통 정보 관리 • 소프트웨어 개발 • 멀티미디어 실무 • 전자 상거래 실무	• 회계 원리 • 경영 정보 시스템 • 기업 회계 • 국제화와 기업 경영 • 물류 관리 • 사무 관리 실무 • 웹 프로그래밍 • 인터넷 마케팅	• 기업과 경영 • 기업 자원 관리 • 전산 회계 • 무역 영어 • 자료 처리 • 멀티미디어 일반 • 전자 상거래 일반 • 창업 일반	• 경영 정보과 • 회계 정보과 • 무역 정보과 • 유통 경영과 • 정보 처리과 • 멀티미디어과 • 전자 상거래과 • 응용디자인과 • 관광경영과

(Special Tip)

특성화고졸재직자 특별전형

● 특성화고졸재직자 특별전형 지원 가능 조건 (출처: 모집요강)

「고등교육법시행령」 제29조 제2항 제14호에 따라 다음 각 호 중 하나에 해당하는 자로서, **4대 보험 중 1개 이상 가입 산업체에서 근무경력이 3년(1,080일) 이상인 재직자**

1. 특성화고등학교 등을 졸업한 자: 「초 · 중등교육법 시행령」 제91조 제1항에 따른 특성화고 등학교 중 자연현장실습 등 체험위주의 교육을 전문으로 실시하는 고등학교를 제외한 학 교(「초 · 중등교육법 시행령」 제76조의2 제1호에 따른 일반고등학교에 설치된 학과 중 특성 화고등학교에서 제공하는 것과 같은 교육과정으로 운영되는 학과 포함)를 신입학하여 졸 업한 자

2. 「초 · 중등교육법 시행령」 제76조의2 제1호에 따른 일반고등학교에 재학하는 동안 시 · 도 교육감이 「직업교육훈련 촉진법」에 따른 직업교육훈련기관 중 직업교육훈련위탁기관으로 선정한 기관에서 1년 이상의 직업교육훈련과정을 이수하고 해당 일반고등학교를 졸업한 자

3. 「초 · 중등교육법 시행령」 제90조 제1항 제10호에 따른 산업수요 맞춤형 고등학교를 졸업 한 자

4. 「평생교육법」 제31조 제2항에 따른 학력인정 평생교육시설 중 특성화고등학교에서 제공하 는 것과 같은 교육과정을 운영하는 평생교육시설에서 해당 교육과정을 이수한 자

※ 4대 보험 가입대상 산업체가 아닌 1차 산업 종사자는 국가 · 지방자치단체가 발급하는 공 적증명서 확인을 통해 인정 할 수 있음.

재직자 특별전형의 경우, 거의 모든 대학에 개설이 되어있다. 다만 정원 내에 포함되 는 학교가 있고 정원 외로 포함되는 학교가 있다. 대표적으로 건국대의 경우에는 정원 외 전형에 재직자 특별전형이 개설되어있다. 대신에 지원할 수 있는 학과는 종합전형 이나 일반 수시 전형과는 다르게 **한정**되어있다.

야간이나 주말과정이 개설되어 있지 않은 일반 대학들은 학생들을 합격 시키는 것에 대해 다소 부정적인 경향성이 크다. 교육부의 정책사업, 고교교육 정상화 기여대학 지 원 사업, 학부교육선진화사업 등에서 주요한 지표로 들어가므로 울며 겨자먹기식으로

학생부 종합전형에 반영하고 있으나 실제로 선발에 이르는 대학들은 이미 야간이나 주말과정의 인프라가 갖춘 대학들이 대부분이고 인프라가 부족하거나 갖춰지지 않은 대학들은 합격생이 거의 없다고 할 수 있다. 따라서 지원하고자 하는 학생은 지원하기 전에 주말이나 야간과정의 인프라를 충분히 갖추고 있는 지를 확인하거나 전년도에 재직자특별전형의 합격생이 있었는지, 그리고 그 학생이 최종등록하여 학교를 다니는 지를 필히 확인해 봐야 한다. 안 그러면 수시 6회중 1번의 기회와 입학 전형료만 날릴 가능성이 커질 수 있으니 명심해야 한다.

(Special Tip)

고른기회전형(사회)배려자 또는 사회공헌자전형)

최근에는 지역인재(지역고교학생), 검정고시, 대안학교전형, 다문화가정 자녀, 국가보훈대상자(또는 국가유공자), 다자녀(3~4자녀 이상), 공무원(군인, 소방관, 환경미화원 등) 자녀 유형이 혼합되거나 혼재된 경우가 많으나 상대적으로 유형이 구분되어 별도로 운영되는 **단일** 지원 자격 **단독** 전형이 더 유리하다. 예를 들어 지역인재전형, 다문화가정자녀특별전형, 국가보훈대상자전형이다. 왜냐하면 경쟁률이 줄어들어 그만큼 합격가능성을 높일 수 있기 때문이다. 특히, 다문화가정자녀특별전형과 국가보훈대상자전형의 평균성적은 일반전형 학생들에 비해 낮은 것으로 알려져 있다.

그러나 검정고시 학생들은 학생부 종합전형에서 불리하다. 학생부가 없기 때문이다. 그래서 일부 대학(서강대 등)은 검정고시 지원자를 위해 증빙서류 목록표를 요구하기도 한다. 그래도 일반 학생에 비해 불리한 게 사실이다. 만학도도 불리하다. 왜냐하면 내신성적 산출에 상대적으로 다른 규정을 적용받기 때문이다(파트 1, 챕터 1에 수록).

● 별도로 운영되는 단일 지원 자격 단독 전형 소개 (출처: 모집요강)

대학명	특별전형명	비고
서울과학기술대	고른기회(국가보훈대상자)전형	
명지대학교	국가보훈대상자전형	
건국대학교	고른기회(사회배려)전형	국가유공자만 지원가능
동국대	국가보훈대상자전형	
서울교대	다문화가정자녀 전형	다문화가족지원법 제2조
전주교대, 공주교대, 한국교원대	국가보훈대상자 전형	
광주교대, 춘천교대 부산교대, 진주교대	국가보훈대상자 전형 다문화(탈북)가정(자녀) 전형	• 다문화가족지원법 제2조 • 북한이탈주민의 보호 및 정착지원에 관한 법률

● (학생부가 없는) 검정고시 합격자를 위한 증빙서류 목록표

순	일자	증빙서류 및 내용	발행기관명
1	년 월		
2			
3			

* 자세한 양식과 세부내용은 해당 대학교 모집요강을 확인하기 바람.

1절. 중1 ~ 중2 (자유학기제)

2절. 중3. 정보 탐색 후 '고교 결정'하기!

3절. 고1. "모범이 아니라 모험이다!"

4절. 고2. "기록은 기억을 이긴다!"

5절. 고3. "목표하는 대학으로 진군하라"

6절. 학부모의 역할

7절. 교사의 역할 (관찰&기록)

 TIP – 교사의 역할(의미 없는 양 늘리는 복사 금지)
– 학생의 역할(늘 메모하고 확인받기)
– 학부모의 역할(학교생활기록부 떼어보고 학생과 확인하기, 격려&지원&관심)

CHAPTER 02 (摘載適時)

"시기에 따른 대상별(학생, 학부모, 교사) 역할!"

[진로탐색] 중1 ~ 중2(자유학기제)

중 1~2는 자유학기제를 적극적으로 활용하여 진로탐색을 할 필요가 있다. 진로탐색의 역할비중은 아무래도 학부모가 학생보다 크다고 할 수 있다.

흔히 어머님들로부터 이런 얘기를 듣는다. "우리 애는 잘하는 것이 없어요. 다 고만고만해요", "잘하는 건 노는 것 밖에 없어요.", "뭘 잘하는 지 잘 모르겠어요." 이런 얘기에 대해 필자는 "그러면 소중한 자녀들을 위해 자녀가 잘하는 것, 좋아하는 것, 무엇을 했을 때 가슴이 뛰고 행복해 하는 것이 무엇인지에 대해 적극적으로 알려고 하고, 행동하고 실천한 적이 얼마나 있나요?"의 질문에 대해서는 답을 얼버무리거나 자신 없어하는 걸 많이 보았다. 머리로만 관심을 표현하지 실제적인 **행동**으로는 연결되지 못하기 때문이다.

2016년부터 전국의 모든 중학교는 의무적으로 자유학기제를 실시해야 한다. 대부분 중학교 1학년 2학기에 실시하는 것으로 알려져 있다. 이러한 자유학기제를 통해 본인의 진로탐색과 체험을 통해 진로에 대한 방향성을 정립할 필요가 있다.

한편, 중학교 2학년 학생은 상대평가에서 절대평가로 바뀌므로 우선적으로 특목고나 자사고 도전을 고려 하는 것도 필요할 것으로 보인다.

가. 현재 시점에서 다음의 항목별로 나열하기 (진로 불분명시 계속 반복: ~ 고3)

내용	비고
가고 싶은 것	
가지고 싶은 것	
보고 싶은 사람	
가고 싶은 대학	
가고 싶은 학과(전공)	
잘 하는 것	나? 주변인?

내용	비고
못 하는 것	
하고 싶은 것	
하기 싫은 것	
나의 정체성 1 – 나를 동물로 비유한다면	
나의 정체성 2 – 나를 한단어로 말한다면? 내가 짓는 별명	
나의 정체성 3 – 주변사람(가족, 친구, 선생님, 교회 전도사님 또는 성당의 신부님 등)은 나를 어떻게 평가하나?	
나의 롤모형은 누구인가 ? 이유는 ?	
내가 알고 있는 직업의 범위는 ? 가족, 친척, 부친 친구의 직업?	
좋아하는 과목으로 진로 찾기	

나. 현재 시점에서 4개로 다시 나눠(분류) 생각해 보기 (계속 반복: ~ 고3)

잘하면서 하고 싶은 것 (대학전공, 직업)	하고 싶지만 잘 못하는 것 (취미)
잘하지만 하기 싫은 것 (봉사, 재능기부)	하기 싫고 잘하지도 못하는 것 (포기, 배제)

* 1분면 / 2분면 / 3분면 / 4분면별로 작성해 보기

다. 진로(직업) 탐색 검색 및 검사도구 활용 사이트

1) 진로 상담 및 검사

이름	담당 기관	사이트 주소	검사도구
(청소년) 워크넷	한국고용정보원	youth.work.go.kr	적성, 흥미, 가치관 등
한국직업정보시스템		know.work.go.kr	
커리어 넷	한국직업능력개발원	www.career.go.kr	적성, 흥미, 가치관 등
한국진로상담연구원	사)진로상담협회	www.kcci.ne.kr	진로

2) 진학 상담

이름	담당 기관	사이트 주소
진로진학정보센터	서울시교육청	www.jinhak.or.kr
대교협 대입상담센터	한국대학교육협의회	univ.kcue.or.kr / ☎1600~1615(전화상담가능)
대입정보포털	한국대학교육협의회	adiga.kr
EBS교육방송진학상담실	한국교육방송공사	www.ebsi.co.kr

● 진로체험처 안내

진로 체험처 또는 문의처	비고
잡 월드	경기도 성남시 소재
꿈길	각 시도교육청
국립 청소년수련원, 청소년우주체험센터(고흥), 청소년 문화센터, 청소년문화의 집	여성가족부, 전국
진로전담교사(구, 진로진학상담교사)	각 (초)중·고등학교
각종 직업학교, 평생교육시설, 폴리텍 대학 등	진로전담교사 등

● 진로역량 배양 및 신장하는 10단계 방법

> **(1단계)** 좋아하는 과목 파악하기(자녀상담, **학생부** 떼어보기) → **(2단계)** 다중지능검사 또는 성격검사 → **(3단계)** 다중지능검사 또는 성격검사결과 해석 → **(4단계)** 진로검사 → **(5단계)** 진로검사결과 해석 → **(6단계)** 진로진학상담교사 면담 → **(7단계)** 담임교사 면담 → **(8단계)** 진로체험 및 대회 참석, 관련 자격증 도전해보기 → **(9단계)** 자아 효능감 높이기(대회수상, 자격증 취득 등) → **(10단계)** 진로역량 배양 및 신장

* 다중지능검사: 한국형 MI 다중지능검사 등
* 성격검사: MBTI검사(성격유형검사), MMPI(미네소타다면인성검사), 애니어그램, 문장완성검사 (SCT) 등
* 진로검사: 홀랜드 검사, U&I진로탐색(성숙도, 흥미, 성격)검사 등

[고교탐색] 중3. 정보 탐색 후 '고교 결정'하기!

① 중3이라면 고교 선택이 중요하다. 만약, 특목고나 자사고 준비가 안 되어 있다면 일반고 중에서 고교의 특성화 프로그램이 다양하고 관리자와 교사가 혼연일체(전 교원의 입시전문화, 학생 간 정보공유 네트워크 구축)가 되어 학생 한명 한명에게 개별적인 코칭을 해주는, 학생부 종합에 열정과 관심이 깊은 학교를 선택하라. 마지막으로 학생부 종합전형 대학입학률을 참고하여 고교를 선택하는 것이 바람직하다.

② 일반적으로 공립고 보다는 한 곳에서 정년까지 근무하며, 입시전형 지원을 위한 컨트롤 타워(진학부장 또는 진로진학상담부장)가 잘 바뀌지 않아 전문성과 일관성이 보장되고, 활동 프로그램이 더 다양한 사립고교가 더 좋을 수 있다. 그러나 공립고를 고려한다면 교사들의 이동이 상대적으로 적은 학교를 선택하라. 공립고는 학교장의 승인을 얻으면 한 학교에 9년까지 남을 수 있다. 공립고에서 교사들의 이동이 적다는 것은 학교 분위기가 그만큼 좋다는 뜻을 의미하기 때문이다. 공통적으로는 동아리 개수가 많고 자율동아리가 활발한 학교가 좋다. 자체 대입 진학 프로그램이 있는 곳이 좋다. 그만큼 자료가 풍부하고 정리가 잘 되어있기 때문이다.

③ 고교를 선택할 때 가고자 하는 고교가 과학교과중점학교인지, 수학중점학교인지, 예술중점학교인지 등의 중점학교인지 확인하는 것도 중요하다.

전국적으로는 2015년 기준 과학 100개, 예술 10개, 체육 3개로 총 113개교다. 교육부의 '년년도 업무계획'을 보면 과학 · 예술 · 체육뿐 아니라 외국어 · 국제 · 사회 · 경제 등의 교과중점학교를 올해 200개교, 내년 300개교로 늘린다고 한다. 하지만 현재 운영 중인 교과중점학교 자체를 모르거나 잘못 이해하는 학생과 학부모도 상당히 많다. 더 자세한 것은 해당지역 교육청, 교육지원청에 문의하면 된다.

● SWOT 분석 (계속 반복: ∼ 고3)

(+)플러스 요소	(−)마이너스 요소
① 나의 강점은 ?	② 나의 약점은 ?
③(강점 증대를 위한) 내 주위의 기회 요소는?	④(약점이 증가하는) 내 주위의 위험(위협)요소는?

【 강점(strength)과 약점(weakness), 기회(opportunity)와 위협(threat) 요인 】

    ① 나의 강점 나열하기

    ② 나의 약점 나열하기

    ③ 나의 강점을 증대시키는 주변 환경적 기회요소 나열하기

    ④ 나의 약점이 증가하는 주변 환경적 위험(위협)요소 나열하기

입시는 아는 만큼 보인다. / 본격적으로 준비 및 활동하기

● **인트로(intro) − 활동과 실천의 '동기'를 적는 소스 탐색**

> 책(독서), 가족, 친구, 부모님의 지인, 친척, 포털 사이트의 인터넷 검색, 게임, 교회나 성당, 영화, 티비 프로그램, 예체능 활동(음악, 미술, 체육), 진학(입시)설명회, 대학방문, 동아리, 봉사, 진로검사, 견학, 여행 등

● **짧은 '고언(古言)'**

> 학생: "고난 없는 영광은 없다. 십자가를 져야만 합격의 영광을 얻을 수 있다"
>
> 학부모: "사랑하는 자녀의 손을 절대 놓지 마세요. 입시가 어렵다고 쉽게 포기하시거나 학교에만 맡기지 마시고 끝까지 챙기시고 정보에 매달리세요."

① 진로를 어떻게든 정하는 것이 필요하다. 그래야만 희망하는 진로와 연계해 창의적 체험활동(특히, 동아리활동)이나 독서활동 등을 할 수 있기 때문이다. 고용노동부와 한국고용정보원이 함께 하는 워크넷(www.work.go.kr)이나 한국직업능력개발원 커리어넷(www.career.go.kr) 등을 이용하여 진로 및 직업심리검사 등을 하고 진로의 범위를 구체화하는 데 도움을 얻는 게 필요하다. 다시말하지만 자신의 진로에 대한 진지한 고민과 성찰이 **출발점**이다. 이러한 고민과 성찰이 실천과 활동으로 변화되어 '프랙탈' 구조처럼 학교생활기록부 여기저기에 나타나야 한다. 진로의 일관성을 위해 이르면 중 3이전, 늦어도 고 1에는 진로의 방향성을 명확하게 잡을 필요가 있다. (1·2절의 진로탐색, SWOT 분석을 하는 것도 좋다.)

② 본인의 특별한 교과 및 비교과 활동에 대해 수첩이나 노트를 항상 가지고 다니

며 늘 메모하고 그 기록을 교사에게 주기적으로 확인받는 것이 필요하다.

1. 나만의 수첩(활동기록장, 노트)을 매일 가지고 기록하고 교사에게 확인 받기!

   이 기록은 학교생활기록부에 기록된다. 교사가 모든 것을 기억할 수 없기 때문이다. 모든 활동은 기록으로 남겨야 한다. 이러한 기록은 가능한 한 학교생활기록부에 기록되어 있어야 가장 신뢰성이 높다.

   교외활동이라면 다소 어렵더라도 학교장 승인을 받아 학교생활기록부에 기록될 수 있도록 한다. 6하 원칙에 따라 구체적으로 기록하면 된다. 그래도 본인 활동에 대해 어떻게 작성하는지 잘 모르겠다면 시중에 팔리는 수시 워크북을 이용하는 것도 한 방법이다. 학생부 프린트를 담임교사에게 요청(학기 마친 후)하거나 또는 나이스 수시 출력을 이용하는 것도 좋다.

2. 교사가 정성을 기울일 수 있도록 학교생활에 충실하기 & 교사의 마음 얻기!

   수업에 충실하고, 인사를 잘하고 모든 생활에서 예의바르게 해야 한다. 이러한 교사의 정성은 학교생활기록부에서 개인 기록의 구체성으로 드러난다.

3. 목표하는 대학의 입시전문가가 되기.

   ① 네이버 지식인, 수만휘 등의 입시 커뮤니티, 밴드에서 모든 정보를 모아라.
   ② 신문기사(일간지 교육면), 합격생들의 면접후기 및 합격수기 등 모든 자료를 모아라.
   ③ 목표 학교의 입학처 홈피에 들어가 모든 자료를 모아라. 인쇄하고 편철하여 정리하라.
   ④ 목표 학교의 입학처장, 입학사정관 등의 언론과 인터뷰한 기사들을 모두 수집하라.
   ⑤ 목표 학교의 입시설명회에 가능한 부모님과 함께 빠짐없이 참석하라.
   ⑥ 진로진학관련 잡지(예: 모두매거진, 나침반 36.5, 대교협 대입정보매거진 등)를 정기적으로 구독하는 것도 좋은 방법이다.
   ⑦ 학생부 종합전형과 관련된 도서를 구입하여 읽어보는 것도 좋다.
   ⑧ 스마트폰을 사용한다면 '스마트배치표'라는 앱(www.smartbatch.co.kr)을 이용하여 진로·적성탐색이나 입시자료 등을 활용하는 것도 좋다.

4. 장기적이고 구체적인 계획을 세워 실천하기!

구 분	내용
교내 대회 참여(수상)	연초에 학교 계획서 파악, 대회 준비
동아리 활동	설명회 듣기, 진로연관 + 봉사 위주로
리더십 활동	본인 성향 사전 파악(리더십 VS 팔로워십)후 결정
봉사 활동	집근처 봉사단체 파악, 헌혈 계획 후 실행
독서 활동	진로관련 추천도서 검색, 자문정리 후 독서 시작
내신 관리(기본)	전공관련 과목 우수, 나머지 과목은 최소한 중간이상, 예체능도 성실하게

전공관 관련된 3년 동안 활동할 동아리 계획을 세워라. 구체적인 봉사 계획을 세워라. 집근처 봉사단체, 복지단체를 파악하고, 헌혈 계획을 세우는 것이 필요하다. 이러한 계획이 세워졌다면 바로 실천하라!

5. 진로(또는 전공) 찾기(꿈과 비전 구축) : 진로과정 속에서 형성되는 방향성을 정립하기!

- 좋아하는 과목을 찾아라.
- 잘하는 과목을 찾아라.
- 평소에 하려고 하면 내 가슴을 뛰게 하는 것이 무엇인지 찾아보라.
- 자신이 좋아하는 책과 분야는 무엇인지 찾아보라.
- 하고 싶은 일 나열하기 / 좋아하는 일 나열하기 — 싫어하는 일, 하기 싫은 일.
- 자신에게 가장 소중한 것, 가치 나열해 보기.

6. 학습 전략을 짜고 그대로 실행하기!

30분~1시간 단위 학습계획표, 짜투리 시간(평일 저녁, 쉬는 시간, 점심시간, 주말 등)을 활용하는 학습계획서를 구체적으로 만들어라. 시간별, 주별, 월별, 분기별로 구체적인 계획표를 세우고 실천사항을 체크리스트로 반드시 표시하라. 특히, 휴일이나 주말 등의 자투리 시간의 계획을 촘촘하게 세워라. 그리고 무슨 일이든 계획을 지키도록 스스로 다짐하고 반드시 실천 한다.

입시는 아는 만큼 보인다. 따라서 본인이 가고자 하는 대학의 입학정보를 수시로 체크하면서 정보를 취득해야 한다. 정보를 취득하는 방법은 입학처 홈피탐색, 입학처 전화해서 물어보기, 학과 홈피 탐색, 입학처 행사(모의면접, 고교연계 프로그램, 캠프)에 참여하는 것을 들 수 있다.

04

(시기에 따른 대상별 역할)　　　　역할비중: 학부모 ≤ 학생

[활동결정] 고2. "기록은 기억을 이긴다!"

1학년 활동을 성찰하고 더욱 숙성, 발전, 확장시키기 ('진로 구체화' 시기 – 교과연계 비교과 활동의 확장의 결정판!)

● **교과와 비교과 활동 계획과 실천의 심화**

구 분	내용
교내 대회 참여(수상)	연초에 학교 계획서 파악, 상승형 수상목표로 도전
동아리 활동	동아리장 도전, **자율** 동아리 창설 및 운영 등
리더십 활동	전교 임원(회장, 부회장) 도전!
봉사 활동	교외 활동 점검 및 보완, 헌혈 계속
독서 활동	전공 심화책, 융합형 다른 분야 책 읽기
자격증	전공관련 자격증 도전
교외 활동	대학행사 참여(모의면접, 전공체험 캠프 등)
내신 관리(기본)	성적 상승 추이를 목표로 도전(학습계획 재점검)

● **전국 모의고사 수능성적(6월 또는 9월) 추이에 따른 학생부 위주전형 지원전략수립 검토 (~고3까지 반복 수행)**

성적 비교	모의 수능성적	학생부 위주전형(수시) 지원전략
내신 〉 수능	상승세	소신 지원(수능 최저 있는 교과전형)
	정체 또는 하락세	학생부 교과, 퓨전, **종합중심** 지원
내신 = 수능	상승세	수시 소신 지원
	정체 또는 하락세	수시 안정 지원
내신 〈 수능	상승세	상향 지원(수능 최저 있는 교과, 논술전형)
	정체 또는 하락세	수시 소신 지원

* 전략: 상향 / 소신 / 안정

260 | 학생부 종합전형 이렇게 준비하라!(학종이)

가장 **중요한** 시기이다. 고등학교 1학년에서 해왔던 교과 성적, 비교과 활동에 대해 성찰해보고 잘하고 있는 것은 유지하고 미흡한 부분은 보완을 해야하는 거의 마지막 시기이다. 고3이 돼서 활동하는 것은 거의 평가에서 영향이 없을뿐더러 오히려 좋지 않은 인식을 줄 수 있다. 따라서 모든 전력을 다해야 한다.

① 자기 진로에 맞게 교과 및 비교과 활동을 하고, 그것을 학교생활기록부로 증명하는 것을 3년간(최소 1~2학년간 2년) 목표로 관리 및 정리한다.

② 중·고교 생활 동안 얼마나 발전했는지를 드러내고 앞으로의 가능성에 초점을 두고 학교생활기록부를 관리한다. 내신 성적의 지속적인 **상승**곡선을 만들도록 한다.

③ 교내 행사나 대회 중에서 조금이라도 관심이 가는 분야가 있다면 교내·외분야를 막론하고 무조건 관련 행사나 대회에 적극적으로 참여한다. 문과 성향이라면 에세이 대회, 말하기 대회, 모의 유엔, 영어 연극 등 영어 관련 행사에 많이 참가한다.

④ 만약 1학년때 취미동아리를 하고, 본인이 원하는 동아리가 없었다면 반드시 동아리는 자신의 진로와 관련된 곳으로 정하여 가능하면 동아리 회장을 역임하는 등 적극적인 활동을 한다. 진로와 관련한 동아리가 없으면 친구들을 모아 **자율**동아리를 창설하고 적극적으로 활동하라.

⑤ 상경계열로 진학을 원한다면 한국경제신문이 주관하는 국가공인 테셋(TESAT·Test of Economic Sense And Thinking) 또는 매일경제신문이 주관하는 국가공인 매경테스트의 자격증 공부와 응시를 통해 자격증을 취득하거나 경제 신문을 꾸준히 구독한다. 이공계계열이라면 교내 수학, 과학 경시대회나 과학의 달 행사에 적극적으로 참여하고 과학 잡지나 과학 관련 도서를 꾸준히 읽도록 한다.

⑥ 학교생활기록부에 기재된 모든 활동들은 자기소개서에 쓸 '소재거리'가 되므로 학교생활기록부에 기재가 가능한 교내 활동에 무조건 참가하는 적극성을 보인다. 교내 임원활동도 가능하다면 무조건 하는 것이 좋다. 공부할 시간이 부족하다고 여겨지면 '부'자가 붙은 임원을 해라. 전교부회장, 부반장 등이 그것이다. 다만 동아리 부기장이나 학생회 임원중 '~부장'(1회성 또는 상대적인 역할미흡으로 판단) 등은 평가에 반영하지 않는 대학들이 많으므로 하지 않는 게 좋을 수 있다.

⑦ 학교생활기록부에 가능하면 한 분야뿐만 아니라 다양한 분야에서도 적극적으로 참여했다는 것을 드러내도록 하는 것이 좋다. 전공적합성과 발전가능성을 독서 활동이나 교내 성적과 교내 경시대회를 적극 활용한다.

⑧ 모든 비교과 활동은 **내신**이 좋아야 빛이 난다. 내신관리가 1순위이고 비교과활동은 그 다음이다. 상위권 대학일수록 내신은 거의 엇비슷하다. 내신이 동등하다는 전제하에 비교과 활동을 보는 것이다.

⑨ 교과와 연관된 비교과 활동을 해야 한다. 교과와 연관 없는 비교과활동은 시간낭비일 수 있다. 이러한 것은 학업역량과 관련된다.

⑩ 지원하는 학과에 대한 정보를 정확하게 파악해야 한다.(학과 홈피나 전화 문의)

　가. 지망학과의 학문적 특성에 관한 정보 : 그 학과의 교육 목적은 무엇이며, 어떠한 적성과 소질이 필요한가에 대해서 알아야 한다.

　나. 교과과정에 관한 정보 : 그 학과에서 배우는 교과목은 어떤 것이고 어떤 내용으로 구성되어 있는지 알아야 한다.

　다. 장래전망에 관한 정보 : 그 학과와 관련된 직업 분야는 어떤 것이 있는지, 취득 가능한 자격증은 무엇인지 또 그 직업분야의 발전 가능성은 어떠한지를 알아야 한다. 이는 자신의 직업 선택과 밀접히 관련되어 있기 때문에 중요하게 고려되어야 할 사항이다.

　라. 인접학문에 관한 정보 : 자신이 전공하고자하는 학과와 관련이 있는 교과에는 어떤 학과들이 있는지를 알아야 한다.

　마. 학과 내 동아리에 관한 정보 : 학술, 친목, 운동 등 동아리 정보에 대해서 알아본다. 학과의 활동에 대해 구체적으로 알 수 있다.

⑪ 지원하는 대학에 대한 정보를 정확하게 파악해야 한다.(학교 홈피나 전화 문의)

　• 대학의 인재성, 교육이념, 교훈, 교화, 교가 등도 참고한다.

　• 이 대학에 가고 싶은 마음이 대학과 밀착되어 있음을 늘 각인해야 한다.

⑫ 문과에서 남들보다 상대적으로 수학을 잘한다면 상경계열(경제학과, 회계학과 등)

을 노리는 것이 좋다. 이과에서도 수학, 과학 중에서 수학이 상대적으로 뛰어나다면 학생부 종합전형에서는 교차지원이 허용되므로 상경계열을 지원하는 게 나을 수 있다.

⑬ 다양한 분야에서의 성실성을 요구하는 교대나 사범계열, 의대계열 지원자가 아니라면 다양한 분야에서의 활동보다는 본인의 진로 한 분야에서의 활동을 풍부하게 할 필요가 있다.

⑭ 활동은 어떤 동기와 의도로 수행했으며, 그 과정(사실(fact)의 인과관계)속에서 무엇을 배웠고, 느꼈고, 그러한 배움과 느낌을 통해 본인이 어떻게 **변화**해왔는지에 대해 기술해야 한다.

⑮ 모든 활동은 동기(이유), 과정(사실〈fact〉의 인과관계) 및 내용, 결과 및 변화가 수반되도록 한다. 많은 학생들이 유사한 활동을 하기 때문이다. 본인만의 차별성과 변별력을 바탕으로 어떻게 했는지에 강점을 두라.

⑯ 본인의 진로관련, 거주지역대학교에서 실시하는 프로그램과 동아리 모집에 적극적으로 참가하라. 예컨대, 2016 전북대학교(창의기술인재센터)에서 주관하는 청소년 창의공학 동아리팀 및 청소년 창의기술 아카데미 학생 모집 등이다.

⑰ 거주지역대학교에서 실시하는 고교연계 프로그램에 적극적으로 참가하라. 예를 들어 면접캠프, 전공소개, 찾아가는 고교 컨설팅 등이 있다.

⑱ 고 1, 2학년 때는 교사들(교과, 진로, 담임)과 밀착하고, 고3에는 교사들을 포함하여 지망하는 학교와 밀착하라. 입추의 여지없이 긴밀한 관계를 유지하라.

⑲ 핵심적인 계획과 활동을 해라.

• 가능한 동아리의 리더가 되라.

• 동아리 활동을 하면서 반드시 **기록물**을 남겨놓아라. 활동책자, 포트폴리오, 탐구 보고서 등의 결과물을 최소 1개 이상 남겨놓고 이것이 학생부에 기록되도록 수시로 담임 선생님에게 보고 드리고 구체적인 결과에 대해 말씀드려라.

• 동아리 경진대회에 반드시 참가하라. 가능한 수상하도록 하자.

- 관련분야와 밀접한 동아리 교사를 모셔라(특히, 자율동아리).

- 대외활동은 반드시 학교장의 승인을 받도록 하자. 학생부에서는 승인되지 않은 활동을 인정하지 않는 대학이 대부분이다. 다만, 자소서에는 기입이 가능할 수 있다.

⑳ 학업관련 책을 읽을 필요도 있다. 학업향상과 학습법 관련 도서를 구입하여 읽어보라. 왜냐하면 학업을 하다보면 슬럼프에 빠질 때가 있다. 이럴 때 보면 어느정도 도움이 된다. 자기소개서 1번 항목(학업역량)에 기입할 꺼리도 될 수 있다.

서명	비고
성적 급상승의 비밀	유상근, 21세기 북스
다니엘 학습법	김동환, 규장문화사
나는 꿈에도 SKY는 못갈줄 알았다	조남호, 스터디코드공부법연구소
스터디코드 3.0	조남호, 웅진윙스
공부가 가장 쉬웠어요	장승수, 김영사
포기하지 않으면 불가능은 없다	고승덕, 개미들출판사
공부의 왕도	성기선, 아르고스
공부9단, 오기10단	박원희, 김영사
⋮	⋮

(시기에 따른 대상별 역할)

역할비중: 학부모 〈 학생

[활동정리] 고3. "목표하는 대학으로 진군하라"

2년간 활동 수확하기 (진로연계 모든 활동은 대폭 줄이되 꾸준히 하는 것은 독서정도로 한정하기)

- 면접에서 교수나 입학사정관들이 본인의 얼굴을 보고 싶게 만들어라.
- 적어도 한 달에 한번은 교무실을 찾아가라.(친밀감 증대, 긍정적 이미지 확산 목적)
- 주어진 조건에서 최적의 입시전략을 세워야 한다!
- 목표하는 대학의 인재 상을 재확인하라!
- 목표하는 대학 모집단위(전공학과)의 특성을 재확인하라.
- 학생부 내용 점검 및 숙지 : 특히, 진로희망, 창체, 세특, 독서, 행동특성 및 종합의견
- 자기소개서는 3월 이후 주말을 이용해서 계속 작성 후 퇴고하라(담임교사, 국어교사).
- 추천서를 부탁할 사람을 물색하라. (선생님, 신부님, 목사님, 스님 등)
- 리더십, 봉사활동 등 인성관련 활동 10건 내외 정도의 목록과 사례집을 만들고 정리하라.
- 나는 '왜' 대학을 가려고 하는 가, '왜' 이 전공에 지원하는가에 대한 답변을 구체적으로 적어보라.
- 자기소개서 & 추천서 0점 처리 규정을 재확인하라.

1. 더 이상 비교과 활동은 하지 마라.

- 고 3은 무조건 교과공부가 가장 중요하다. 재학생은 수시에서 3학년 1학기까지의 내신 성적만 평가에 반영된다는 것을 명심하라. 고 3은 누구나 열심히 하기 때문에 성적향상을 꾀한다면 상대적으로 남들보다 더 열심히 해야 한다.

- 아예 일부 대학의 입학사정관은 고 3때 비교과 활동을 평가에 반영하지 않거나 고3만 두드러지면 오히려 진정성에 의심을 하여 전반적인 평가에 악영향을 미치는 경우도 있다. 고3 시기는 이전에 했던 비교과 활동을 정리하는 시기지 준비하는 시기가 아니다.

- 만약, 봉사시간 정도만 부족하다면 교외 봉사는 하지 말고 교내 봉사시간만 해

라. 헌혈도 하지마라. 건강관리를 해야 할 시기이기 때문이다. 따라서 이전의 비교과 활동이 부족하다면 과감히 논술이나 정시로 눈을 돌리는 것이 바람직하다고 할 수 있다.

2. 본인이 지망하는 학교, 학과에 밀착하라.

- 담임교사, 진로진학상담교사, 부모님과 상담 후 대학과 학과가 결정되면 그 학교에 모든 관심을 집중할 필요가 있다.
- 수시로 지원하고자 하는 대학의 입학처 홈페이지에 가서 지원 자격, 선발기준, 선발방법, 제출서류 등을 반드시 확인해라. 모집요강이 가장 정확한 정보다.

3. 학교생활기록부에 누락된 것이 없는 지 확인하라.

- 학교생활기록부는 출력이 가능하다. 누락된 것이 있다면 담임 선생님에게 증빙자료를 제출하여 수정기간에 학교생활기록부에 수정 기재될 수 있도록 한다.
- 수정가능 항목은 학교나 학급임원, 동아리 활동, 개인적인 교내외 활동, 교내외 봉사활동, 독서활동, 경시대회 참가 및 수상실적, 교과 세부능력 평가 등이다.

4. 자기소개서는 미리 준비하라.

- 지원 대학 입학처 홈페이지를 방문하여 양식을 다운받아 미리 작성해라. 양식이 아직 확정되지 않았다면 작년 양식을 활용하라. 생각보다 양식이 많이 바뀌지 않는다.
- 3월부터 주말에 1번씩 써보라. 주말에 1번씩 쓰면 최소한 8월말까지 24번 이상 쓸 수 있다. 글은 많이 써봐야 매끄럽다. 단, 보여주는 사람은 최소화해라. 표절당할 수도 있기 때문이다.

5. 면접 준비는 학교생활기록부 확인, 자기소개서를 작성하면서 준비하라.

- 방학 중에 실시하는 여러 대학의 면접 캠프에 적극적으로 참가하라('상경'도 적극 검토!).
- 면접은 본인이 제출하는 학교생활기록부, 자기소개서를 기반으로 하기 때문이다.
- 지역에 캠프대학이 없다면, 학교선생님 또는 친구들과 모의면접을 한다.

6. 교과 성적의 우수한 조합을 계산하여 전략을 세워야 한다.

- 각 대학마다 교과와 비교과 비율이 다르다. 요강을 철저히 분석하여 전략을 세워야 한다. 요강에 없으면 전화로 직접 문의해라.

- 1단계에서 교과 100%를 보는 학교도 있다.

- 국영수사과 등 도구과목의 성적 추이를 그래프와 표로 만들어 보라.

7. 학부모는 자녀의 적성과 장래 희망에 대해 정확히 알아야 한다.

진로진학상담을 하다보면 "부모님이 어느 대학에 또는 어떤 학과에 가래요"라고 말한다. 본인의 의지보다 부모의 '뜻'이 중요한 것이다. 그렇게 진학을 결정하게 되면 학생 스스로 행복을 누릴 기회를 잃게 된다. 자신이 이루고 싶은 것을 성취해 낼 때의 기쁨은 말로 표현할 수 없다. 부모가 자신의 기준으로 자녀의 진학을 강요하지 말고, 자녀가 무엇을 좋아하고 잘하는지 어떤 분야에 관심을 갖는지에 대해 관심을 가져야 한다. 학생에게 스스로 진로를 탐색할 수 있는 시간을 주어야 한다. 자녀가 자신의 선택에 대해 책임과 용기, 도전정신을 갖도록 돕는 것이 경제적 후원자에서 정서적 지지자로서 자리매김하는 부모의 모습일 것이다.

8. 학생은 자신의 객관적 현실을 인정하고 스스로 헤쳐 나갈 수 있는 개척자가 되어야 한다.

'잘하는 것', '좋아하는 것', '하고 싶은 것'들을 고려해서 학과와 대학들을 알아보고 진로진학상담에 임한다면 선생님들은 보다 많은 부분에서 도움을 줄 수 있다. 본인에 대해 그 누구보다도 잘 알고, 정확히 알 수 있는 사람은 결국 자기 자신밖에 없다. 적성에 맞는 학과는 어딘지, 어떤 대학에 해당 학과가 있는지 알아야 한다. 자신의 희망을 말하지 않았는데 주변에서 척척 알아서 해주길 바란다면 아직 어린애에 불과하다.

9. 대학교에서 실시하는 고교연계 프로그램에 적극적으로 참가하라.

모의면접캠프, 전공소개 및 체험, 찾아가는 고교 컨설팅(모의면접, 자기소개서) 등에 적극적으로 신청해 참가해라. 혼자 가기 뻘쭘하면 친구랑 같이 가라. 혼자간다 하더라도 새로운 친구를 사귈 수 있다. 또한, 부가정보를 획득할 수도 있다.

10. 목표하는 학과(부)에 적극적으로 밀착하라.

• 홈페이지를 정리하라. 홈피에서 교수님들의 사진을 보고(나중에 면접자), 전공과 관심분야 등을 정리하라.

• 전공 책자를 얻어라. 진로, 책, 동아리 등을 파악하라.

• 학과 교수님의 세부 전공분야, 저서, 논문, 언론 인터뷰, 기사 등을 챙겨라.

• 저서는 네이버 책에서 저자를 검색하면 된다.

• 언론인터뷰나 기사는 구글이나 네이버, 다음 등에서 검색하면 된다.

• 논문은 국회도서관이나 RISS(www.riss4u.or.kr)에서 저자명에 교수님(또는 주제어) 이름을 넣고 검색하면 된다.

• 본인의 진로분야와 밀접한 교수님 1~2명 것을 집중적으로 탐색한다.

• 서류평가에 그 교수님이 들어올 수 있고, 면접에도 들어올 수 있다.

- 대교협 상담센터 전화상담하기 ☎1600-1615 (시내 전화요금만 부담)
- 대학교 등 대입설명회 찾아가기
- 대교협 주관 대입박람회에서 수시 상담하기(매년 7월말~8월초의 4일간, 서울 코엑스)
- 진로전담교사 또는 담임교사 면담하기

학부모들도 수능 성적이나 점수 위주의 기존 입시체제에만 얽매이지 말고 자녀가 자신의 진로를 적극적으로 탐색하고 자신이 좋아할 수 있는 전공을 선택할 수 있도록 지원해 주어야 한다. 1점이라도 더 받으려는 입시경쟁이 아닌 학생 스스로가 자신의 능력을 신장시키고 준비해 나가는 과정(사실〈fact〉의 인과관계)의 '기록'을 통해 대학합격과 자아실현이라는 두 마리 토끼를 잡을 수 있다는 점을 늘 염두에 두고 자녀에 대한 지원을 아끼지 않는 것이 중요하다.

학생부 종합전형은 고등학교 교육과정 속에서의 학업성취, 학업관련 활동, 학업 이외의 다양한 활동을 중요하게 평가하고 있다. 따라서 고등학교 교육과정이 정상적으로 계획되고 운영되고 있는지에 대한 관심을 기울일 필요가 있으며, 자녀가 고등학교 교육과정을 충실히 따르고, 그 과정(사실〈fact〉의 인과관계)에서 지속적인 성취를 보일 수 있도록 인내심을 가지고 자녀를 격려할 필요가 있다. 하지만 무엇보다도 중요한 것은 고등학교의 교육과정 운영에 대한 믿음을 가져야 한다는 점이다. 학부모가 학교 및 교사를 신뢰하지 못한다면, 자녀 역시 학교의 교육과정이나 교사의 지도를 신뢰하지 못하기 때문이다.

우리 주변에는 학생부 종합전형을 포함하여 대학입학과 관련한 수많은 정보들이 넘쳐나고 있지만, 신뢰할 수 없는 자료도 있는 것이 사실이다. 간혹 이러한 잘못된 정보를 바탕으로 학부모들은 자칫 불안한 마음에 자녀들에게 필요 이상의 것을 강요하기도 하며, 보다 빠른 결과를 자녀에게 요구하기도 한다. 이는 자칫 자녀를 혼란에 빠뜨릴 수 있으며, 학업에 대한 의지를 꺾을 수도 있다. 고등학교의 교사 또는 한국대학교육협의회의 진로전담교사들과 상담을 통해 정확한 정보를 얻고, 이를 바탕으로 자녀와 대화를 한다면 보다 좋은 결과를 얻을 수 있을 것이다.

주변의 근거 없는 소문에는 귀를 기울이지 말고, 자녀가 진정으로 원하는 것이 무엇인지에 대해 귀를 기울여 주시기 바란다. 특히 자녀에게 탐색의 기회를 부여하고 스스로 고민할 수 있도록 여건을 마련해 주시는 것이 좋다. 조바심으로 인해 사교육의 힘을 빌리게 되면, 오히려 서류검색 시스템 등을 통해 불이익이 발생할 수 있다는 점에 유의하기 바란다. 자녀와 학교에 대한 믿음을 바탕으로 자녀가 자기 주도적으로 자신의 진로를 선택하고 자기주도역량, 진로역량과 학업역량을 키울 수 있도록 하는 것이 가장 중요하다.

1. 대교협 대입 상담센터 전화(1600-1615)에 수시로 전화해서 입시정보를 물어보는 게 좋다. 부가 정보 이용료 없이 시내 전화요금정도만 부과되니 요금부담도 상대적으로 적다. 많이 전화하면 상담 기록도 남게 되어 상담전문가들과 친밀감(?)도 높일 수 있는 장점도 있다.

2. 대교협이 매년 주관하는 수시 대입박람회(장소: 서울 코엑스)를 놓치거나 거리가 멀다면 거주 지역 교육청에서 실시하는 수시 대입박람회를 참석하는 것도 한 방법이다.(자세한 건 해당 교육청에 문의바람)

07 (시기에 따른 대상별 역할)
[줄탁동시] 교사의 역할 (관찰&기록)

"업무에 힘들고 부담된다고 해도 제자에 대한 사랑에 대해 늘 생각해 주세요. 훌륭한 제자를 키움으로써 세상을 좀 더 밝은 곳으로 변화시킬 수 있습니다."

● 교사별 역할

- **진로전담교사:** 고1, 2시절 학생의 상담내용을 공개, 비공개 구분하여 정리한 것을 담임과 공유
- **교과교사:** 관찰 또는 (수시)평가 후 '세특' 구체화
- **담임교사:** 고1, 고2 (관찰 후 종합의견)
- **고 3교사:** 추천서, 자기소개서 첨삭, 상담 및 대학추천(전략수립)

● 학교생활기록부 작성 및 준비를 위한 유의점
― 2017학년도 학교생활기록부의 서술형 기재항목 입력글자 수 변경 내용

영역항목		학년 당 입력 글자 수 범위(고교 기준)		비고
		현행	2016 필수적용(개선)	
진로지도상황		–	희망사유 200자	신설
창체	자율	2,000	1,000	1,000자 축소
	동아리	2,000	500	1,500자 축소
	봉사	2,000	500	1,500자 축소
	진로	2,000	1,000	1,000자 축소
교과학습 발달상황 (세부능력 특기사항)		• 일반과목(전체) 5,000 • 예체능과목(전체) 5,000	• 과목별 500자	• 과목별 제한설정
독서활동상황		• 영역(인문, 사회, 과학, 체육, 예술)별 각 2,500	• 공통 1,000 • 과목별 각 500자	• 영역통합 : 인문, 사회, 과학, 체육, 예술 → 공통
행동특성 및 종합의견		2,600	1,000	1,600자 축소

1. (같은 내용을) 반복 기재하지 마세요!

- 같은 내용을 여기저기서 반복 기재(무슨 항목이든지, 예 자율항목과 종합의견) 하는 경우 신뢰도를 저하시켜 전반적으로 평가가 나빠질 수 있다.

2. 활동에 대한 확인(크로스 체킹)을 하세요!

- 봉사활동 같은 날짜 중복 기재 여부를 체크해야 한다.

- 읽지도 않은 독서활동을 기재 할 때는 면접에서 검증 후 탈락가능성이 높아진다.

3. 과장하지 마세요!

- 1회성, 단편적 활동을 너무 크게 과장하지 않는 것이 좋다(과유불급).

- 낮은 성적(4등급 이상)인데도 학업 성취도가 우수하다는 식의 기술이 그러할 수 있다.

- 독서활동이 2~3권에 불과한데도 독서를 통해 열심히 진로탐색을 했다는 식의 기술도 그러하다.

4. 기본적인 양은 채워주세요!

- 항목별 기재내용이 한 줄이나 두 줄 정도로 상대적으로 적으면 그 원인을 '학생의 불성실한 학교생활에 의한 것'으로 판단하여 상대적으로 점수가 낮게 평가될 확률이 높다. '정성'이 안 들어 있다고 평가자는 판단할 수 있다.

5. 항목을 누락시키지 마세요!

- 간혹 누락된 항목으로 낭패를 보는 경우가 있다. 다시 학생부를 수정할 수도 없을 때가 제일 난감하다. 특히, 독서활동, 교외 봉사활동이 대표적이다. 따라서 점검과 검토는 필수적으로 상호간 해야 한다.

6. 학생들끼리 차별화 시켜주세요!

- 서류평가시스템을 이용하면 같은 학교 학생들을 비교해 볼 수 있다.

- 같은 학교 학생들끼리 내용이 중복(복사)되는 경우가 생각보다 많다.

- 특히, 창체 활동 중 자율, 진로활동이 그렇다. 이러면 학교와 교사에 대한 신뢰도

가 하락하여 평가에 좋지 않은 영향을 줄 수 있다. 따라서 힘들지만 조금이라도 다른 내용을 적어주어야 한다.

7. 서류내용이 일치하게 작성 및 점검 해주세요!

학생부와 자소서 내용이 일치하지 않는 경우가 많다. 바쁘더라도 반드시 확인이 필요하다.

서류 기록 내용	확인사항 1	확인사항 2
국어, 영어, 사회경시대회 수상 등 (학생부)	〈내신 성적〉 국어 4등급 영어 4등급 사회 5등급	• 교과세부능력특기사항에 학습태도, 과정(사실(fact)의 인과관계), 결과, 세부능력 및 특기사항 등에 그에 대한 언급내용이 없음 • 행동특성 및 종합의견에도 특이한 언급내용 없음
토론대회 최우수상(학생부)	행동특성 및 종합의견 등 그 외 항목에 기재내용 없음	• 자기소개서에 과정(사실(fact)의 인과관계)내용 없음
수학, 과학에 대한 탐구활동이 우수함 (학생부, 자기소개서)	〈내신 성적〉 수학 3등급 과학 3등급 〈동아리 활동〉 축구	• 동아리활동, 교과세부능력특기사항에 작성된 내용 없음
독서를 통한 진로탐색을 했다. (자기소개서)	독서기록이 5권 미만	• 진로활동에 기록 없음 • 행동특성 및 종합의견에 기록 없음

8. 창의적 체험활동이나 종합의견을 작성할 때에 단락을 나눠주시고, 가능한 블릿기호를 표시해 주세요. 무엇보다도 가장 중요한 내용을 맨 앞에 제시해 주세요!

학년	창의적 체험활동		
	영역	시간	특기사항
2	자율활동	80	• 1학기 학급반장(2015.03.08.~2015.08.03.) • 성교육(2015.04.08.) • 학교폭력예방교육(2015.05.12.) • 안전교육(2015.07.11.)

9. 학생의 활동은 가능한 〈 동기 → 과정 → 결과 → 학생의 3가지 변화 〉 순으로 기록해 주세요!

- 이렇게 하면 입학사정관이 평가에 반영할 때 가독성이 높아져서 많은 도움이 된다. 참고적으로 3가지 변화는 활동을 통해 ① 인지적(알고), ② 정의적(느끼고), ③ 실천적(새로 추가되어 새로운 행동으로의 연결) 변화를 의미한다.

10. 행동특성 및 종합의견란에 학생의 활동이나 인성, 독서경향성을 구체적으로 기록해 주세요. 평가에 도움이 됩니다!

PART 5

부록

부록 1. 지원 전공별 관련 활동 소개

부록 2. 질의 응답편

부록 3. 서류평가 요약서(결과) 양식(예시)

부록 4. 입시용어 정리 (대입 상담 목적, '아는 만큼만 보이고 들린다')

부록 5. 독서활동 작성 양식

우리 자신을 어떻게 알 수 있는가?
그것은 생각을 통해서가 아니라 행동을 통해서이다.

– 괴테(1749~1832)

창조는 점을 새롭게 연결하는 것이다.
즉, 기존의 것들을 새롭게 해석하는 것이다.

– 스티브 잡스(1955~2011)

학생부 종합전형의 안정적 정착과 지속 가능성을 위해 다음과 같이 몇 가지의 제언을 하고자 한다.

1. 행동특성 및 종합의견은 비공개로 하자. 이렇게 하면 교사들에게 많은 부담을 주는 교사 추천서는 없앨 수 있다.

2. 학교생활기록부 기록양식을 이원화 하는 구조로 바꾸자. 객관적 사실(fact) 기록란은 공통 활동 사항, 주관적 관찰 기록란은 개인별 활동 사항을 기록하게 하자.

3. 독서활동사항은 학생이 독서후기를 적고 담임교사가 인증 또는 특기사항을 적는 이원화 구조로 바꾸자.

4. 대학 간 학생부 종합전형 평가요소, 전형방식, 운영방식의 구체적인 프로세스 중심의 표준화가 필요하다. 교육부나 대교협에서 이런 방향으로 적극적으로 유도할 필요가 있다.

5. 학교 소개자료(프로파일)는 표준화해서 입학사정관이 평가할 때 점수를 부과하는 자료가 아니라 참고할 수 있는 자료로만 활용도록 규정하여 해당 고교에서 큰 부담 없이 기술하는 것으로 가야 한다. 매년 대학에 신청서, 파일, 책자, 동영상 등을 제출할 필요 없이 표준화된 학교 소개자료를 대교협에서 지속적으로 갱신하고 관리하는 것도 한 방법이다. 또한 학교 소개자료가 고교를 서열화(등급화)하는 잣대로 남용되지 않도록 교육부는 강력하고도 지속적으로 감시할 필요가 있다.

6. 비교과활동(또는 교과 외 활동)을 교과 연계(또는 연관) 활동으로 용어를 바꾸었으면 한다. 첫째, 非라는 용어의 정의가 '아니다'라는 말이기에 그렇다. 둘째, 비교과활동이 교과가 아닌, 즉 '교과를 벗어난 활동'이라고 인식될 수 있기에 그렇다. 그러나 사실상 고교과정의 활동이 교과와 연계되지 않은 활동은 거의 없다. 대학에서도 교과와 연계한 활동을 평가에 반영하는 경향성이 높아지고 있다. 따라서 비교과활동을 '교과 연계활동'이란 용어로 전환하는 것이 바람직하다고 생각한다.

7. 진로희망사항의 학부모의 진로 희망란은 대학에서 사실상 중요하게 보지 않는 경우가 많으므로 개정을 통해 삭제하는 것이 바람직할 것으로 생각한다.

8. 고교는 대학의 평가기준에 대해서는 표준화를 요구하고 있으나, 고교도 교내 수상, 봉사상 등의 수상 기준과 진로검사, 체험활동 기관 등 선정기준과 절차에 대해 각 고등학교 홈페이지 등 일정 공간에 기술해주는 게 필요하다. 평가자 입장에서 보면 학교마다 교내 수상, 봉사상 기준이 제각각이기 때문이다. 또한 학교에서 단체로 실시하는 진로검사, 체험활동 기관에 대한 설명도 필요하다. 왜 우리학교는 이 진로검사를 실시하는지, 그리고 진로검사는 어떻게 활용되고 있는지 등이 명확히 기술되면 평가자들이 학교에 갖는 의심을 조금이나마 상쇄시킬 수 있다. 이러한 안내는 각 대학에 적극적으로 어필하면 고교 이미지 제고에도 도움이 될 수 있다.

01 (부록) 지원 전공별 관련 활동 소개

● **모집단위별 지원전공 관련 활동 (예시)**

모집단위		동아리 및 활동	수상	기타
인문 대학	국어 국문학	교지(신문)편집반, 도서부, 토론부, 현대문학(탐구)반, 문학감상반, 신문읽기반, 독서논술부, 시사논술반, 한자능력시험준비반, 대중문화연구반, 고소설강독반, 세계문화읽기반, 한국문화답사홍보반 → 관련동아리 회장인 경우, 2년 이상 지속된 동아리의 경우 질적 참조	글쓰기(백일장), 토론, 독후감, 문예공모, 독서마일리지, [국어,사회교과], 우수(진보)상	• **자격인증:** 한국사능력검정시험, 국어능력인증시험(한국언어문화연구원, KBS한국방송공사), 한자능력급수(한자교육진흥회) → 1급인 경우 질적 참조 • **진로희망:** 국어교사(교수), 작가, 기자, PD, 저널리스트, 문화재관련공무원, 학예사(큐레이터) • **독서활동:** 관련 독서(다양한 독서, 심도 있는 독서)
	철학	방과 후 논술 수업(사고, 표현), 홍보반, 꾸준한 독서, 철학관련 서적, 신문사설읽기반, 심리토론동아리, 도서반, 또래상담 활동, 현대문학토론반, 교지편집반, 매체비평반, 반크동아리, 철학연구반, 수필집 발간	다독상, 토론대회, 논술대회, 독서 경시대회, 백일장	다양한 봉사활동, 철학 및 다양한 인문, 예술 관련 분야에 관심, 철학 상담사, 여행전문가, 메시지를 전달하는 예술가 및 PD, 정치가, 저널리스트, 다큐PD, 라디오 작가, 영화감독
	역사학 or 국사학	도서부, 토론부, 역사영화토론반, 역사탐구반, 신문읽기반, 독서논술부, 시사논술반, 한자능력시험준비반, 대중문화연구반, 한국문화답사홍보반, 반크동아리 → 관련동아리 회장인 경우, 2년 이상 지속된 동아리의 경우 질적 참조	한국사경시대회, 토론, 독후감, 문예공모, 독서마일리지, [사회 교과], 우수(진보)상	• **자격인증:** 한국사능력검정시험, 한자능력급수(한자교육진흥회) → 1급인 경우 질적 참조 • **진로희망:** 역사교사(학자), 작가, 기자, PD, 저널리스트, 문화재관련공무원, 학예사(큐레이터) • **독서활동:** 관련 독서(다양한 독서, 심도 있는 독서)

모집단위		동아리 및 활동	수상	기타
인문 대학	영어 영문학	영어회화반, 영자신문제작반, 시사영어반, 영어신문제작반, 영어미디어반, 외화감상반, 영어경제반, 영어토론부, 영어문화연구반, 영어독해반, 영미소설반, 스크린영어반, 영미문화연구반, 동양문화반, 문화탐방부, 영어드라마반, 역사다큐멘터리반, 스페인문화반	영어경시대회, 반기문영어경시대회(교외), 영어단어숙어경시대회, 영어토론대회, 교내외국어문학경진대회, 교내외국어구사능력1급취득, 영어독서노트대회	외국유학생활, 영어관련대회에 무조건 참여(입상경험 없음), 영어와 관련된 규모가 큰 교외대회에서 다수 수상 영어통역도우미, 원서번역, 영어신문만들기, 영어캠프 참여, 청소년모의국제회의 참여, 펜팔, 영자신문 스크랩, 또래멘토링(영어멘토), 영어일기쓰기, 꾸준한 토익공부와 시험, 영자신문반 회장, 교내영어골든벨의 사회자 등
	중어 중문	국제이해반, 제주관광학생홍보단, 중국어능력시험반, 중국어회화반, 중국문화연구반	교내중국어경시대회, 한문경시대회, 중국어말하기대회, CULTURE FESTIVAL(중국어부문), 중국어 에세이쓰기대회, 전공어경시대회(중국어), 중국어특기자반단어경시대회	중국유학생활(초~중), 다문화가정(어머니가 대만인), 도쿄교육청 중국어말하기대회 수상 / 재능기부(중국어)봉사활동, 한중문화관 관람객 안내(통역), 외국인노동자집에서 통역, 중국어캠프 참가, 청소년국제교류에서 통역, 중국학생과 홈스테이, 중국어동아리개설 등
	일어 일문	일본문화반, 일본어만화부, 일어탐구반, 일본드라마감상반, 동북아역사문화반, 일본어문장읽기반, 일본어촌극반, 한일문화교류반, 세계문화탐구반, 일본어드라마연구반, 한서문화 발표대회, 일본어원어연극반, 일본문화체험반, 반크동아리	교내외국어토론대회(일본어), 일본어독서퀴즈대회, 일본어경시대회, 일본어노래경연대회, 논술발표대회(일본어), 일본어 UCC 영상제	일본소설 번역 블로그 운영, 일본웹사이트에 작은 라디오방송 개설 / J-POP 즐겨들음, 일본문화서적읽음, 외국문화탐구발표대회 수상(일본통신언어연구), 일어로 일기씀, 한일중고생 교류 방일연수 참가, 교내일본어멘토활동, 일본자매학교 방문때 대표로 인사문 낭독, 일본인친구와 펜팔, 서울정상회의 일본어 통역 자원봉사, 일본역사포럼에 참여, 학생교류 방문시 홈스테이 제공.

모집단위		동아리 및 활동	수상	기타
인문 대학	일어 일문			일본어 동화 번역, 일본어 동아리 창설, 일본어교과 부장, 애니메이션 보는 것이 취미
	불어 불문	프랑스문화동아리, 영미문화연구반, 세계문화탐구반, 일본문화연구반, 중국경제문화연구반, 시사경제반, 반크동아리, 대중문화체험반, 영어신문제작동아리	국어경시대회, 프랑스어 경시대회, 영어 경시대회, 각종 프랑스 관련 경시대회	문화, 경제, 역사, 언어에 관심, 다양한 외국어(영어, 중국어, 일본어, 프랑스어)에 관심, 외교관, 국제기구 관계자, 프랑스 관광산업 종사자, 호텔매니저, 동시통역사, 프랑스어 및 작가에 관심
사회 과학 대학	사회 복지학	각종 고아원, 양로원 등 봉사단체 동아리	각종 봉사상, 모범상, 선행상	고아원, 양로원, 지역아동센터, 다문화가족지원센터 등 다양한 봉사활동
	(산업) 심리학	또래 상담 활동, 심리학 관련 동아리, 심리학 관련 서적 탐독, 지역 아동센터에서 아동 심리 상담 경험, 토론 동아리, 또래 학습 동아리	교내 토론 대회, 또래 멘토링 봉사상, 사회과학경시대회, 다독상	본인 혹은 가족 중 심리상담 경험
	신문 방송학 or 언론학	방송반, 오케스트라, 신문제작반, 영화, 영자신문반, UCC, 신문 스크랩, 사진반, 만화미술반. 풍물반, 아마추어 무선, 극대본감상동아리, 청소년미디어연합동아리, 극대본감상반, 방송(영상제작)반, 시사영화토론반, 영화동아리, 사진반, 아마추어무선동아리, 일본애니메이션감상반, 영어드라마청취반	UCC대회, 컴퓨터경진대회 논술대회, 국어, 과학, 영어, 수학 관련 수상, UCC대회, 포스터 대회, 컴퓨터경진대회, 발명경진대회, 글쓰기 대회, 독서경진대회, 봉사상	청소년 단편영화 연출 및 청소년 뉴스 제작, 성북아트마켓, 비아페스티벌 공연팀 스태프, 인천방송부 연합영상제 출품, 29초 세계영화제 출품, 한국예술진흥원 1318 청소년영화제 출품, 지자체 다큐멘터리 영상제작, 전국 청소년 영상동아리 활동, 지식채널 e 시청자 ucc 공모전에 참가 • 진로: 문화마켓터, 음악 영화감독, PD, 게임기획자, 광고제작자, 복합예술을 공연하는 프로젝트 스페이스 운영, 영상 편집자, 문화예술경영전문가, 문화 디자이너 일러스터, 공연기획자

모집단위		동아리 및 활동	수상	기타
사회과학대학	신문방송학 or 언론학			• **교외활동:** 청소년 연합 동아리 활동, 영화제작, 영화제 수상, 청소년 극단에서 뮤지컬 배우, 학생기자단, 미술/풍물 관련 외부 수상, 웹툰 작가
	국제학	영어토론부, 경제동아리, 영어소설부 도서부, 시사토론반, 방송반 VANK외교동아리, 신문편집반, 논술부, 시사영어부, 문화교류반, 영어신문반, 영어논술부 등 영어독서토론부 / English Zenith/ English Zone / 라이브 뷰 / 영어회화부 / 영자신문부 / 다문화가정 동아리 / English Cinema / 영어독해부 / 영어소설 읽기부 / 영시감상반 / 사이버외교관 '반크'/ 해외아동돕기반 / 영어 토론 신문부 / 코리아헤럴드읽기반 / 유네스코동아리 / 외국문화감상반 / 해외토픽반	토론대회, 영어토론대회, 영어말하기 대회, 단어 경시대회, 영어경시대회, 독서경시대회, 논술경시대회, 발표대회 등	다문화 교류 활동, 국제교류캠프, 청소년운영위원회, 학생기자, 스터디그룹 결성, 문화교류프로그램, 통번역 활동(봉사), 모의유엔 유니세프한국위원회 / 베트남 해외자원봉사 / 외국인복지센터 / 외국인노동자한국어교육 / 영어번역봉사 / 영한서신번역봉사 / 홀트학교 /한미청소년국제교류캠프 활동 / 국제청소년캠프 / KOICA 블로그 기자단 / 지구촌시민학교 활동 / 코피온 전국 고교생 모의유엔 / 청소년 글로벌 리더단 / UN 본부 방문 및 견학 / 주미한국대사관 견학 / 유네스코한국위원회 서울시립청소년문화센터 활동 / 청소년 국제인권 포럼 / 인천국제교류센터 활동 / 국제 모의유엔대회 / 국제청소년협력기구 활동
	정치학·사회학	토론대회, 논술대회, 청소년 기자단, 고교생 연합 세미나, 청소년 의회학교 활동, 전국 사회참여 발표대회, 청소년 문화 실태조사, 구청에 청원서 제출, 신문편집부 동아리, 교내 자치법정, 청소년 탐사대원, 논문 집필, 창의탐구보고서 과정 수료, 소통지 발간, 독서모임 인문학 읽기 대회, 청소년 장애 이해 아카데미, 사설 스크랩, 언론동아리, 청소년 라디오 프로그램 코너 기획, 고용노동부 청소년 리더 홍보대사		
	법학	법치세상 캠프, 토론대회, 논술경시대회, 법정동아리, 자치 법정 활동, 대한법률구조공단 방문, 법률사이트 접속하여 생활법류 사례 및 판례 공부, 모의국회, 법정모니터링, 법정치아카데미, 학술연구집, 토론동아리, 법연구 동아리, 학교폭력 관련 결의안 작성, 청소년 방송 모니터 요원, 청소년 미디어 기자단, 법률사무소 견학, 재판 참관		

모집단위		동아리 및 활동	수상	기타
사회과학대학	법학	판결문 리서치, 모의국제회의, 사법연수원 인턴십 프로그램, 아동청소년인권 포럼, 법률소비자연맹에서 봉사활동, 사법연수원 인턴십 캠프, 학생인권 규정 개정 심의위원회		
	행정학	대한민국 청소년의회, 인터넷 설문 패널로 활동, 스스로넷 기자, 구민토론회 참여, 사회논술반, 신문읽기반, 인문 사고력 향상 아카데미, 청소년운영위원회, 경기도 차세대 위원회, 정책 관련 캠페인 및 설문조사, 위안부 수요시위 참여, 청소년 구정평가단, 시사잡지 구독, 시사잡지연구반, 청소년 의회교실과정 수료, 정치사역할탐구 동아리, 언론모니터링, 인문사회학 분야 서적 독서		
경상대학	경영학, 회계학, 무역학	사회논술탐구부, 시사토론부, 경제면접반, 문예부, 독서토론부, 경제연구부, 경제신문부, 영자신문부, 문학평론반, 신문사설토론부, 경영동아리, 경제탐구부, 논술토론부, 영미문화토론부 등	경제경시대회, 토론대회, 시사경시대회, 글짓기대회, 논술대회, 백일장, 영어경시대회, 발표대회 등	경제잡지 및 경제신문 구독, 스터디그룹 결성, 모의유엔, 경제 한마당, 경제캠프, PASS 기자단, 모의국회, 교외 기관 위원회(청소년운영위원회) 등
	경제학	틴매일경제 객원기자, 매경주니어 MBA 경제캠프, 한국은행 경제교육 사이트 수강, 경제이해력검증시험(TESAT) 응시, 아하경제신문 스크랩, KDI경제커뮤니티 대회, 주식공부 및 투자, 경제동아리, 경제캠프, 청소년 경제경영학회, 경제신문 스크랩, 고교생 경제 한마당 참가		
사범대학, 교대	교육학, 특수교육학	또래상담부, 특수학급 도우미, 봉사 동아리, 장애기관/지역아동센터/공부방 봉사	논술대회, 국어, 영어, 수학 관련 수상, 글쓰기 대회, 독서경진대회, 다독상, 봉사상	• **진학 및 진로**: 특수교사, 발도르프 교육 학업 • **교외활동**: 가족 중에 장애가 있는 경우
자연과학대학	화학, 수학	수리논술반, 수리탐구반, 눈에 보이는 과학반, 화학(과학)실험반, 수학(과학)체험반, 수학원리탐구반, 수리탐구반, 수학원리토론반, 생활과학(화학)반, 생물화학반, 천연비누 제작반, 환경동아리, 사이버과학반, 과학창의력반 → 관련동아리 회장인 경우, 2년 이상 지속된 동아리의 경우 질적 참조	수학경시대회, 과학경시대회, 과학실험대회, 과학논문관련학업[수학, 과학 교과], 우수(진보)상	• **진로희망**: 의사, 약사, 교사(수학, 과학), 교수(자연계), 연구원, 화학공학자 • **독서활동**: 관련 독서(다양한 독서, 심층 독서), 특히 인문학 관련 도서의 경우 정성평가 반영 ※ 동아리, 리더십, 자격인증, 진로희망, 체험활동 등이 [지원전공]과 모두 일치(연계성)하는 경우 정성평가 반영

모집단위		동아리 및 활동	수상	기타
자연과학대학	물리학	물리실험반, 프라모델부, 과학실험동아리, 생명과학반, 수리과학반, 수학퍼즐반, 수학도서탐구반, 과학영화감상반, 현미경관찰부	창의적 사고력 대회, 과학전람회, 과학퀴즈대회, 물리 및 과학 경시대회, 과학포트폴리오경진대회, 과학콘텐츠공모과학사진상, 과학중점반 탐구보고서대회, 과학독후감대회, 과학탐구 토론대회, 발명품경진대회, 로봇대회, 과학구조물대회, 수리논술대회, 과학논술대회	블로그 운영, 청소년과학창의대회 ISEF-K, 청소년과학탐구반(YSC)
	식품영양학	논술반, 토론반 과학, 수학, 영어동아리, 요리반	과제연구 논문발표대회, 수학, 과학, 영어 관련 수상, 논술대회, 과학실험, 독서기록, 봉사상	• **교외활동:** 바이오안전성 논술 대회, 토요과학강연회
	소비자학, 의류학, 아동학	논술반, 토론반, 영어 동아리, 가죽공예부(의류), 패션반(의류), 미술반(의류), 시각디자인(의류), 패션디자인(의류), 공예반(의류), 녹생성장동아리(소주)	논술대회, 국어, 영어, 사회 관련 수상, 글쓰기 대회, 다독상, 봉사상, 디자인 공모전(의류)	• **소비:** 국제 지구 사랑작품 공모전에서 수상, 환경논술대회 수상, 환경논술 대회 수상
		논술반, 토론반, 영어 동아리, 가죽공예부(의류), 패션반(의류), 미술반(의류), 시각디자인(의류), 패션디자인(의류), 공예반(의류), 녹생성장동아리(소주)	논술대회, 국어, 영어, 사회 관련 수상, 글쓰기 대회, 다독상, 봉사상, 디자인 공모전(의류)	• **의류:** 한지패션 일러스트레이션 공모전 특별상, 창의력 챔피언대회 수상, 패션기사 혹은 잡지 스크랩
		논술반, 토론반, 영어 동아리, 가죽공예부(의류), 패션반(의류), 미술반(의류), 시각디자인(의류), 패션디자인(의류), 공예반(의류), 녹생성장동아리(소주)	논술대회, 국어, 영어, 사회 관련 수상, 글쓰기 대회, 다독상, 봉사상, 디자인 공모전(의류)	• **아동:** 학생기자단, 유치원 봉사활동, 아동영어 스토리텔링 3급, 종이접기 2급, POP 2급 지도자 자격증 취득
공과대학	컴퓨터정보공학	수학경시반, 컴퓨터반, 사이버문화연구반, FOS(컴퓨터동아리), 전산부, 수학사랑반, 수리논술부, 생활수학탐구반, 프로그래밍 개발반, 로봇만들기반, UCC제작반, 발명아이디어경진대회	컴퓨터능력경진대회, 컴퓨터활용경진대회, 컴퓨터꿈나무표창장, 정보통신검색경진대회, 교내수학과학경시대회, 정보바다탐구대회, 컴퓨터활용능력경진대회, 과학발명품경진대회, 과학논술대회, 창의적수학발표	컴퓨터자격증 6개 보유, 컴퓨터관련국제자격증 7개, 자바와 C프로그램을 이용하여 도스용 야구게임을 만듦, 플레시게임개발, 컴퓨터관련 규모가 큰 교외활동 다수 수상, 학교 컴퓨터수리를 도맡아 할정도

모집단위		동아리 및 활동	수상	기타
공과 대학	컴퓨터 정보공학	수학경시반, 컴퓨터반, 사이버문화연구반, FOS(컴퓨터동아리), 전산부, 수학사랑반, 수리논술부, 생활수학탐구반, 프로그래밍 개발반, 로봇만들기반, UCC 제작반, 발명아이디어경진대회	대회, 학생정보올림피아드대회, 교내과학탐구대회, 교내과학토론대회, 과학중점과제연구발표대회, 수리논술대회, 과학독후감대회, 과학발명품경진대회, 워드경진대회, UCC대회, 정보과학경시대회 스프레드시트활용부분 수상	로 능력이 뛰어남 / 안철수 V3보안강연회 교육생으로 참가, 학교 컴퓨터 꿈나무로 선정, 한국정보화진흥원 아름누리 지킴이 활동(캠페인), 기자재 도우미, 카이스트 사이버 정보 연재 선발, 안랩에서 주최하는 V스쿨 교육생으로 선발, 한국정보화진흥원의 건전정보문화단 활동, 안드로이트 OS개발, 컴퓨터 도우미, 컴퓨터동아리창설, 컴퓨터활용능력 재능봉사
	정보통신, 전자공학	수학, 과학(생물, 화학, 지구과학), 수리논술, 과학실험, 로봇, 컴퓨터, 프로그래밍, 방송 동아리/과학 영재반	논술대회, 과학, 영어, 수학 관련 수상, 과학실험대회, 로봇 SW/아이디어 대회, 발명경진대회, 글쓰기 대회, 독서경진대회, 봉사상	• **진로:** 휴먼 전자공학, 자동차 시스템 프로그래머, 항공기전자통신검사원, 네트워크 전문가, 정보보안 전문가, 반도체 전문가, 로봇공학자, 바이오컴퓨터 연구, 의료공학, 임베디드 시스템, 전자회로 연가자 • **교외활동:** 인하대 이공계 전공체험 프로그램(9개월), 발명 기자단, 로봇/창의력 올림피아드, 발명 특허, 고교–대학 심화과정, 청소년과학창의대회 ISEF–K, 청소년과학탐구반(YSC)
	생명과학, 생명공학, 환경공학	현미경 관찰부, 과학반, 환경반, 생물반, 수리논술반, 수학반, 생태탐사반	생물 및 화학(과학) 경시대회, 과학탐구 토론대회, 과학 창의력 경진, 과학퀴즈, 과학독후감, 환경도서 독후감, 수학 ucc, 과학논술대회, 과학중점반 탐구보고서, 녹색성장실천아이디어, 발명영재 골드버그 경진대회, 과학실험대회, 과학논술, 과학구조물 대회, 서울시과학전람회, 환경봉사상	인천시 창의력 챔피언 대회, 서울대학교 창의력 대회, 전국 창의력 올림피아드 대회, 인천시 과학전람회, 청소년과학창의대회 ISEF–K, 청소년과학탐구반(YSC)

1. 학생부 종합전형에 어떤 학생이 지원하면 좋은가요?

대학 및 학과마다 조금씩의 특성이 있지만, 기본적으로 학교생활에 충실한 인재, 진로탐색에 열심인 인재, 역경을 극복한 잠재력 있는 인재 등을 선호한다. 일반적으로 학생부 종합전형에 적합한 학생에 대해 언급하면 아래와 같다.

- 분명한 진로목표를 갖고 자기주도적으로 관심분야에 열정을 쏟은 학생
- 학교생활기록부 교과성적, 교내활동(봉사, 동아리, 체험활동, 수상실적 등)이 지원학과에 적합한 학생
- 도전정신, 적극성 등이 뛰어나 리더로서 인정받는 솔선수범하는 학생
- 어려운 교육 환경을 극복하려고 노력한 학생
- 사회적 약자에 대한 배려와 공동체 의식을 가지고 몸소 실천하고 있는 학생(봉사활동)
- 독서나 비판적/분석적 사고력을 바탕으로 면접 및 문제해결 등에 자신 있는 학생
- 대학에서 원하는 인재상에 부합하는 학생
- 서울 및 수도권 대학: (수도권 주요대학이나 지방 국립대) 3학년 1학기까지의 기본 5교과인 '국영수사과'과목 평균이 우수한(내신 1~3등급대) 학생
- 교과사항: 주요 5교과 평균이 3등급대가 아니라면 인문계열은 최소한 국어, 영어, 사회과목이, 자연계열은 수학, 과학과목의 성적만이라도 우수(내신 1~3등급)해야 한다.
- ※ 고 3용: 수도권 하위권 대학이나 지방 사립대인 경우는 비교과 활동이 있다면 내신 4등급 이상도 지원해 보는 것이 바람직하다.

2. 학생부 종합전형의 평가자 구성은 어떻게 되나요?

학생부 종합전형의 평가자는 각 대학에서 선임된 입학사정관이 담당하게 된다. 입학사정관은 전임입학사정관과 위촉입학사정관으로 구분된다. 전임입학사정관은 1년 내내 학생부 종합전형 평가를 위한 각종 업무를 담당하며, 위촉입학사정관

은 대학의 학과 교수, 퇴직(또는 현직)교원, 외부 전문가 등으로 서류 및 면접 평가기간에 맞춰 위촉된다. 대학에서는 선발 인원과 지원자 수에 맞춰 적정수의 전임입학사정관을 채용하고, 전임입학사정관 대비 적정수의 위촉입학사정관을 위촉하여 평가업무에 차질이 없도록 전형운영을 하고 있다.

대체로 1단계 서류평가에서는 보통 지원자 1인에 대해 전임 및 위촉입학사정관 2~3인 내외가 한 조가 되어 평가기준에 따라 평가한다. 학교에 따라서는 지원자 1인에 대해 많게는 4인 이상이 서류를 평가하기도 한다. 전임 입학사정관 1인당 평가인원은 대학에 따라서 300~900명으로 편차가 심하다.

2단계 면접평가는 대학별로 다르게 진행하고 있다. 동일 지원자에 대해 서류평가자와 면접평가자가 일치하는 경우도 있지만, 서류평가자의 일부만 면접평가자로 위촉하거나 서류평가자와 면접평가자를 완전히 다르게 위촉하는 경우도 있다. 또한, 위촉입학사정관의 경우 해당 학과 교수가 평가하는 경우도 있지만, 동일한 단과대학의 다른 학과 교수가 서류와 면접평가를 담당하기도 한다.

평가 영역에 있어서는 전임과 위촉사정관이 영역별로 동일하게 평가하는 경우가 많지만, 학교에 따라서는 평가 영역별로 역할을 구분하거나 학업, 전공 적합성 영역에서 위촉입학사정관들이 주도적인 역할을 담당하는 경우도 있다.

학교의 특성과 운영 방침에 따라 대학마다 다양한 유형으로 운영하고 있지만, 각종 이론교육, 모의평가 등 기준 시간 이상 교육훈련을 받은 경우에만 입학사정관으로 위촉하는 점은 차이가 없다.

3. 학생부 종합전형에서 말하는 종합평가 방식은 무엇인가요?

학생부 종합평가의 종합평가는 평가원칙과 평가방법, 두 가지 차원에서 설명할 수 있다. 첫째, 평가원칙으로써의 '종합평가'는 지원자가 제출한 각종 서류의 내용들을 유기적으로 조합하여 평가영역에 맞춰 종합적으로 판단하는 방식을 말한다. 일반적으로 대학에서는 지원자의 제출서류를 통해 평가하고자 하는 평가요소를 모집요강에 명확하게 제시하고 있으며, 하나의 평가요소에 대하여 여러 가지 항목의 내용을 바탕으로 판단하게 된다. 예를 들어 '학업수학능력'이라는 평가요소를 보기 위해 학교생활기록부의 교과등급, 모집단위 관련 과목의 성적, 성적변화 추이, 이수과목 및 단위, 각종 수상실적이나 동아리, 독서활동 등을 종합적으로 판단하며, 자기소개서와 교사추천서에 기재된 학습 과정에 대한 내용도 함께 평가에 반영하게 된다. 이렇게 평가된 각각의 평가요소를 조합하여 평가자의 전체적인 모습을 그려보고 지원 모집단위와 얼마나 잘 맞는 학생인지를 판단하게 되는데 이러한 평가 방식을 '종합평가'라고 한다.

이러한 종합평가의 특성 때문에 학생부 종합전형은 합격 예측 가능성과 평가의 객관성이 낮다고 문제제기 하기도 한다. 그러나 단순히 측정된 점수의 합으로 학생을 선발하는 것이 아니라 학생들의 특성과 장·단점을 충분히 고려하여 여러 영역을 종합적으로 평가할 수 있다는 점에서 비입학사정관전형과는 다른 장점이 있다.

둘째, 평가방법으로써의 '종합평가'는 점수를 산출하는 방식과 관련이 있다. 학생부 종합전형에서의 평가점수 부여는 '종합적 평가방법'과 '분석적 평가방법'으로 구분해 볼 수 있다.

여기서 말하는 '종합적 평가방법'은 학업능력, 전공적합성, 비교과활동, 인성, 창의성 등 각 평가 영역별로 점수를 부여하지 않고 각종 영역을 종합한 최종적인 평가점수를 부여하는 방식을 말한다. 반면 '분석적 평가방법'은 각 영역별로 평가점수를 부여한 후 영역별 점수를 합산하여 최종적인 점수를 산출하는 방식을 말한다. 물론 각 영역별로 점수를 부여하는 방식은 위에서 설명한 학생부 종합전형의 평가원칙에 따라 정성적이고 종합적인 평가를 한다.

4. 학생부 종합전형에서 때에 따라 현장실사를 한다고 하는 데, 어떻게 진행되나요?

현장 실사 과정은 개별 대학에 따라 차이가 있을 수 있지만, 일반적으로 합격여부에 상관없이 제출한 서류의 내용 확인이나 추가적으로 확인이 필요한 사항에 대해 전화 또는 현장 방문을 통하여 사실(fact) 여부를 확인한다. 그러므로 자기소개서 및 교사추천서에 허위·과장된 내용이 포함되지 않도록 주의하여야 한다.

현장 방문 장소는 제출 서류의 실사 내용에 따라 학교, 가정, 활동 기관 등 다양하다. 경우에 따라서는 집을 직접 방문하기도 하며, 제출 서류에 기록된 활동 기관을 직접 방문하기도 한다. 다만, 지원자의 학교, 가정, 활동 기관을 방문하여 학생 면담이나 교사(기관 관계자) 상담을 실시 할 수 있으나, 해당학생은 이를 위하여 별도로 준비를 하거나 연습을 할 필요는 없다.

5. 학생부 종합전형에서는 문·이과 교차지원이 가능한가요?

현재 고교 교육과정은 문과와 이과의 구분이 없다. 따라서 교차지원이라는 표현도 정확한 표현은 아닙니다. 다만 관습적으로 수학이나 탐구과목의 이수현황에 따라 문·이과로 구분하고 있는 것이 현실이기 때문에 이 질문은 고교에서의 교과이수 과목들과 모집단위와의 관련성이 떨어지는 지원이 가능한지 여부를 묻는 것이라고 생각한다. 결론적으로 지원은 가능하지만 학생부 종합전형은 지원 모집단위와 관련된 교과 이수여부 또는 관련된 활동 등을 평가하고 있기 때문에 모집단위와 관련된 적합성에서 약간의 불리함이 있을 수 있다.

따라서 문·이과 교차지원에는 신중할 필요가 있습니다. 진로 설정 시기가 다소 늦더라도 지원하고자 하는 학과에 대한 열정과 의지가 강하다면 계열을 바꾸어 진학할 수 있다. 그렇지만 이러한 경우 지원자 스스로 계열에 국한되지 않고 주도적으로 자기 계발에 힘쓰고 진로 설정에 많은 노력이 필요하다. 비록 지원한 학과와 관련이 없는 활동이거나 계열에 맞지 않은 활동이라도 자신의 진로 설정 과정의 밑거름이 됐다면 그 연관성을 기재하는 것도 좋다.

학생부 종합전형은 기본적으로 교과 성적의 전체적인 수준, 지원 대학의 특성이나 지원학과와 관련된 교과의 성적, 성적의 추이 등이 중요하다. 특히 학업평가에서 본인이 지원하는 학과와 관련된 교과 성적은 중요하다. 예를 들어 고고학과는 한문 과목이나 국사 과목, 행정학과는 법과 사회 과목, 정보통계학과는 수학 교과, 기계공학과 지원자에게는 수학이나 물리 과목, 천문우주과학과는 물리 과목이나 지구과학 과목, 원예학과는 생물 교과 등이 전공과 관련성이 높은 교과목들이라고 할 수 있다. 물론 대학의 학과 특성상 고교에서 배우는 교과목이 학과와 관련성이 없거나 낮은 경우(예: 교육학과)에는 일반적으로 문과 계열 학과는 국어나 사회 교과를 이과 계열 학과는 수학이나 과학 교과를 비중 있게 반영한다.

그럼에도 불구하고 학생부 종합전형에서 학업 성적 평가의 기본 원칙은 지원자의 자기주도적인 학습 노력과 태도이다. 자기주도적인 학습을 통해 높은 학업 성취도(또는 향상도)를 보였고 이를 제출 서류로 입학사정관에게 보여줄 수 있다면 전공에 대한 적합도는 다소 떨어진다 하더라도 학업역량 측면에서는 좋은 평가를 받을 수 있다.

6. 평가를 할 때 교육환경을 고려하여 평가한다는 것은 무슨 의미인가요?

학생부 종합전형은 환경(지역·경제적인 차이 등) 자체를 평가하는 것이 아니라 해당 고교가 실시하고 있는 교내활동에서 지원자가 어떤 과정(사실⟨fact⟩의 인과관계)을 통해 느끼고 변화되었는가에 대한 과정(사실⟨fact⟩의 인과관계)과 성취를 평가한다. 예컨대, 서울·수도권처럼 비교적 교육환경이 잘 갖추어진 학교와 비교했을 때 소외지역 (농·산·어촌지역) 학교를 단순히 위치적으로 다소 열악한 환경에 있다는 이유로 평가에 차등을 두지 않는다. 이는 소외지역에 위치하고 있는 고교의 비교과활동이 서울·수도권보다 오히려 질적으로 더 나을 수도 있으며, 반드시 잘 갖추어진 교육환경만이 높은 점수를 받을 수 있는 것은 아니라는 것이다. 따라서 지원자가 처한 교육환경에서 얼마나 자기 주도적으로 최선을 다하여 본인의 진로성취를 이루기 위해 노력했는가를 평가의 중요한 요소로 보고 있다.

또한 평가의 공정성을 확보하기 위하여 지원자의 교육환경인 고등학교 정보를 고려하여 평가하고 있다. 입학사정관들은 해당 고교를 직접 방문하여 각 고교의 특성을 분석하고 이를 각 대학별 특성에 맞게 데이터베이스화하고 있다. 지원자의 교육환경에 대한 종합적인 이해를 바탕으로 단순히 점수로 환산된 고등학교 성적 이외에 현재의 학업성취도에 도달하기 위한 개인적인 노력, 제공된 기회에 대한 활용정도, 동일한 조건의 다른 지원자와의 비교 등을 고려하여 좀 더 다양한 시각에서 이해하고 평가하고 있다.

더불어 한국대학교육협의회에서 제공하는 고교정보시스템을 통해 평가 대상자의 교육환경을 고려하여 공정한 평가를 실시하고 있다. 고교정보시스템은 지원자의 교육환경에 대한 객관적인 판단 근거 자료로 지원자가 속한 고교에 대한 세부 정보를 제공한다. 기본정보에는 학교규모, 직위별/교과별 교원현황, 장학금 수혜현황 등의 내용이 있으며, 교육현황에는 수준별 교과, 방과 후 학교, 학교 내 수상, 교내 경시대회, 동아리현황, CA현황, 봉사활동현황, 학생회조직, 야간자율학습, 심화교과, 전문교과 등의 내용이, 그리고 특기사항에는 특색사업-교과, 특색사업-비교과, 진로진학지도 등의 내용이 포함되어 있다.

7. 단체 활동이나 공동수상 실적은 어떻게 평가되나요?

여러 학생이 함께 단체 또는 팀별로 활동한 경우, 참여한 모든 학생들이 같은 활동을 하였기에 기록된 내용이 동일할 수 있다. 활동이 같더라도 지원자가 담당했던 역할과 느낀 점, 배운 점과 같은 과정(사실〈fact〉의 인과관계)은 각기 다르기 때문에 그러한 부분들을 자기소개서에 피력하면 된다. 자신이 직접 활동한 부분이나 역할을 언급하고 팀에 기여한 정도를 사실(fact)에 근거하여 명확히 설명하면 된다. 입학사정관은 학생의 현재 활동경험을 바탕으로 성장가능성과 잠재력을 평가한다. 따라서 본인이 설명하고자 하는 팀별 활동에 얼마나 자기주도적인 역할로 임하였고 공헌하여 성과를 냈는지, 그러한 활동이 대학시절에는 어떤 능력을 발휘하게 될 것인지를 구체적으로 설명하는 것이 좋다.

가령 동아리 활동은 팀별로 활동하는 가장 좋은 예이다. 동아리 활동을 통해 평가자는 학생의 전공적합성 및 자기주도성, 공동체의식, 창의성, 리더십 등을 파악할 수 있고, 진로에 대한 관심과 소질 외에도 다양한 능력을 함께 평가할 수 있다. 입학사정관은 동아리를 선택한 이유와 활동을 통해 얻은 경험, 그 경험을 바탕으로 하여 향후 어떤 계획을 가지고 있는 지 등 다양한 분야에 대한 확인을 하게 된다. 뿐만 아니라 여러 학생이 함께 하는 활동인 만큼 공동체에서 학생의 역할과 대인관계 능력, 타인배려, 리더십 등 다양한 부분을 관찰하여 그 학생의 인성을 종합적으로 살펴보기도 한다. 분명한 것은 어떤 단체 활동이나 교육활동을 통해서 학생 본인의 적극적이고 주도적인 활동노력, 의미 있는 성장, 소속된 단체를 위한 남다른 헌신과 열정 등을 구체적으로 나타내는 것은 평가에 좋은 영향을 미칠 수 있다.

마찬가지로 공동수상실적이 있더라도 해당 프로젝트에서 자기주도적인 노력의 모습이 보이지 않거나 지원자의 관심분야 또는 지원 분야와 동 떨어진다면 실적은 의미가 없다. 수상 결과물이나 실적보다는 본인이 열심히 달려온 과정(사실〈fact〉의 인과관계)을 통해 어떠한 사람으로 성장해 왔는지가 중요하다. 왜 참여하게 되었는지(동기), 어떻게 참여했는지(과정(사실〈fact〉의 인과관계)), 무엇을 배우고 느꼈는지(결과) 등 질적인 측면을 강조하여 자기소개서 관련 문항에 기술하는 것이 필요하다.

8. 대학에서 제공하는 각종 전공프로그램, 캠프, 모의면접 등에 참여하면 가산점이 있나요?

대학에서 실시하는 다양한 고교–대학 연계 프로그램의 주된 목적은 진로 · 진학과 관련된 실질적인 정보 제공에 있다. 그렇기 때문에 프로그램 참여를 통해 대학의 선발 인재상을 비롯하여 학과 및 전형에 대한 다양한 정보를 얻는다면 전형 준비에 분명 도움이 될 것이다. 적극적인 활동 참여를 한 학생들은 전공 소개 및 체험 활동을 통해서 학과에 대해서 충분히 이해하고 전형 체험 및 상담 활동을 통해 자기소개서 작성 및 면접에서 부족한 부분을 미리 파악하고 준비할 수 있는 기회를 얻게 된다는 점에서 많은 도움이 될 수 있다.

그러나 단순히 해당 대학에서 제공하는 프로그램에 참여했다는 이유만으로 가산점을 주거나 불참에 따른 감점(하향)을 주지 않는다. 대학에서 실시하는 고교–대학 연계 프로그램은 모든 지원자를 대상으로 실시할 수 없고, 일부 학생들에게만 도움이 될 수 있기 때문에 평가의 공정성 차원에서 별도의 가산점을 부여하지 않는다.

따라서 대학에서 운영하는 프로그램은 대입 전형을 위한 실적을 위해 참여하기보다는 자신의 진로를 탐색하는 과정으로 참여하는 것이 바람직할 것이다. 고등학교 재학 중 활동한 기록은 평소에 잘 정리하고, 학교생활기록부에 기재될 수 있는 내용을 정리하여 누락되지 않도록 하는 것이 중요하다. 본인의 소질과 적성을 충분히 고려하여 설정한 지원 학과(전공)를 미리 체험해 보거나 진로 · 진학 정보를 얻음으로써 본인이 설정한 목표에 한 발짝 다가가는데 도움이 될 프로그램에 참여하는 것이 더 바람직하다.

9. 학생부 종합전형에서는 고교별 학력 차이를 두고 평가하나요?

학생부 종합전형에서는 고교별 학력차이에 대한 고려보다는 개인별 학력에 초점을 맞추어 평가한다. 학력수준은 반드시 교과등급 점수만을 의미하기보다는 교과 이수 내역, 교과 성적의 원점수와 표준편차, 교과관련 성적추이, 방과 후 학교, 동아리 활동, 수상실적 등을 의미한다.

학생부 종합전형에서는 이러한 학력수준을 모두 고려하여 종합적으로 검토한 후 학생 간 차이를 비교하는 상대평가를 하지 않고, 대학에서 정하는 수준 도달 여부를 확인하는 절대평가를 한다.

따라서 다른 학교뿐만 아니라 같은 학교 내에서도 같은 교과(내신) 등급의 학생이 다른 평가를 받을 수 있다.

또한 평가의 공정성과 신뢰성 확보를 위하여 한국대학교육협의회에서는 고교정보시스템을 운영하고 있다. 고교정보시스템의 '교육현황'에는 수준별 교과와 방과 후 학교 프로그램, 교내경시대회, 동아리, 봉사활동 현황 등 지원자가 활동 가능한 프로그램 정보가 있으며, '특기사항'에는 교과 및 비교과 관련 특색사업과 진로진학지도 내용을 살펴볼 수 있다. 이 자료들은 입학사정관이 학생을 평가할 때 학생의 교육적 여건 등 환경적 맥락을 고려한 평가를 위해 활용된다. 지원자가 화학과에 지원했을 경우에 재학 중인 고교가 화학 관련 심화과목을 개설하고 있는지, 관련 동아리나 체험프로그램을 활성화하고 있는지 등을 참조하여 이 프로그램을 어떻게 활용하는지, 프로그램이 없다면 개인이 어떻게 극복하는지 등을 보고 평가하게 된다.

10. 학생부 종합전형은 졸업생(재수생 이상)에게는 불리한가요?

그렇지 않다. 다만, 학생부 종합전형에서는 주로 고등학교 3년간의 교과와 비교과 활동 등을 종합적으로 평가하고 있고, 서류평가에 있어 주된 자료로 활용하는 학교생활기록부의 경우 작성 내용이나 방식에 대하여 매년 더 나은 방향이 모색되고 있어, 졸업예정자의 경우가 재수생 이상의 지원자보다 다소 유리하게 보일 수 있겠지만 단순히 재수생이라는 이유로 불리하게 평가할 이유는 전혀 없다. 오히려 3학년 2학기 성적이 반영되므로 일부 학생의 경우에는 성적이 향상되는 측면도 있다. 다만, 특별한 활동이 추가로 없는 한 3수생 이상은 지원하지 않는 게 좋을 것 같다.

그러나 자기소개서에 작성하는 내용은 고등학교 학교생활기록부에 기재된 활동을 바탕으로 작성하여야하며 재수 당시의 교과적인 학습 내용 위주의 서술은 지양하는 것이 바람직하다. 다만, 재수 당시에 행한 봉사활동, 그 외 전공과 관련한 비교과 활동은 적어도 상관없다. 오히려 평가에 도움이 될 수도 있다.

참고로 재수생의 경우 전년도에 제출했던 자기소개서와 동일하게 작성하는 경우 유사도 검색에서 문제가 되지 않는가 하는 염려가 많은데, 동일인이므로 이런 경우 유사도 검색에서는 문제가 되지 않는다. 다만, 전년도 보다 더 나아진 내용으로 자기소개서를 준비하는 것이 좋을 것 같다(찾아서 보지도 않는다.^^).

11. 교사추천서는 꼭 담임교사가 작성해야 하나요?

교사추천서는 학교에 따라 반드시 담임교사가 작성해야 하는 것은 아니며 지원자를 가장 잘 알고 있는 선생님이 작성하는 것이 좋다.

대개의 경우 교사추천서는 고등학교 3년 동안의 담임교사(특히 고등학교 3학년 담임), 교과 담당 교사, 혹은 진로진학상담교사가 작성하는 경우가 많지만, 지원자가 활동에 참여한 동아리 담당 교사 또는 학생과 조금 더 깊은 교류가 있는 교사가 작성해도 좋다.

담임교사가 잘 모르고 지나칠 수 있는 학생의 강점과 역량을 학생과 더 많은 시간을 보낸 다른 교사들이 알고 있는 경우가 많기 때문이다.

예를 들어 학생들이 자기소개서를 작성할 때 교내활동 중 열정적이고 충실히 한 활동을 기술하게 되는데 본인이 동아리 활동을 열심히 했고, 이러한 점을 본인의 강점이라고 생각하는 경우, 동아리 담당 교사가 교사추천서를 작성하는 것이 학생의 활동을 더 구체적이고 세부적으로 설명해 줄 수 있을 것이다.

12. 유사도 검색시스템은 무엇이며, 유사도 검증 절차는 어떻게 되나요?

유사도 검색 시스템이란 학생부 종합전형의 자기소개서, 교사추천서 등에서 표절, 대필 및 허위서류 작성 등을 확인하기 위한 시스템이다. 학생부 종합전형을 운영하는 모든 대학은 한국대학교육협의회의 유사도 검색 시스템을 활용한다.

대학들은 모집시기별로 지원자의 자기소개서와 교사추천서 색인파일을 업로드 한다. 비교 대상은 같은 해에 해당 대학에 지원한 지원자는 물론이고, 다른 대학에 지원한 지원자의 서류와도 비교한다. 또한 최근 3년간의 누적 자료 및 웹 검색까지를 포함한다. 각 대학의 자료 제출이 완료되면, 대교협에서 일괄로 유사도를 검색하여 그 결과를 각 대학에 제공한다. 유사도 검색 결과는 위험, 의심, 유의 3수준으로 구분된다.

● 유사도 수준

수준별	자기소개서	교사추천서	비고
위험	30% 이상	50% 이상	표절 가능성 수준 높음
의심	5% 이상~30% 미만	20% 이상~50% 미만	표절 우려 수준
유의	5% 이상	20% 미만	표절 가능성 낮음 / 통상적 글 작성 수준

자기소개서의 경우 유사도율 5% 이상인 위험이나 의심 수준에 대하여 일반적인 유사도 검증절차(대학별로 다를 수 있음)에 따라 검증을 실시한다. 유사도 검증 절차는 다음과 같다.

● 유사도 검증 일반 절차

> 1) **학생의 자기소개서:** 유사도 검증(위험, 의심 경우) → 지원자 소명내용 1차 확인 → 2차 확인절차(유선, 현장실사, 본인확인, 교사확인) → 입학(시)전형위원회(평가계속 또는 원천탈락 결정) → 평가계속 또는 원천탈락 → 평가계속의 서류평가 합격 시 면접에서 재검증
>
> 2) **교사추천서:** 유사도 검증(위험, 의심 경우) → 추천자 소명내용 1차 확인 → 2차 확인절차(유선, 현장실사, 본인확인) → 입학(시)전형위원회(해당학교 및 교사 감점(하향) 또는 경고여부 결정) → 입학처(또는 입학관리본부) 데이터베이스(DB) 존안

유사도 검증 과정에서는 유사도율에 대한 지원자 또는 추천자의 소명 기회를 주고 있으며, 유선확인, 현장실사, 본인확인, 교사확인, 심층면접 등을 통해 내용 확인을 하게 된다. 이러한 절차를 통과했다 하더라도 전형이 마무리 된 후 사후 검증을 통하여 재검증 절차를 거친다. 만약 사후검증 결과 최종적으로 표절이나 허위사실이 확인된 경우 합격 통보를 받았다 하더라도 합격 취소가 될 수도 있다.

교사추천서는 유사도율이 높게 나타난 경우 해당 학교와 교사에게 유사도율이 높게 나타났음을 통보하고 교사추천서 작성에 있어 서류의 신뢰성이 떨어질 수 있다는 점을 안내한다.

13. 사설입시학원의 컨설팅을 받는 것이 유리한가요?

학생부 종합전형을 통해 각 대학에서는 내신 성적과 수능 점수만으로 평가할 수 없었던 잠재능력과 소질, 가능성 등을 다각적으로 평가하고 판단하여 각 대학의 인재상이나 모집단위 특성에 맞는 신입생을 선발하게 된다. 따라서 학생 스스로 발견한 개인별 역량과 성장가능성, 적성 등이 보다 중요시되는 전형이라고 할 수 있는 데 이러한 개인적 특성은 사설 입시 학원의 컨설팅을 통하여 준비될 수 있는 것들이 아니다.

학생부 종합전형에서는 지원자가 보여주고 있는 학업능력 뿐만 아니라, 학교의 교육과정 내에서 자신의 학업능력을 높이기 위해 얼마나 노력해 왔고, 지적 호기심을 충족시키기 위해 어떤 노력을 기울여 왔으며, 학교생활에서 지원자가 보여주는 공

동체 의식은 어떠한지 등에 대해서도 중요하게 평가를 하게 된다. 즉, 학교 교육 안에서 자신이 처한 여건을 얼마나 적극적으로 활용했고, 자신의 어려움을 얼마나 잘 극복해 왔는지 역시 중요한 요소가 된다.

결국 학생부 종합전형은 고등학교 교육과정을 얼마나 충실하게 이수했는지를 중요하게 평가하기 때문에, 사설 입시 학원의 컨설팅은 오히려 지원자에게 잘못된 정보나 안내를 줄 수 있다는 점에 유의하기 바란다. 특히, 서류검증 절차에서 표절이나 대필이 확인되는 경우 불이익을 받을 수 있기 때문에 사설 학원의 컨설팅은 하지 않는 것이 좋다.

한국대학교육협의회 홈페이지, 각 대학 입학처(또는 입학관리본부) 홈페이지를 방문하거나 대교협이나 EBS, 각 지역교육청, 대학교에서 실시하는 입학설명회에 참여하여 보다 정확한 정보를 얻는 것이 중요하다. 또는 한국대학교육협의회의 대학입학상담센터(1600-1615)에 문의하거나 고등학교의 진로진학 담당 선생님과 상의를 해보는 것도 보다 정확한 정보를 얻는데 도움이 될 것이다.

지원학과:

수험번호:

성명	서류평가 요약	면접 확인 사항
○○○	**[출결]** 무단지각 1회 (무단사항 등 기록) **[리더십]** 전교 (부)회장, (부)반장, 동아리장(주요사항만) **[봉사활동]** (교외) 70시간(──고아원), (교내) 급식봉사 30시간 **[동아리]** 만화부 2년(2,3학년) **[수상]** 봉사상 1회, 선행상 1회, 수학경시대회 은상 **[교과]** 주요교과 평균 1.59등급(수학, 과학교과 평균 1.52등급) **[독서]** (주요 책 3권 이내 제시) **[진로]** 인공지능 연구원 **[기타 특이사항]** 특목고에서 2학년에 전학(이후 성적상승 추이) 지역환경프로젝트(지역신문 2015.11.24소개) 특히 1건(내용: ────)	**[확인사항]** 개조식 또는 질문형태로 제시

04 (부록) 입시용어 정리 (대입 상담 목적, '아는 만큼만 보이고 들린다')

1. 사정과 평가

사정은 선발을 위해 대학이 자체적으로 진행하는 평가방식을 의미한다. 평가는 숫자를 중시하는 정량평가와 질을 중시하는 정성평가를 모두 포함한 용어이다.

2. 반영비율

반영비율은 합격자 사정 시 전형 총점에 반영되는 학교생활기록부, 수능, 논술고사, 면접고사, 실기고사, 적·인성검사 등의 성적 배점 비율을 의미한다.

3. 실질 반영비율과 형식(명목) 반영비율

내신등급의 구간 반영비율에서 실질비율과 형식(명목) 비율이 다른 대학이 의외로 많다. 모집요강에 기록된 것은 대부분 형식(명목)비율일 확률이 높다. 그러나 내신 성적은 실질비율에 의해 등급 간 점수 차이가 많이 벌어진다. 특히, 3등급과 4등급 이하에서 그런 경향성이 크다. 따라서 입학처(또는 입학관리본부)에 전화해서 정확하게 실질비율을 확인할 필요가 있다. 왜냐하면 형식비율보다 실질비율이 더 중요하기 때문이다.

4. 정성평가와 정량평가

가. 정성평가
- 수치로 드러나지 않는 질을 평가하는 것이다.
- 제출 서류의 모든 내용을 평가에 반영하며 지원자의 학업능력이 얼마나 우수한지 판단하기 위한 자료로 사용한다.
- 총합적, 다면적인 평가방식이다.

- 공정성을 위해 대부분 다수의 평가관(입학사정관, 교수)이 다단계 평가를 실시한다.
- 수많은 모의평가를 통해 주관적이고 질적인 평가기준에 상호 동의한 것을 전제로 최종 평가기준을 확정하여 실제 평가기간에 평가한다.

나. 정량 평가

- 쉽게 얘기해서 수치로 보이는 양을 평가하는 것이다. 학생부 종합전형에서 대학마다 차이는 있을 수 있으나 서류평가에서 총합적으로 분석적인 평가를 하는 대학들은 자체 평가 기준에 의해 어느 정도의 정량적인 평가를 하고 있다.
- 기계적으로 정해진 서류별, 요소별 반영 비율을 적용한다.

5. 일반전형 vs 특별전형

일반전형은 누구나 지원하는 전형이다. 특별전형은 특별한 자격을 갖춘 사람만 지원할 수 있는 전형을 의미한다. 외국어에 특출 나거나 외국어고, 과학고, 자사고 등 특목고 졸업자들 중에서 선발하는 전형 또는 농어촌전형, 국가유공자 전형, 고른기회전형(기회균형선발), 사회배려자 전형 등이 포함되어 있다.

6. 입학(시)전형(관리, 심의)위원회

대학교에서 입학관련 주요 정책을 결정하는 회의. 주요참가자는 입학처(관리본부)장, 입학사정관실장, 입학팀장, 교수사정관, 그 외 주요보직자, 전임입학사정관 등이 참석한다.

7. 입학사정관이란?

전임(채용, 전환)입학사정관과 위촉(교수, 前 교육경력자, 교사)입학사정관으로 나눌 수 있다. 특히, 전임입학사정관의 전환사정관은 직원의 일반직 중에서 입학사정관으로 직위를 이동시켜 활용하는 것으로 상대적으로 채용사정관들(대부분의 대학은 일부만 정규직)과 달리 이들은 모두 정규직이다.

8. 전형요소

전형요소는 대학들이 신입생을 선발하기 위해 활용하는 모든 자료입니다. 최근에는 대입 단순화 정책에 따라 주요 전형요소 위주로 대입전형이 설계되고 있다. 이에 2017학년도 수시모집에서는 학교생활기록부 교과, 학교생활기록부 종합, 논술 위주, 실기 위주 전형이 실시되고 정시모집에서는 수능 위주, 실기 위주, 학교생활기록부 교과, 학교생활기록부 종합 전형이 실시됩니다. 쉽게 말하면 합격, 불합격을 가르는 것들이라고 보면 된다. 예를 들어 수능성적, 학교생활기록부 내용, 대학별 고사인 논술 성적, 구술(면접) 성적, 적성 성적, 실기 성적 등이 중요한 전형 요소이다.

9. 교차지원

교차지원은 자연계열인 학생이 인문계열 모집단위에 지원하는 경우이거나 인문계열 학생이 자연계열 모집단위에 지원하는 경우를 의미한다. 대학에서는 전형에 따라 교차지원이 허용되기도 하고 허용이 되지 않기도 한다. 따라서 모집요강을 참조하거나 입학처(또는 입학관리본부)에 전화해서 문의할 필요가 있다. 대부분의 수시 학생부 종합전형에서는 교차지원이 허용된다(단, 유·불리를 사전에 점검한 후에 지원할 필요가 있다). 수시 학생부 교과전형은 내신 반영과목과 수능 응시영역을 확인해서 지원할 필요가 있다. 정시는 수능의 응시영역 반영여부에 따라 지원여부가 결정된다.

10. 심층면접

대학마다 용어를 상대적으로 다르게 사용하고 있다. 그러나 일반적으로 다수의 평가자(보통 2~3인)가 1명의 지원자를 대상으로 서로가 서로를 마주 보면서 주로 평가자가 꼬리에 꼬리를 무는 방식으로 질의하고 이에 지원자가 응답하는 방식을 일컫는다. 대체적으로 지원자가 제출한 서류(학생부, 자기소개서, 추천서)와 서류평가결과서(또는 요약서)를 바탕으로 지원자의 인지적(지식), 정의적(감정), 인성적

(몸짓, 태도, 말씨 등) 특성을 기준으로 하여 대학에서의 수학능력, 전공적합성, 발전가능성, 인성 및 사회성 등을 종합적이고 총체적으로 평가하는 방식을 취한다.

11. 인성면접

인성적인 부분을 좀 더 주요한 평가요소로 보는 면접을 의미한다. 대학의 인재상과 평가기준에 의해 역시 지원자가 제출한 서류(학생부, 자기소개서, 추천서)와 서류평가결과서(또는 요약서)를 바탕으로 지원자의 정의적(감정), 인성적(몸짓, 태도, 말씨 등) 특성을 기준으로 하여 공동체성, 배려와 나눔, 협력, 리더십 등을 정성적·총체적으로 평가하는 방식을 취한다. 대학으로는 경희대, 서울여대, 가톨릭대 등이 해당된다.

12. 수시모집 지원횟수 6회 제한

2013학년도부터 수시모집에서 수험생들이 지원할 수 있는 지원횟수가 최대 6회로 제한되고 있다. 여기서 주의해야 할 것은 지원횟수 대상이다. 일반적으로 지원횟수를 대학으로 생각하는 경우가 많다. 즉 6회 지원이면 6개 대학까지 가능하다고 오해하는 것이다.

하지만 지원횟수는 '전형'을 기준으로 계산된다는 것을 명심하시기 바란다. 예를 들어 한 수험생이 A대학 경영학과에 학생부 종합전형과 논술전형으로 따로 지원했다면 지원횟수는 총 2회로 계산된다.

단, 산업대, 전문대학, 특별법에 의해 설립된 대학(KAIST · GIST · 경찰대학, 육사 등)은 수시모집 지원횟수 제한 대상에서 제외되니 추가지원이 가능하다.

13. 학생부 교과전형과 학생부 종합전형의 공통점과 차이점

'학생부 위주전형'은 학교생활기록부를 주요 전형요소로 반영하는 전형유형으로 '학생부 교과전형'과 '학생부 종합전형'으로 구분된다. 학생부 교과전형은 학교생활기록부 교과 성적을 중심으로 평가하는 전형으로, 모집단위의 특성에 맞도록 각 대학에서 학생부 반영 방법을 설정하고 있는 전형이다.

학생부 종합전형은 입학사정관 등이 참여하여 학교생활기록부를 중심으로 교과 · 비교과 · 자기소개서 · 교사추천서 · 면접 등을 통해 학생을 종합적으로 평가하는 전형이다.

따라서 학생부 교과전형과 학생부 종합전형은 학교생활기록부를 주요 전형요소로 반영하는 전형이라는 점은 같으나, 학교생활기록부의 교과 성적을 중심으로 정량적으로 학생을 평가하느냐, 학교생활기록부 교과 및 비교과를 모두 반영하여 정성적 · 종합적으로 평가하느냐와 같이 평가 방법에 따른 차이가 있다.

학교생활기록부 교과 전형과 학교생활기록부 종합 전형은 모두 학교생활기록부를 주요 전형요소로 활용하는 전형이다. 차이점이라면 학교생활기록부 교과 전형에서는 교과를 집중 평가하고 학교생활기록부 종합 전형에서는 교과뿐 아니라 비교과까지 포괄적으로 평가한다. 여기에서 교과란 말 그대로 각 교과목의 성적을 의미하며 비교과는 출결과 봉사활동, 특별활동, 자격증, 수상경력 등 교과 외 활동내역들을 의미한다.

14. 등급제(=석차 백분율)와 백분위

백분위 점수를 갖고 전체 학생(수험생)을 9등급으로 나눠 개별 학생(수험생)이 속해 있는 해당 등급을 표시한 점수체제(상대평가)이다. 이러한 등급제는 석차백분율로도 불리며 내신 등급 산정과 수능 등급 산정에서 활용되고 있다. 등급별 누적 비율은 1등급: 4% / 2등급: 11% / 3등급: 23% / 4등급: 40% / 5등급: 60% / 6등급: 77% / 7등급: 89% / 8등급: 96% / 9등급: 100%이다. 각 등급 간 경계점에 속한 동점자는 상위 등급으로 기재되는 특성을 갖고 있다.

등급	개별 비율(%)	누적 비율(%)	백분위
1	4	4	100–96
2	7	11	95–89
3	12	23	88–77
4	17	40	76–60
5	20	60	59–40
6	17	77	39–23
7	12	89	22–11
8	7	96	10–4
9	4	100	3–0

15. 고교정보시스템(고교프로파일)

고교정보시스템은 학생부 종합전형의 공정성 확보를 위하여, 입학사정관이 지원자의 교육환경에 대한 객관적 판단의 근거 자료로 고교의 정보를 활용할 수 있도록 하기 위해 만들어졌다.

입학사정관제 도입과 함께 고등학교 교육환경에 대한 정보를 수집하기 위하여 대학별로 개별 고교에 고교정보자료를 요청하는 경우가 있었고, 고교에서는 서로 다른 양식에 맞춰 고교정보를 매번 작성하는 부담이 있었다. 고교정보시스템(고교프로파일)은 이러한 부담을 최소화하고 표준화된 양식으로 고등학교의 기본정보, 특기사항 등을 확인하고 수정·보완할 수 있도록 되어 있다.

고교정보시스템에는 고교의 기본정보(학교규모, 교원현황 등), 교육현황(교내 수상, 동아리 현황, 봉사활동 현황 등), 특기사항(교과·비교과 관련 특색사업, 진로진학지도 등), 인성교육(인성교육 프로그램 현황) 등을 입력하도록 되어 있으며, 이와 함께 첨부파일(대학진학현황, 고교특기사항 등) 형태로 자료를 첨부할 수 있도록 되어 있다.

고등학교정보 확인 및 추가정보 입력은 동일 학년도 입학전형 지원자에 대해 동일한 정보를 제공해야 하므로, 수시전형 이전에 한국대학교육협의회 사이트(http://

aof.kcue.or.kr)에 접속하여 입력한다. 입력 방법 및 일정 등에 대해서는 한국대학교
육협의회에서 공문을 통하여 별도로 고교에 안내한다.

05 (부록) 독서활동 작성 양식

년도	학기	교과	도서명 (저자, 연도)	독서 동기	핵심내용	독서 통한 3가지 변화 (알고, 느끼고, 새로운 실천으로의 연결)
2016	1학기					
	2학기					

< 참고자료 >

- 2017학년도 주요 대학교 수시 모집요강 및 안내
- 2016 학교생활기록부 기재요령(교육부, 2016.5.10.)
- 박성현, 박영현, 이제영(2012). 통계적 품질관리와 6시그마이해. 서울: 민영사.
- 베스트 학교생활기록부 작성 길라잡이(2015). 제주진학지도협의회
- 포털(네이버, 다음) 사이트 등
- 한국대학교육협의회('어디가'포함) 자료실

학생부
종합전형
이렇게 준비하라!

초판 1쇄 인쇄 | 2016년 8월 10일
초판 1쇄 발행 | 2016년 8월 20일

지은이 | 공유재
펴낸이 | 임순재
펴낸곳 | **한올출판사**
등 록 | 제11-403호
주 소 | 서울시 마포구 모래내로 83(성산동, 한올빌딩 3층)
전 화 | (02)376-4298(대표)
팩 스 | (02)302-8073
홈페이지 | www.hanol.co.kr
e-메일 | hanol@hanol.co.kr
ISBN 979-11-5685-409-8